本书的出版由西安石油大学学术著作出版基金、青年科研创新团队建设计划、油气资源经济与管理研究中心，以及陕西省社会科学基金（编号：2019D002）资助

基于"政府＋农户"双元视角的农村社会保障供给绩效研究

唐娟莉　倪永良　赫海洋　著

中国财经出版传媒集团

经济科学出版社
Economic Science Press

图书在版编目（CIP）数据

基于"政府＋农户"双元视角的农村社会保障供给绩效
研究／唐娟莉，倪永良，赫海洋著．—北京：经济科学出
版社，2020.8

ISBN 978－7－5218－1567－2

Ⅰ．①基…　Ⅱ．①唐…②倪…③赫…　Ⅲ．①农村－公
共物品－供给制－研究－中国　Ⅳ．①F299.241

中国版本图书馆 CIP 数据核字（2020）第 079463 号

责任编辑：白留杰
责任校对：隗立娜
责任印制：李　鹏

基于"政府＋农户"双元视角的农村社会保障供给绩效研究

唐娟莉　倪永良　赫海洋　著

经济科学出版社出版、发行　新华书店经销

社址：北京市海淀区阜成路甲 28 号　邮编：100142

教材分社电话：010－88191309　发行部电话：010－88191522

网址：www.esp.com.cn

电子邮箱：bailiujie518@126.com

天猫网店：经济科学出版社旗舰店

网址：http://jjkxcbs.tmall.com

北京密兴印刷有限公司印装

710×1000　16 开　15.25 印张　270000 字

2020 年 8 月第 1 版　2020 年 8 月第 1 次印刷

ISBN 978－7－5218－1567－2　定价：62.00 元

（图书出现印装问题，本社负责调换。电话：010－88191510）

（版权所有　侵权必究　打击盗版　举报热线：010－88191661

QQ：2242791300　营销中心电话：010－88191537

电子邮箱：dbts@esp.com.cn）

前　言

　　农村社会保障制度关乎农村居民的切身利益，也与农村社会的稳定及其全面健康发展紧密相关，在经济社会发展中起着"稳定器"和"调节器"的作用，对于缓解农村贫困、稳定农村发展等具有重要的意义。农村社会保障问题已引起政府的高度重视和社会各界的关注，其绩效问题已成为政界和学术界关注的热点问题。改革开放40多年来，我国经济实现了突飞猛进的发展，取得了举世瞩目的辉煌成绩，我国的国内生产总值从1978年的3678.7亿元增加到2018年的900309亿元，相应地，人均GDP从385元增加到64644元，我国的综合国力得到了显著提升。那么，在经济飞速发展的同时，我国的社会保障水平是否得到了快速提升呢，特别是农村社会保障水平？回答是否定的，就目前我国农村的整体情况看，农村社会保障水平落后于农村经济发展水平。究其原因，主要是由于受到城乡二元经济结构体制的影响，造成了社会保障非均等化的现实状况，进而使得政府对于农村社会保障并未给予足够的重视，对其财政投入不足所造成的。我国农村社会保障是伴随着2002年党的十六届五中全会的召开才逐渐得到了政府的重视，相继出台多项政策措施，建立了新型农村合作医疗、新型农村养老、农村最低生活保障等制度，并且政府也逐年加大了对农村社会保障的财政投入力度，也正因此农村社会保障事业得到了较大的改观。但是从我国的实际情况看，农村社会保障支出比例较小、覆盖面窄、受益率低、地区差异显著等问题，严重影响了农村社会保障的支出效率，并造成了地区、城乡之间的非均衡化发展，这种非均衡化的发展必然导致农村社会保障支出效率的低下。同时，随着农村经济的迅速发展，农村居民的生活水平不断提高，农村居民对农村社会保障的需求在不断地增长，而现有的农村社会保障状况并不能满足农村居民日益增长的需求，造成两者之间矛盾的尖锐化。因此，在公共资源和政府财政资金有限的情况下，如何评价农村社会保障供给资金的使用效率及其政策实施的绩效是很有必要的,这也已成为政界和学术界关注的热点问题,以期全面落实社会保障的均等化,提高社会保障需求的瞄准度。

本书立足于"政府 + 农户"双元视角,以农村社会保障供给绩效为研究主线,在阐述农村社会保障供给绩效相关理论的基础上,第一,基于财政支出视角,从农村社会保障的供给规模、供给结构、区域差异、城乡差异等四个方面,对农村社会保障的供给现状进行了深入分析,并从农村社会保障供给结果和农村社会保障供给经济社会效应两个方面分析了农村社会保障供给的效果。第二,利用 2000 ~ 2015 年农村社会保障和消费等统计数据,以生命周期消费理论模型为基础,通过构建农村社会保障消费效应模型,实证分析了中国及东部、中部、西部地区农村社会保障供给的消费效应。第三,立足政府(宏观)层面,利用 2009 ~ 2014 年中国 30 个省份的面板数据,运用以产出为导向的三阶段 DEA 模型,测算和分析了各省份农村社会保障供给的技术效率、纯技术效率、规模效率,并对中国 30 个省份的农村社会保障供给效率地区差异进行了详细分析。第四,立足农户(微观)层面,以农村社会养老服务为例,基于 2019 年陕西省 6 个县区 331 位农村老年人的实地调查数据,利用描述性统计和二元 Logit 模型,实证分析了农村社会养老服务需求意愿及其影响因素;并基于 2019 年陕西、甘肃、内蒙古、贵州、四川的 12 个县 848 户农户的实地调查数据,采用多元有序 Logit 模型,实证分析了农村社会保障供给农户满意度及其影响因素。第五,从社会制度、政府职能、财政政策、农村居民自身、法律体系等五个方面,对我国农村社会保障供给绩效水平低下的原因进行了规范和实证分析。第六,从为提升农村社会保障供给绩效水平提供财政支持、健全和完善农村社会保障体系两方面提出了优化农村社会保障供给绩效的路径,并从进一步提升农村社会保障水平、健全和完善农村社会保障监督管理体制、全面深化公共财政管理体制改革、健全农村社会保障资金监督机制等方面,提出农村社会保障供给绩效的优化策略,为配置公共资源,修正并优化农村社会保障投资方向,制定合理的农村社会保障供给机制提供思路和政策主张。

本书主要得出如下几点结论:

(1)中国农村社会保障事业财政支出呈逐年攀升态势,但仍显不足,且占民政事业费支出总额的比重仍显得偏低;农村社会保障供给结构还存在着诸多不合理,有待进一步调整和优化;农村社会保障供给水平地区差异明显;农村社会保障事业快速发展，城乡社会保障事业逐渐趋于平衡化；农村社会保障供给对农村经济增长、基层政府财政风险、农村居民收入、农村居民消费和储蓄具有一定的影响。

（2）2000～2015 年，中国农村社会保障和农村居民消费支出呈现较快的增长，地区差异明显，地区之间的差距逐步扩大；东、中、西部地区农村社会保障对农村居民消费支出具有挤入效应，且东部地区的挤入效应最大，中部地区次之，西部地区最小；农村居民居民储蓄率、人均可支配收入、人均社会保障收入、上一年人均消费支出对农村居民消费支出产生了显著影响；各地区经济发展水平、城市化水平、农村居民收入分配不同，对农村居民消费支出的影响也不同。

（3）2009～2014 年，在未剔除环境因素和随机误差的影响前，中国农村社会保障供给技术效率在整体上呈现出下降趋势，在一定程度上说明中国农村社会保障供给增长与失衡并存的局面；我国农村社会保障供给技术效率呈现出明显的地区差异，上海、山东、贵州属于 DEA 有效，处于技术效率前沿面上，其投入产出比达到最优，处于规模收益不变阶段；其余省份均存在不同程度的资源浪费，造成其效率的低下；江西、广东、内蒙古、陕西等省份技术效率的变异系数较大；中国农村社会保障供给技术效率水平的变化呈现出梯度变化特征，即西部地区＞东部地区＞中部地区；西部地区的内蒙古、广西、重庆、四川、云南、陕西、甘肃、新疆 8 个省份的规模效率高于技术效率，这意味着 8 个省份在资源和资金有限的情况下，面临着技术效率和规模效率"两难选择"的困境局面。

（4）中国各省份农村社会保障供给绩效受到环境因素和随机因素的影响，由于其影响，中国农村社会保障供给绩效可能会被低估；在剔除其影响后，中国农村社会保障供给效率水平为 0.877，虽然略显提升，且呈现波动变化趋势，即呈现下降—上升—下降的态势，但仍有进一步提升的空间；从区域角度看，三大经济地区农村社会保障供给的技术效率、纯技术效率和规模效率均有所提升，其中中部地区三类效率的提升最大，而西部地区提升最小；各省之间的农村社会保障供给效率值更加集中，呈逐渐收敛趋势；人均 GDP、财政分权度、人口密度、地理区位等因素对中国农村社会保障供给绩效产生了不同程度的影响。

（5）农村老年人对社会养老服务的需求意愿较高，达 82.8%。具体来看，农村老年人对居家养老服务、机构养老服务、社区养老服务的需求意愿分别是74%、7.3%和1.5%。从地区分布来看，陕南、关中和陕北三个地区农村老年人对社会养老服务的需求意愿分别为82.3%、82.4%和83.6%。从社会养老服务需求内容来看，农村老年人需求意愿最为强烈的是经济支持、生活照料和医疗保健。婚姻状况、子女数、家庭规模、代际关系、经济收入、健康状况、政策重视和宣传力度、政策法规完善程度、生活照料评价9个因素是影响农村社会养老服务需求意愿的重要因素。其中，经济收入和政策法规完善程度对农村社会养老服务需求意愿有显著正向影响，婚姻状况、子女数、家庭规模、代际关系、健康状况、政策重视和宣传力度、生活照料评价对农村社会养老服务需求意愿具有显著的负向影响。

（6）农户对农村社会保障供给的满意度较高，达61.08%；从收入分组情况来看，低收入农户、中等收入农户和高收入农户表示对农村社会保障供给"比较满意"和"非常满意"的概率合计分别为75.96%、58.85%、52.34%；从不同地区来看，陕西、甘肃、内蒙古、贵州和四川5省份农户对农村社会保障供给满意度评价结果为"比较满意"和"非常满意"的概率合计分别为46.84%、58.12%、57.14%、73.53%、89.68%；从农户的个体特征来看，男性对农村社会保障供给的满意度（64.63%）高于女性（55.38%），文化程度与农村社会保障供给农户满意度之间呈现倒U形关系，而年龄与农村社会保障供给农户满意度之间的相关关系不明显。对于农村社会保障供给农户满意度的影响因素而言，从整体上看，文化程度、家庭规模、新农合政策满意度、是否减轻医疗负担、是否得到实惠、新农保参加情况、新农保政策满意度、新农保作用、新农保缴费负担和新农保保障水平10个因素对农村社会保障供给农户满意度具有显著影响；从收入分组情况来看，不同因素对农村社会保障供给农户满意度产生的影响和作用程度是不同的，但是对其产生共同关键的因素是新农合政策满意度、新农保政策满意度、新农保缴费负担。

（7）造成我国农村社会保障供给绩效水平低下的原因既有社会制度方面的，也有政府职能方面的，还有财政政策、农村居民自身、法律体系等方面的因素。

唐娟莉

2020 年 6 月

目　录

第 1 章

绪　　论

农村社会保障供给绩效评价问题，是我国公共管理领域亟待研究的重要课题，也是政府公共部门及时作出回答和亟待解决的迫切问题。从我国目前农村的实际情况来看，农村社会保障存在着诸如水平低、支出比例较小、覆盖面窄、受益率低、地区差异显著等问题，特别是经济欠发达地区、边远山区，农村社会保障水平更低，这主要是由农村社会宝藏不足所导致的，更深一层就是由供给机制不健全所造成的；此外，城乡二元经济结构体制也是造成农村社会保障供给水平低下的主要原因。那么，如何增加农村社会保障资金是一个难题，如何提高农村社会保障供给绩效水平更是一个难题。然而，国家财力的快速增长为提高农村社会保障供给绩效水平创造了良好的契机。因此，为了解决这些难题，本书立足于"政府＋农户"双元视角，以农村社会保障供给绩效为研究主线，以提高农村社会保障供给绩效水平为目的，针对我国农村社会保障供给绩效水平低下、区域差异和城乡差异显著等问题，采用定性与定量方法相结合，规范分析与实证分析相结合的方法，通过构建农村社会保障供给绩效评价模型，探索政府和农户两个层面的农村社会保障供给绩效水平及其影响因素，揭示农村社会保障供给绩效水平低下的原因，以寻找提高农村社会保障水平和供给绩效的有效路径，以期不断提高我国农村社会保障供给绩效，完善社会保障制度，并为进一步衡量公共政策的执行效果，合理配置公共资源，修正并优化农村社会保障投资方向，制定合理的农村社会保障供给机制提供理论和政策依据。

1.1 研究背景

1.1.1 农村社会保障供给效率是实现基本公共服务均等化的重中之重

改革开放40多年来，我国经济实现了突飞猛进的发展，取得了举世瞩目的辉煌成绩，我国的国内生产总值从 1978 年的 3678.7 亿元增加到 2018 年的900309 亿元，相应地，人均 GDP 从 385 元增加到 64644 元，我国的综合国力得到了显著提升。那么，在经济飞速发展的同时，我国的社会保障水平是否得到了快速提升呢，特别是农村社会保障水平？回答是否定的，就目前我国农村的整体情况看，农村社会保障水平落后于农村经济发展水平。究其原因，主要是受到城乡二元经济结构体制的影响，造成了公共服务非均等化的现实状况（司俊霄，2016），进而政府对于农村社会保障并未给予足够的重视，造成对其财政投入不足所。以 2014 年为例，按当年价格计算，全国财政支出总额为 151785.56 亿元，其中农村社会保障（受数据的限制，在此仅核算了农村社会救济费和自然灾害救济费两项支出）支出总额为 1216.82 亿元，其仅占财政支出总额的 0.8%。我国农村社会保障是在党的十六大召开以后才逐渐得到了政府的重视，相继出台多项政策措施，建立了新型农村合作医疗、新型农村养老、农村最低生活保障等制度，并且政府也逐年加大了对农村社会保障的财政投入力度，也正因此农村社会保障事业得到了较大的改观，但是从我国的实际情况看，农村社会保障支出比例较小、覆盖面窄、受益率低、地区差异显著等问题，严重影响了农村社会保障的支出效率，并造成了地区、城乡之间的非均衡化发展，这种非均衡化的发展必然导致农村社会保障支出效率的低下。同时，随着农村经济的迅速发展，农村居民的生活水平不断提高，农村居民对农村社会保障的需求在不断地增长，而现有的农村社会保障状况并不能满足农村居民日益增长的需求，造成两者之间矛盾的尖锐化。因此，在公共资源和政府财政资金有限的情况下，如何评价农村社会保障支出资金的使用效率及其政策实施的绩效是很有必要的，这也已成为政界和学术界关注的热点问题，以期全面落实基本公共服务均等化，提高公共服务需求的瞄准度（邱航帆，卢海阳，2017）。

1.1.2　农村社会保障供给绩效问题是促进农村经济发展的关键环节

在改革开放的大潮中，我国经济实现了长足的发展，取得了举世瞩目的辉煌成绩，人均国内生产总值从 1978 年的 385 元增加到 2017 年的 59660 元，翻了好几番。随着经济的快速发展，农村居民在基本生活需求得到满足之后，其需求在逐渐的扩展，比如农村居民对社会保障（养老、医疗等）的需求在逐渐增长，但各级政府并不能很好地满足农村居民这种日益增长的需求，于是，落户的社会保障制度与农村居民对其不断增长的需求之间的矛盾更加突出。以 2014 年为例，按当年价格计算，全国财政支出总额为 151785.56 亿元，其中农村社会保障支出总额为 1216.82 亿元（受数据的限制，在此仅核算了农村社会救济费和自然灾害救济费两项支出），其占财政支出总额的比重仅为0.8%。从中国 31 个省份的农村社会保障财政支出总额看，四川省 2014 年的这一指标数值为 92.12 亿元，位居全国之首，而上海市的支出总额仅为 1.69亿元，居于全国末尾。从人均支出看，中国 31 个省份中，2014 年农村社会保障人均财政支出最高的是青海省，为 411.23 元，支出最少的是上海市，仅为67.24 元；全国农村社会保障人均财政支出水平为 196.69 元，位于全国人均财政支出水平之上的有青海、甘肃、贵州、内蒙古、云南、陕西、宁夏、天津、新疆、广西、四川、西藏、山西等 13 个省份。由此可见，我国各省份农村社会保障财政支出水平之间存在较大的差异，即存在一定程度的非均衡现象，这种农村社会保障财政支出非均衡化现象必然也会导致我国各地区农村社会保障水平的非均衡化发展。那么，这种非均衡化发展是由什么原因所导致的呢？究竟是由政府财政支出不足造成的，还是由公共资源配置不合理所导致的？进而，这会对农村社会保障供给绩效产生什么影响呢？因此，研究我国农村社会保障供给绩效问题，对于探究农村社会保障适度水平低下、供给水平不均衡、供给绩效水平低下等问题的症结所在，寻找提高农村社会保障供给水平的有效路径，为提高我国农村社会保障供给绩效提供参考，为我国农村居民提供完善的保障制度，进而促进农村经济发展，具有重要的战略意义和实践意义。

1.1.3 农村社会保障是缩小城乡差距、促进消费结构转换升级的动力

面对世界经济复苏弱于预期的形势，在受到经济下行、收入增长缓慢等多重压力下，中国的消费需求呈现不断增长、需求结构不断变化的特征，但是消费需求仍显不足，已成为制约中国经济发展的"瓶颈"。如何通过拉动消费需求来促进经济增长、提高居民生活水平是关键问题，这也是国家和政府一直以来十分关心、亟待解决的重要问题。为此，国家采取了一系列措施来拉动居民消费，特别是农村居民消费。农村社会保障制度就是一项重要改革措施，不仅使农村社会保障缺失状态得到了改变，在经济社会发展中发挥着"调节器"和"稳定器"的作用，也促使农村消费需求的扩张。农村社会保障不仅消除了农村居民的后顾之忧，而且可以促进农村居民增收，缩小贫富差距和城乡差距。但是在城乡二元经济结构体制的影响下，城乡社会保障处于二元分离状态，相对于城市而言，农村社会保障制度滞后于城市，投入不足，保障水平较低，无法满足农村居民对社会保障的需求，降低了农村居民的消费意愿，进而影响了农村经济的发展。近年来，中国政府对于农村社会保障制度给予了极大关注，进行了一系列的改革，比如建立新型农村养老保障、新型农村合作医疗、农村社会救助等制度，同时也加大了对农村社会保障的投入力度，保障了农村居民的基本生活，带动了农村消费需求，促进了消费结构的升级。然而，农村社会保障对农村居民消费产生什么影响，对不同地区农村居民消费的影响是否具有差异性等，都有待于进一步研究。因此，研究农村社会保障与农村居民消费之间的关系就显得尤为重要，对缩小城乡差距、构建和谐社会、建设社会主义新农村都具有重要作用，同时，对于健全和完善农村社会保障制度、加速扩大农村居民消费以扩大内需、促进农村居民消费结构的转换升级具有重要的战略意义和现实意义。

1.1.4 农村社会保障供给绩效评价必须体现农村居民的需求意愿

农村社会保障作为农村公共服务中的一种重要的公共服务设施，在保障

农村居民基本生活和促进农村经济发展等方面都发挥了举足轻重的作用。公共服务具有非竞争性和非排他性特性，那么农村社会保障也必然具有非竞争性和非排他性特性，这样就与一般商品而区别，就决定了市场机制无法按照收益原则保证消费者根据各自从社会保障消费中的获益状况或偏好情况来支付社会保障的价格，从而导致市场机制在社会保障供给方面存在市场失灵。但社会保障和商品一样存在着需求和供给，其存在的价值在于人们对其的需求，并且人们对社会保障的需求强度并不亚于对各类商品的需求。在市场经济中，商品的供给是以消费者的需求为导向的，而对于社会保障的供给，人们往往忽略了消费者的需求，正因为消费者对社会保障的需求决定了社会保障存在的价值，所以偏离消费者需求对社会保障的供给都是无效的。只有在了解消费者需求的基础上、让消费者满意的前提下，评价社会保障供给绩效才是有意义的。对于农村社会保障供给绩效的评价也是一样，农户是农村社会保障的消费者，必须在农户满意的前提下，研究农村社会保障供给绩效问题。

在实践中，农村居民对社会保障具有强烈的需求意愿，农村居民不仅要求社会保障在供给总量上满足他们的需求，而且也要求社会保障要满足其个性化需求。农村社会保障的消费者——农村居民，应在农村社会保障需求表达和供给决策中具有发言权，而且农村居民对农村社会保障供给的满意程度，也是衡量农村社会保障供给有效性的重要标志。因此，对农村社会保障供给绩效评价问题的研究，需以农村居民的需求为本，凸现农村居民的主体地位，这样有利于使农村社会保障供给更贴近农村居民的现实需求，增强农村居民的满足感，也有利于弥合城乡差距与贫富差距，实现共同富裕。

1.1.5　国家财力的快速增长为改进农村社会保障供给绩效提供了财政保障

由于城乡二元经济结构体制的影响，我国现行的体制格局——以工业和城市为中心，"以农补工、优先发展城市"是一直以来实行的发展战略和政策，这就造成了城乡有别的差异性社会保障供给制度，这样就必然导致了国家只注重城市和工业的发展，忽视了对"三农"问题的解决。国家财政社会保障和就业支出虽然逐年增加，但国家财政社会保障和就业支出占国家财政支出的比重却徘徊不前，从 2007 年的 10.94% 上升到 2018 年的 12.26%，仅上升了1.32个百分点，其中2009年最低（社会保障和就业支出只占财政支出的9.97%），而国家财政收入快速增长，财政收入由2007年的51321.78亿元增加到2018年的183351.84亿元，年均增长率为12.3%；国家财政收入的增长速度也较快，但近年来有些下滑，具体而言，1991年国家财政收入的增长速度为7.2%，2007年达到32.4%，2008年开始有所下降，降为2009年的11.72%，2010年转而上升，2011年达到25%，2012年又转而下降，降到2018年的6.23%。另外，我国农村社会保障供给一般采用"自上而下"的决策体制，加之县乡财政困难，因此，要解决这一问题，就必须具备雄厚的财政能力和公共财政增长能力。而与此同时，国家财政收入的大幅度增长为提升农村社会保障供给绩效水平创造了良好的契机，并为其提供了财政保障基础。根据中国统计年鉴数据，1978年我国财政收入仅为1132.26亿元，直到1999年才突破1万亿元（1.14万亿元），2003年突破2万亿元（2.17万亿元），2005年突破3万亿元（3.16万亿元），2007年突破5万亿元（5.13万亿元），2008年达到6.13万亿元，仅2005~2008年三年间国家财政收入翻了一番，2011年突破10万亿元大关（10.39万亿元），2018年为18.34万亿元，年均增长率为14%。由此可见，我国财力增长速度之快。国家财力的快速增长，为调整国家财政支出结构、提高农村社会保障水平，创造了良好的契机，提供了财政保障基础。

因此，本书正是基于以上研究背景，立足于"政府＋农户"双元视角，以农村社会保障供给绩效为研究主线，通过实地调研和相关统计资料的分析，通过构建农村社会保障供给绩效评价模型，探索政府和农户两个层面的农村社会保障供给绩效水平及其影响因素，揭示农村社会保障供给绩效水平低下的原因，以寻找提高农村社会保障水平与供给绩效的有效路径和优化策略，以期不断提高我国农村社会保障供给绩效水平。

1.2 研究目的及意义

1.2.1 研究目的

本书针对我国农村社会保障支出比例较小、覆盖面窄、受益率低、地区差异显著等问题；地区、城乡之间农村社会保障的非均衡化发展所导致的农村社会保障供给效率低下、供给水平低等问题；现有的农村社会保障状况与农村居民日益增长的需求之间矛盾尖锐化的现状，立足于宏观和微观两个层面，运用数理模型，评价农村社会保障供给绩效，发现我国农村社会保障供给效率不均衡、供给水平低下等现象，从而提出农村社会保障供给绩效的优化路径和策略。研究目的具体有以下四点：

一是运用数理框架，剖析农村社会保障供给与农村居民消费之间的因果关系，探讨区域之间的差异性，寻找农村社会保障有效供给与扩大农村居民消费之间的有效互动机制。

二是基于宏观层面，采用量化指标度量农村社会保障供给绩效及其变化趋势，探究农村社会保障适度水平低下、供给水平不均衡、供给绩效水平低下等问题的症结所在，寻找提高农村社会保障供给水平的有效路径，为政府相关部门制定相关政策提供事实依据。

三是基于微观层面，采用量化指标度量农村社会保障供给绩效，剖析农村社会保障供给农户需求意愿、农村社会保障供给绩效及其影响因素，探究各指标对供给绩效的影响机理，寻找农户需求意愿与农村社会保障供给绩效之间的逻辑关系。

四是在综合评价理念的基础上，设计农村社会保障供给绩效的优化方案，以期提高我国农村社会保障供给绩效水平。

1.2.2　研究意义

在借鉴国内外已有相关研究成果的基础上，立足于"政府 + 农户"双元视角，以农村社会保障供给绩效为研究主线，从宏观和微观两个层面，评价中国农村社会保障供给绩效及其变化趋势，探讨农村社会保障供给绩效失衡问题，提出农村社会保障供给绩效的优化路径和策略。具体包括以下三个方面：

首先，已有文献更多在宏观层面评价农村社会保障供给绩效或制度实施效果时未将环境因素和随机因素考虑在内，且基于农户视角，对于微观绩效的研究很少。因此，针对这些问题与不足，基于"政府 + 农户"双元视角，以农村社会保障供给绩效为研究主线，探究农村社会保障适度水平低下、供给水平不均衡、供给绩效水平低下等问题的症结所在，以寻找提高农村社会保障水平和供给绩效的有效路径，以期不断提高我国农村社会保障供给绩效，完善社会保障制度，并为进一步衡量公共政策的执行效果，合理配置公共资源，修正并优化农村社会保障供给方向，制定合理的农村社会保障供给机制提供理论和政策依据。

其次，农村社会保障供给绩效问题，往往牵涉多学科内容的融合和渗透，如社会学、社会保障学、公共经济学、财政学、福利经济学等，因此，对农村社会保障供给绩效问题的研究可以为这些学科的研究嵌入新的因素，也可以为诸如公共资源配置等带来一定的学术启发。

最后，运用定性分析与定量分析相结合为主的方法，基于"政府＋农户"双元视角，研究农村社会保障供给绩效问题，寻求其效率低下的原因，并提出一套优化农村社会保障供给绩效的优化方案。这些研究成果，有助于转变政府职能、强化基层民主管理，推动城乡统筹发展，缩小城乡差距，更有利于改革现行农村社会保障投资体制，不断完善农村公共资源配置政策，优化现有投资结构。

1.3 研究思路、内容和方法

1.3.1 研究思路

本书在阐述农村社会保障供给绩效相关理论的基础上，首先，分析了农村社会保障的供给现状及其供给效果，并通过构建农村社会保障消费效应模型，实证分析了中国东部、中部、西部地区农村社会保障供给的消费效应；其次，立足于政府（宏观）层面，运用以产出为导向的三阶段 DEA 模型，测算各省份农村社会保障供给的技术效率、纯技术效率、规模效率；再次，立足于农户（微观）层面，以农村社会养老服务为例，通过构建二元 Logit 模型，评估农户对农村社会养老服务需求意愿，并探究其主要影响因素；再其次，关注和评估农户对农村社会保障供给的满意度，并寻求其主要影响因素；最后，探究了我国农村社会保障供给绩效水平低下的原因，并提出了优化农村社会保障供给绩效的路径和策略。本书的具体思路见图 1 - 1。

研究思路　　　　　　　　研究内容　　　　　　　　研究方法

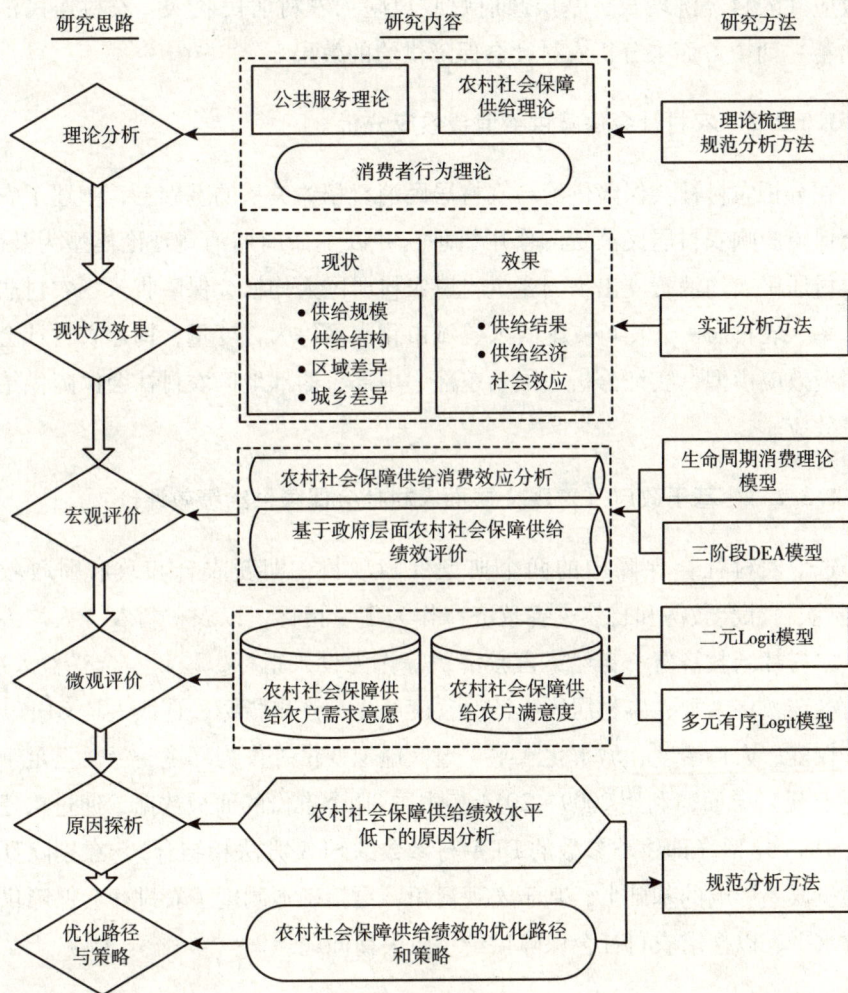

图1-1　研究思路

1.3.2　研究内容

1.3.2.1　农村社会保障供给现状及其效果分析

利用统计数据，首先，基于财政支出视角，从农村社会保障的供给规模、供给结构、区域差异、城乡差异等四个方面，深入分析农村社会保障的供给现状；其次，从农村社会保障供给结果［农村社会保险（新型农村社会养老保险、新型农村合作医疗保险）和农村社会救助］和农村社会保障供给经济社会效应（农村经济增长、基层政府财政风险、农村居民收入、农村居民消费和储蓄）两个方面来分析农村社会保障供给的效果。

1.3.2.2　农村社会保障供给消费效应分析

在分析农村社会保障供给与农村居民消费相关关系的基础上，阐述了农村社会保障影响农村居民消费的作用机理，并以生命周期消费理论模型为基础，以农村居民人均消费支出为因变量，以农村居民人均社会保障收入、农村居民储蓄率、农村居民人均可支配收入、城市化水平等为自变量，构建农村社会保障消费效应模型，实证分析中国及东部、中部、西部地区农村社会保障供给的消费效应。

1.3.2.3　基于政府（宏观）层面农村社会保障供给绩效评价

选取农村社会保障中的两个典型保障项目，即新农合和政府财政救济（包括农村社会救济和自然灾害救济）作为衡量指标，以农村新农合人均筹资额、农村社会救济费、自然灾害救济费等作为投入指标，以新农合受益人次、农村社会救济人数、农村居民生活改善度等作为产出指标，选取人均GDP、财政分权度、人口密度、城市化水平、地区虚拟变量等等作为环境变量，立足于政府（宏观）层面，利用2009～2014年中国30个省份的面板数据，通过构建三阶段DEA模型（即将非参数的DEA与参数的SFA方法相结合），在剔除环境和随机误差影响的基础上，基于宏观视角，更精确地测度了农村社会保障供给绩效水平，以探求农村社会保障供给绩效失衡问题。

1.3.2.4　农村社会保障供给农户需求意愿分析

以农村社会养老服务为例，基于2019年陕西省6个县区331位农村老年人的实地调查数据，首先，从不同类型和需求内容两个方面，详细分析农村老年人对养老服务需求意愿；其次，将是否有农村社会养老服务需求意愿作为因变量，从家庭保障因素、独立保障因素、社会保障因素、社会评价因素四个方面选取自变量，并将个人特征变量作为控制变量，通过构建二元Logit模型，实证分析农村社会养老服务需求意愿影响因素，以寻求有效提供社会养老保障的合理路径，为制定合理的供给目标提供理论和政策依据。

1.3.2.5　基于农户（微观）层面农村社会保障供给农户满意度分析

基于 2019 年陕西、甘肃、内蒙古、贵州、四川 5 个地区 12 个县 848 户农户的实地调查数据，首先，从整体、不同收入水平、不同地区、不同人口学特征等方面，具体分析了农户对农村社会保障供给的满意度；其次，将农村社会保障供给农户满意度作为被解释变量，选取农户基本特征、新农合情况、新农保情况三个层面选取解释变量，通过构建有序 Logit 模型，实证分析农村社会保障供给农户满意度的影响因素，以期客观地反映农村社会保障制度实施的效果，并以期更好地实施农村社会保障制度和实现农村可持续发展。

1.3.2.6　农村社会保障供给绩效水平低下的原因分析

根据上述各章的分析，运用微观经济学相关原理和宏观统计数据，从社会制度方面、政府职能方面、财政政策方面、农村居民自身方面、法律体系方面等五个层面深入剖析了造成我国农村社会保障供给绩效水平低下的原因。

1.3.2.7　农村社会保障供给绩效的优化路径和策略

依据前述分析，从为提升农村社会保障供给绩效水平提供财政支持、健全和完善农村社会保障体系两方面提出了优化农村社会保障供给绩效的路径，并从进一步提升农村社会保障水平和充分发挥各保障主体的作用、健全和完善农村社会保障监督管理体制、全面深化公共财政管理体制改革、健全农村社会保障资金监督机制、建立健全的农村社会保障供给后评价制度、健全和完善农村社会保障法律法规体系等方面揣出了优化我国农村社会保障供给绩效的对策策略。

1.3.3　研究方法

1.3.3.1　规范分析与实证分析相结合的方法

基于宏观角度，在规范分析我国农村社会保障供给现状的基础上，注重典型样本的调查分析以及数据处理，努力做到以虚带实，实中见经。

1.3.3.2　定性与定量分析相结合的方法

（1）农村社会保障消费效应模型。以生命周期消费理论模型作为基础，加入农村社会保障等变量，构建农村社会保障消费效应模型，分析农村社会保障和农村居民消费之间的相关关系。构建的农村社会保障消费效应模型的基本形式如下：

$$C_{it} = \alpha + \beta_1 WR_{it} + \beta_2 YL_{it} + \beta_3 SCE_{it} + \beta_4 AGDP_{it} + \beta_5 UR_{it} + \beta_6 GINI_{it} +$$
$$\beta_7 C_{it-1} + \beta_8 YL_{it-1} + \varepsilon_{it}$$

其中，C_{it}、C_{it-1} 分别代表第 i 个省份第 t 年和第 $t-1$ 年农村居民人均消费支出；WR_{it} 代表第 i 个省份第 t 年农村居民储蓄率；YL_{it}、YL_{it-1} 代表第 i 个省份第 t 年和第 $t-1$ 年农村居民人均可支配收入；SCE_{it} 代表第 i 个省份第 t 年农村居民人均社会保障收入；$AGDP_{it}$ 代表第 i 个省份第 t 年人均 GDP；UR_{it} 代表第 i 个省份第 t 年城市化水平；$GINI_{it}$ 代表第 i 个省份第 t 年农村基尼系数；α、β 为待估参数，分别表示财富和人均可支配收入的边际消费倾向；ε_{it} 为随机扰动项，且 $\varepsilon_{it} \sim iid(0, \sigma^2)$。

（2）三阶段 DEA 模型。在对农村社会保障供给现状、农村社会保障消费效应分析的基础上，构建基于产出导向的农村社会保障供给效率评价模型。

第一阶段：传统的 DEA 模型（BC^2）。

设有 n 个决策单元 DMU_k（$k = 1, 2, \cdots, n$）。DMU_k 输入为 $x_k = (x_{1k}, x_{2k}, \cdots, x_{mk})^T$，输出为 $y_k = (y_{1k}, y_{2k}, \cdots, y_{sk})^T$。$m$ 为输入指标数目，s 为输出指标数目，构建基于产出导向的 BC^2 模型为：

$$\min\left[\theta_k - \varepsilon(e^T s^- + e^T s^+)\right]$$
$$\text{s. t. } \sum_{k=1}^{n} \lambda_k x_{rk} + s^- = x_{0r}$$
$$\sum_{k=1}^{n} \lambda_k y_{ik} - s^+ = \theta_k y_{0i}$$
$$\sum_{k=1}^{n} \lambda_k = 1$$
$$\lambda_k \geq 0; s^- \geq 0; s^+ \geq 0; r = 1, 2, \cdots, m; i = 1, 2, \cdots, s$$

运用该方法计算得到农村社会保障供给效率系数（θ）、各种投入和产出的松弛变量（s^-、s^+）。

第二阶段：随机前沿分析（SFA）模型。

假设有 p 个可观测的环境变量，以第一阶段得到的产出松弛为因变量，以环境因素为自变量，构建如下相似 SFA 回归模型：

$$s_{ik}^+ = f^i(z_k;\beta^i) + v_{ik} - u_{ik}, i = 1,2,\cdots,s; k = 1,2,\cdots,n$$

其中，s_{ik}^+ 代表第 k 个决策单元第 i 项产出松弛变量；随机前沿函数用 $f^i(z_k,\beta^i)$ 代表其一般形式，可表示为 $f^i(z_k;\beta^i) = z_k\beta^i$；$z_k = (z_{1k},z_{2k},\cdots,z_{pk})$ 代表 p 个环境变量；β^i 为待估参数；$v_{ik} - u_{ik}$ 为混合误差项。

第三阶段：调整的 DEA 模型。

在此阶段将调整后的产出值 y_{ik}^A 和原始投入 x_{rk} 重新代入 BC^2 模型，再次计算各决策单元的效率值，此时环境因素和随机误差的影响已被剔除，仅受到管理无效率的影响，可以真实地反映中国农村社会保障供给的实际效率水平。

（3）二元 Logit 模型。在宏观评价农村社会保障供给绩效的基础上，立足于农户（微观）层面，运用二元 Logit 模型估计农户对农村社会养老服务需求意愿的影响因素。

假设 y_i^* 为潜变量，y_i 为实际观察变量，则：

$$y_i^* = x_i\beta + \mu_i, \mu_i \sim N(0,1) \tag{1-1}$$

当 $y_i^* > 0$ 时，$y_i = 1$；当 $y_i^* < 0$ 时，$y_i = 0$。

其中，$x_i\beta$ 称作潜变量反映函数或指数函数；$x_i(i = 1,2,\cdots,n)$ 表示 n 个影响农户对农村社会养老服务需求意愿的因素，即包括核心解释变量，如健康状况、经济收入、子女数、代际关系等，也包括控制变量，如性别、年龄、文化程度、婚姻状况等；β 是待估系数；μ_i 是随机误差项，且服从 Logistic 分布。

基于式（1-1）构建的无条件概率模型如下：

$$\begin{aligned}p(y_i = 1|x) &= p(y_i^* > 0|x) = p(\mu_i > -x_i\beta) = 1 - p(\mu_i \le -x_i\beta) \\ &= 1 - F(-x_i\beta) = F(x_i\beta)\end{aligned} \tag{1-2}$$

其中，$F(x)$ 是 μ_i 的累积概率函数。

在此基础上，构建的用于实证分析的二元 Logit 模型如下：

$$p(y_i = 1|x) = E(y_i|x) = F(x_i\beta) = \frac{e^{x\beta}}{1 + e^{x\beta}} = \frac{1}{1 + e^{-x\beta}} \tag{1-3}$$

所构建的二元 Logit 模型的边际效应如下：

$$\frac{\partial p(y_i = 1|x)}{\partial x} = F(x_i\beta)(1 - F(x_i\beta))\beta \tag{1-4}$$

采用极大似然估计法对二元 Logit 模型的参数进行估计，基于式（1-2）

所构建的似然函数为：

$$p(y_1, y_2, \cdots, y_n) = \prod_{y_i=0} (1 - F(x_i\beta)) \prod_{y_i=1} F(x_i\beta) \qquad (1-5)$$

式（1-5）可以等价变换为式（1-6）所示的似然函数形式：

$$L = \prod_{i=1}^{n} (F(x_i\beta))^{y_i} (1 - F(x_i\beta))^{1-y_i} \qquad (1-6)$$

进一步，将式（1-6）等价变换为式（1-7）所示的对数似然函数形式：

$$\ln L = \sum_{i=1}^{n} (y_i \ln F(x_i\beta) + (1 - y_i)\ln(1 - F(x_i\beta))) \qquad (1-7)$$

对式（1-7）求1阶极值：

$$\frac{\partial \ln L}{\partial \beta} = \sum_{i=1}^{n} \left[\frac{y_i f_i}{F_i} + (1 - y_i)\frac{-f_i}{1 - F_i} \right] x_i = 0 \qquad (1-8)$$

其中，f_i 是 $F(x)$ 相对应的密度函数。

据此可以求得模型相应的参数估计量及检验统计量。

（4）多元有序 Logit 模型。在宏观评价农村社会保障供给绩效和微观评估农户对农村社会养老服务需求意愿的基础上，立足于农户（微观）层面，采用多元有序 Logit 模型，综合评估农户对农村社会保障供给满意度的影响因素。

多元有序 Logit 模型的基本形式为：

$$P_j(y \leqslant j \mid x) = P(y = 1 \mid x) + \cdots + P(y = j \mid x)$$

等价于 $\mathrm{log}it(P_j) = \mathrm{Ln}\left(\dfrac{P(y \leqslant j)}{1 - P(y \leqslant j)}\right) = \alpha_j \sum_{i=1}^{n} \beta_i x_i \quad (j = 1, 2, 3, 4, 5, i = 1, 2, \cdots, n)$

将上式进行转换，转换为如下等价形式：

$$P_j = P(y \leqslant j \mid x) = \begin{cases} \dfrac{\exp\left(\alpha_j + \sum\limits_{i=1}^{n} \beta_i x_i\right)}{1 + \exp\left(\alpha_j + \sum\limits_{i=1}^{n} \beta_i x_i\right)} & (1 \leqslant j \leqslant 4) \\ 1 & (j = 5) \end{cases}$$

因此，对于 y 取某一个指标值（y = 1，2，3，4，5）的概率可用下式进行表示：

$$P(j) = P(y=j|x) = \begin{cases} P(y \leq 1|x)\,(j=1) \\ P(y \leq j|x) - P(y \leq j-1|x)\,(2 \leq j \leq 4) \\ 1 - P(y \leq 4|x)\,(j=5) \end{cases}$$

其中，被解释变量用 y 代表，表示农户对农村社会保障供给的满意度（即非常不满意、不太满意、基本满意、比较满意、非常满意）；$x_i(i=1,2,\cdots,n)$ 表示 n 个影响农村社会保障供给农户满意度的因素，包括农户性别、年龄、文化程度、家庭规模、新农合参加情况、新农合政策满意度、是否减轻医疗负担、是否得到实惠、新农保参加情况、新农保政策满意度、新农保作用、新农保缴费负担、新农保保障水平；α_i 是截距参数；β_i 是待估系数。

1.4 创新之处

（1）在农村社会保障供给绩效评价中，将政府和农户两个角色进行糅合，将政府供给农村社会保障绩效与农户的需求意愿、农户评价结果结合起来，以期实现政府和农户的有效融合，在互动机制上实现创新，研究视角较为新颖。

（2）在农村社会保障供给绩效评价中，从政府和农户两个层面，从不同的维度构建供给绩效评价指标体系，通过将其纳入数理模型，探讨农村社会保障供给绩效变化趋势及其失衡问题，考察农户需求意愿及其农村社会保障供给效果，且阐释各指标对供给效果的影响机理。

第 2 章

农村社会保障供给绩效理论基础

2.1 农村社会保障概念界定

2.1.1 社会保障

社会保障是指按照法律规定，采取多样化的形式，以政府为主导，通过国民收入再分配，帮助居民在暂时或永久失去劳动能力或由于某些原因在生活困难时渡过难关，以保证其基本生活的一种社会救助制度（唐娟莉，2014）。

2.1.2 农村社会保障

2.1.2.1 农村社会保障内涵

农村社会保障是指以法律法规为依据，以国家政府为责任主体采取有效的措施、方式和手段对全体农村居民实施的国民收入分配和再分配，以保障社会成员经济安全的制度措施。作为国家立法实施的公共政策，农村社会保障的目的是以实现社会成员间社会财富的有效转移，帮助有困难的农村社会成员有效抵御面临的各种风险（王颂吉，2014）。农村社会保障主要是为了保障农村地区居民建立起的保障农村居民基本生活需求、养老需求和医疗需求的各种社会保障制度和措施。

国家公共财政支出的重要组成部分之一就是农村社会保障支出，公共财政支出水平与农村社会保障供给水平密切相关。作为经济福利制度，农村社会保障的目标是满足农村社会成员的基本生活需要，并不断提高其社会福利待遇水平。农村社会保障以补偿现代社会中被削弱的家庭保障、土地保障功能（王越，2005）。农村社会保障制度能够平衡收入分配关系，从而达到社会公平和稳定发展的目标（王琦，2016）。

2.1.2.2　农村社会保障制度的内容

我国农村社会保障制度主要包括四个方面的内容：农村社会保险、农村社会救助、农村社会福利和农村社会优抚。

一是农村社会保险。农村社会保障的核心就是农村社会保险。农村社会保险是较高层次的社会保障，其直接目的是对农村劳动者的收入损失予以一定的补偿，用以满足农村居民在特殊条件下对于基本生活需求的较高层次的社会保障（景天魁，2004）。农村社会保险主要包括农村养老、医疗、失业、工伤和计划生育等许多方面。现阶段，我国农村居民最迫切需要的社会保险主要是养老保险和医疗保险。

农村社会养老保险是指通过个人、集体和政府多方筹资，将符合条件的农村居民纳入参保范围，达到规定年龄时领取养老保障待遇，以保障农村居民年老时基本生活为目的，带有社会福利性质的一种社会保障制度。新型农村社会养老保险制度是在总结完善我国 20 世纪 90 年代开展的农村社会养老保险（简称"老农保"）制度的基础上建立起来的一项崭新制度。我国从 2009 年开始在全国范围内开展新型农村社会养老保险试点（简称"新农保"）工作，以逐步解除农村居民的后顾之忧，实现"养老不犯愁"的目标。

农村合作医疗保险是由我国农村居民（农业户口）自己创造的互助共济的医疗保障制度，在保障农村居民获得基本卫生服务、缓解农村居民因病致贫和因病返贫方面发挥了重要的作用。新型农村合作医疗（简称"新农合"）是指由政府组织、引导、支持，农村居民自愿参加，个人、集体和政府多方筹资，以大病统筹为主的农村居民医疗互助共济制度。新型农村合作医疗采取个人缴费、集体扶持和政府资助的方式筹集资金。农村新型合作医疗制度既是中国医疗保障制度中有特色的组成部分，也是中国农村社会保障体系的重要内容。农村新型合作医疗制度能够为农村居民提供全方位的医疗服务，一方面，为农村居民提供一般的门诊和住院服务；另一方面，承担着儿童计划免疫、妇女孕产期保健、计划生育、地方病疫情监测等任务，并按照预防为主、防治结合的方针开展各种疾病预防工作和饮食及饮水卫生、爱国卫生工作等，对保障广大农村居民健康发挥着多方面的积极作用。我国从2003年开始在全国部分县（市）开展新型农村合作医疗的试点工作，以实现农村居民的社会权利公平，在制度层面上提供保障，促进社会进步。2009年，中国作出深化医药卫生体制改革的重要战略部署，确立了新农合作为农村基本医疗保障制度的地位。2015年，各级财政对新农合的人均补助标准在2014年的基础上提高60元，达到380元。2017年，各级财政对新农合的人均补助标准在2016年的基础上提高30元，达到450元，其中：中央财政对新增部分按照西部地区80%、中部地区60%的比例进行补助，对东部地区各省份分别按一定比例补助。

二是农村社会救助。农村社会救助制度是国家及各种社会群体运用掌握的资金、实物、服务等手段，通过一定机构和专业人员，向农村中无生活来源、丧失工作能力者，向生活在"贫困线"或最低生活标准以下的个人和家庭，向农村中一时遭受严重自然灾害和不幸事故的遇难者，实施的一种社会保障制度，以使受救助者能继续生存下去。农村社会救助制度主要包括农村社会互助和农村社会救济两个方面，其中，农村社会救济的对象主要是农村"五保户"、农村贫困户、农村残疾人以及农村其他困难群众。

三是农村社会福利。农村社会福利是指为农村特殊对象和社区居民提供除社会救济和社会保险外的保障措施与公益性事业，其主要任务是保障孤、寡、老、弱、病、残者的基本生活，同时对这些特困群体提供生活方面的上门服务，并开展娱乐、康复等活动，逐步提高其生活水平。农村社会福利主要包括各级政府、村集体以及社会在农村兴建的养老机构、福利企业、养老院及其提供的农村社区服务等（王琦，2016）。

四是农村社会优抚。农村社会优抚是指优待、抚恤和安置农村退伍军人，以及对农村从军家属给予物质精神方面的补助。农村社会优抚是一项特殊的保障，已列入国家整个社会保障体系之中。农村优抚内容主要包括国家抚恤和群众优待等。

我国农村社会保障制度内容的框架如图2-1所示。

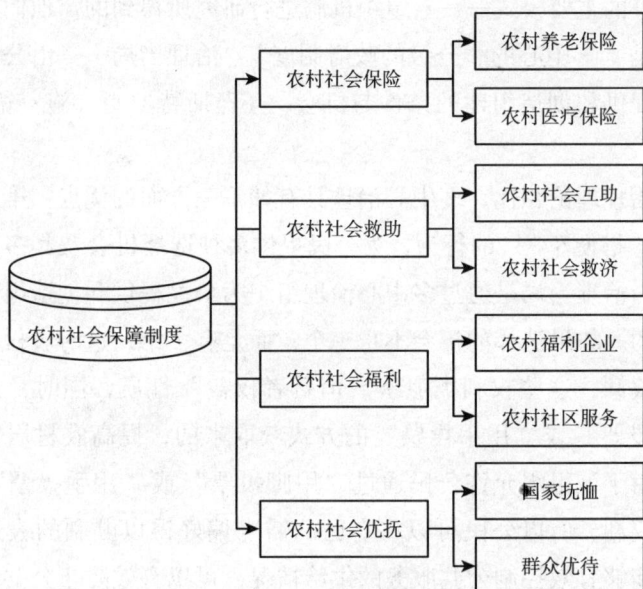

图 2 - 1　我国农村社会保障制度内容

2.2　农村公共服务相关理论

我国农村公共服务发展迟缓的主要原因之一是没有成熟的理论，另外，政府在农村公共服务供给上的缺位、农村居民参与意识的淡薄、农村经济的落后等致使农村居民对公共服务的需求无法得到基本的满足和保障。"影响实践的最有说服力并且最有效的方法就是改变用于认识那种实践的理论"（Vinzant，Janet，Lane Crothers，1998）。因此，农村公共服务体系需要理论指导。

2.2.1　多中心理论

第三部门供给公共物品的理论出现于 20 世纪 70 年代后，"多中心理论"是其中最具有代表性的理论。多中心理论是由美国学者奥斯特罗姆教授夫妇提出的，他们隶属于印第安纳大学政治理论与政策分析研究所。奥斯特罗姆教授夫妇运用制度理性选择学派的观点，主要是对公共经济产生及其消费等特性与治理公共事务的主要模式——自组织机制进行研究所得到的。他们研究得到的多中心指的是"多中心的、分级的政府制度""治理当局——由公民组建且该组织为公民提供和创造组建的条件与机会"（奥斯特罗姆，施罗德，苏珊温，2000）。

与传统治理理论相比，多中心治理具有如下三方面的优点：第一，尽可能地减少公民"搭便车"① 的行为，为公民提供多种选择机会及其多种更加合理的决策机制。治理当局是通过多中心治理组织为公民提供和创造组建的条件与机会而创建的。如果选择的机会不止一个，而是有多个，这时农村居民就可以享受到很多权利，这些权利类似于"消费者权益"性质，同时，这些权利是通过"用脚投票"或"用手投票"的方式获取来的，提高农村居民的消费权益。第二，由于该组织允许公民通过"用脚投票"或"用手投票"的方式来获取自己的权利，所以公民可以将自己的需求偏好得以顺利的表达并得以实现，所以，能够有效控制公共服务的供给情况，可以有效防止公共品供给不足或者供给过剩现象的发生。公共产品或公共服务体系及多中心治理体制能够促进社区所偏好的事务状态的持续性，将外在效应事务治理进行内部化处理主要是通过多层级与多样化的公共控制；经济效益的提升主要是通过将产品或者服务进行打包。这样处理的结果就使得公共治理具有和私人治理非常相似的性质，"搭便车"及其由此所导致的市场失灵之类的公共困境会大大减少。第三，公共决策的民主性和有效性是多中心治理的重点（任立兵，2006）。

尽管多中心治理具有很多优点，然而，多中心治理并不可能一直都充分发挥其作用，它也有可能会失效。相关学者的研究结果显示，要防止多中心治理的失效即充分发挥其作用，必须满足三个条件，第一，也是最为关键的，不同公共物品供给效应的规模必须与其各级地方政府的财政实力相一致；第二，通过采取互利的共同行动，在各个政府部门之间发展合作性安排；第三，政府部门之间的矛盾和冲突通过决策安排来处理和解决。假若多中心的建立缺乏上述三个必要条件，便会引起更多的治理问题。于是，在经济不断建设与发展的同时，对于农村公共产品的供给相关问题而言，在政府治理模式变革的过程中，

---

① 所谓"搭便车"，是指某些人或某些团体在不付出任何代价（成本）的情况下而从别人或社会那里获得好处（收益）的行为。"搭便车"是现代西方经济学家探讨的一个重要话题，在他们看来，产权界定不清、外部性、公共产品等的存在都是"搭便车"产生的根源。大量的"搭便车"现象的产生必然导致社会经济生活的低效。

打破过去以往政府独裁的单一统治模式，构建多中心治理模式——包括政府、社会、市场三主体，这也正是多中心理论最大的应用价值所在（任立兵，2006）。该模式在经济的建设和发展过程中，能够有效地改善农村公共用品供给中市场的缺位以及市场失灵的问题。

2.2.2　新公共管理理论

20世纪七八十年代，伴随着行政改革运动（如"重塑政府""再造公共部门"）的不断推进，新公共管理理论逐渐发展和丰富起来，新公共管理理论的主要代表人物是戴维·奥斯本和特德·盖布勒。他们将新公共管理理论的十大特征在其著作《改革政府：企业精神如何改革着公营部门》中进行了阐述。新公共管理理论所具有的十大特征具体如下：（1）大部分具有企业化的政府都努力促使在产品或服务提供者之间展开竞争；（2）政府将产品或者服务的控制权从官僚机构那里转向社区，最终授权给公民；（3）政府通过后果来衡量各部门的实际绩效，而不是其投入；（4）政府的行为动力来自他们的目标及其使命，而不是他们所制定的规章条文；（5）政府将他们的范围对象进行了重新界定，顾客是他们的服务对象，让顾客自由选择，选择住房、培训计划、学校等；（6）政府不会在问题堆积如山时才来提供各种服务，而是会防患于未然；（7）它们的精力不仅仅只是为了花钱，而且是为了挣钱；（8）通过权力的下放，积极采取参与式管理模式；（9）不倡导官僚主义机制，而是选择市场机制；（10）关注的重点要发生转变，需要向私人、第三部门等组织添加催化剂，激励私人、第三部门等组织行动起来解决其发展过程中存在的问题，不应该只将简单地提供公共产品或服务作为其唯一的目标；创造合理的运营机制，将私人部门和自愿服务等引入公共产品供给，共同解决公共管理问题（奥斯本，盖布勒，1996）。

新公共管理理论与传统公共管理理论相比，发生了许多变化，主要体现在研究方法、研究目标、研究重点、研究思路等方面。新公共管理理论主张研究方法的不断改革创新，鼓励用新方法来研究实际问题；研究的目标转向了公共利益的实现上，将"公共部门与公共机构之间经济效益关系"问题作为研究的重点。新公共管理理论提出了一套全新的思路来解决公共管理实践问题，这些研究思路的变化主要有以下几个方面：在公共产品的供给问题上宁可选择小规模机构来提供，而不愿意选择大规模结构来提供；在劳动的选择上，是不愿意去选择没有终结的职业承包的，而是喜欢选择劳务承包的方式来完成其任务的；在公共产品的提供方式上，宁可选择多元化的主体提供方式，而不倾向于单一的主体供给方式；通过收费而不是普通税金的方式提供公共产品或服务；在公共产品的提供工具方面，不愿意由带有官僚体制的组织或机构来提供，而是喜欢选择独立或私人企业来提供。实际上，在公共产品的供给上，不仅要考虑利益问题，还要对官僚机构不断进行健全和拓宽，而且所有这些职能也可以由其他机构来提供，最终应该选择哪种方式来提供公共品，主要的依据是看公众对于公共品的需求可以以哪一种方式得到最有效的实现，并且是最经济可行的（布莱克维尔，1992）。

2.2.3 新公共服务理论

新公共服务是 20 世纪 80 年代是由美国著名公共行政管理学家罗伯特·B. 登哈特（Robert B. Denhardt）和珍尼特·V. 登哈特在《新公共服务：服务而不是掌舵》一书中提出的，通过对新公共管理理论的反思和批判，并把各种修补或替换新公共管理理论的观点和模式综合起来，提出的一种替代新公共管理的标准模式，并以其宽广的学术视野和鲜明的理论创新在学界和政界产生了深远的影响。"新公共服务"理论的基本内涵主要有（罗伯特，珍尼特，2004）：

（1）政府的职能是服务，而不是掌舵。公务员日益重要的角色就是要帮助公民表达并满足他们共同的利益需求，而不是试图通过控制或"掌舵"使社会朝着新的方向发展。政府的作用在于与私营及非营利组织一起，为社区所面临的问题寻找解决办法。其角色从控制转变为议程安排，使相关各方坐到一起，为促进公共问题的协商解决提供便利。

（2）公共利益是目标而非副产品。公共行政官员必须致力于建立集体的、共享的公共利益观念。公共行政官员应当积极地为公民通过对话清楚表达共同的价值观念并形成共同的公共利益观念提供舞台，应该鼓励公民采取一致行动，而不应该仅仅通过促成妥协而简单地回应不同的利益需求。

（3）在思想上要具有战略性，在行动上要具有民主性。在新公共服务理论家看来，通过对公民教育方案的参与以及对公民领袖更广泛的培养，政府可以激发人们重新恢复原本应有的公民自豪感和公民责任感，而且这种自豪感和责任感会进一步发展为在许多层次都会出现的一种更强烈的参与意愿，在这种情况下，所有相关各方都会共同努力为参与、合作和达成共识创造机会。

（4）为公民服务，而不是为顾客服务。公务员不仅仅是要对"顾客"的要求作出回应，而且要集中精力与公民以及在公民之间建立信任和合作关系。在政府中，公正和公平是其提供服务时必须考虑的一个重要因素，政府不应该首先或者仅仅关注"顾客"自私的短期利益，政府必须关注公民的长远需要和利益。

（5）责任并不简单。新公共服务理论认为，责任问题其实极为复杂，公共行政官员已经受到并且应该受到包括公共利益、宪法法令、其他机构、其他层次的政府、媒体、职业标准、社区价值观和价值标准、环境因素、民主规范、公民需要在内的各种制度和标准等复杂因素的综合影响，而且它们应该对这些制度和标准等复杂因素负责。

（6）重视人，而不只是重视生产率。如果公共组织及其所参与的网络能够以对所有人的尊重为基础，通过合作和分享领导权的过程来运作的话，从长远的观点来看，他们就更有可能获得成功。新公共服务理论家在探讨管理和组织时十分强调"通过人来进行管理"的重要性。如果要求公务员善待公民，那么公务员本身就必须受到公共机构管理者的善待。因此，分享领导权的概念对于为公共雇员和公民提供机会以便他们的言行符合其公共服务的动机和价值至关重要。

（7）公民权和公共服务比企业家精神更为重要。公共行政官员有责任通过担当公共资源的管理员，公共组织的监督者，公民权利和民主对话的促进者，社区参与的催化剂以及基层领导等角色来为公民服务。因此，公共行政官员不仅要分享权力，通过中介服务来解决公共问题，而且还必须将其在治理过程中的角色重新定位为负责人的参与者，而非企业家。

虽然"新公共服务"理论还尚不成熟，但是它代表了由"管理者管理"向"让公民来服务"的一种新的发展趋势。新公共服务是对当今公共行政理论和实践特别是对新公共管理影响下的治理研究和实务的一种有意义的补充。

2.3 农村社会保障供给理论

2.3.1 福利经济学理论

18世纪末,福利经济学开始萌芽,于1920年,英国经济学家庇古的著作《福利经济学》的出版,标志着福利经济理论体系的形成。福利经济学属于规范经济学的范畴,以寻求"最大化的社会救济福利"为目标,主要研究如何进行资源配置以提高效率;如何进行收入分配以实现公平;如何进行集体选择以增进社会福利。庇古认为"福利",是对享受或者满足的一种心理反应,即是个人获得的某种效用或者满足,有社会福利与经济福利两种,其中只有可以用货币直接衡量的那部分福利才可谓是经济福利。国民收入总量的增长及其国民收入在社会各成员之间的平均分配程度是衡量社会福利的两个杠杆。因此,福利经济学为社会保障提供了经济学理论基础。

福利经济学是以边际效用序数论为基础来界定福利内涵;以一定的价值判断为出发点的,即依据已确定的社会目标来创建理论体系;以福利理论及其所确定的社会目标为依据来制订经济政策方案。

庇古认为,要想增加社会福利,就要使国民收入得到增长,归根到底,就是要合理分配各生产部门之间的生产资料。只有当生产资料在各部门之间的分配达到最佳的状态,此时国民收入才能达到最大化。但是在一般情况下,这两种利益并不是正好等同的,要使这两种利益等同就需要政府借助税收、财政等经济手段进行调节。

(1)庇古的贡献与社会保障。庇古认为,福利由效用构成,效用就是满足,人性的本质就是追求最大的满足,换句话说就是追求最大的福利。为了实现福利最大化,根据边际效用序数论,庇古认为需要考虑两个问题:一是个人实际收入的增加会使其满足程度增大,二是转移富人的货币收入给穷人会使社会总体满足程度增大。据此,庇古同时根据帕累托最优标准,提出了两个基本命题:一是国民收入总量越大,社会经济福利就越大;二是国民收入分配越是均等化,社会经济福利也就越大(庇古,2006)。该命题在西方经济学说史中具有开创性,首次阐述了社会福利问题与国家干预收入分配问题的紧密联系。

第一个福利命题庇古认为，一个国家的全部经济福利是个人经济福利的总和，所以如果有增加贫困者的实际收入而不减少国民收入的情况，就会使经济福利增加。要增加经济福利，在生产方面必须增大国民收入总量，这也就引发庇古对国民收入总量增加的思考，他认为只有实现社会生产资源的最优配置，才能增加社会产量，进而增加国民收入。第二个福利命题庇古认为，社会经济福利不仅受国民收入数量的影响，还受国民收入具体分配情况的影响。如果国民收入集中在少部分富有者手中，那大部分人还是没有享受到社会经济福利。所以，要增加经济福利，在分配方面必须实现收入分配均等。这就提出了"财产转移论"，即富有者自愿拿出自己资产的一部分贴补贫困者，或是用于教育、保健等福利事业，这就直接或间接地增加了贫困者的实际收入。在这两个福利命题中，庇古还提到了政府的作用。政府需要对资源配置进行干预，才能保证尽可能减少垄断的发生，则私人和社会净产品基本保持一致，有效配置资源从而增加国民所得，同时增加经济福利。另外，政府需要"强制转移"富有者的收入，因为富有者的"自愿转移"并不能够完全满足社会所需要的转移。政府主要通过征收累进的所得税和遗产税实现转移，采用免费教育、养老金、房屋居住等方式让贫困者真正享受到福利。

根据上述两个基本命题，国民收入总量的增加是增加社会经济福利的主要因素，社会保障是国民收入和社会经济福利的中介，一方面，国民收入总量的增加有助于社会保障供给数量的增加，进而促进社会福利的增加；另一方面，社会福利会随着国民收入分配的均等化增加。由此可以推得出两个结论：一是社会保障供给规模越大，社会经济福利就越大；二是社会保障越是公平化，社会经济福利也就越大。因此，促进社会保障的有效供给，有利于促进整个社会经济福利的增加。

（2）补偿原则与社会保障。新福利经济学运用"序数效用论""无差异曲线"等理论对福利问题进行研究，提出了效率标准，即用帕累托最优理论来解释福利问题。在达到帕累托最优时，不可能在不使任何人处境变坏的情况下使个人处境变好，再进行任何政策改变都会带来福利的损失。但是，帕累托最优标准存在着两个缺陷：一是无法判断一些人的福利状况有所改善而另一些人的福利状况有所恶化时，社会福利是否有所改善；二是帕累托最优依然不关心公平问题。为了弥补这两个缺陷，新福利经济学提出了补偿原则。

补偿原则的基本思想是，国家的任何政策变动都将会导致市场价格变动，会使有人受益、有人受损，如果一些社会成员状况改善补偿了其他社会成员状况的恶化，且补偿后还有剩余，就说明社会福利增加了。补偿原则关注的是"整个社会的福利"或"福利综合指标"，兼顾了效率与公平，为社会保障供给提供了理论基础。首先，补偿原则的基本思想为增加社会保障供给的财政支出提供了理论依据。充足的社会保障能够最大限度地改善财政支出结构、提高财政支出效率、实现社会福利最大化。政府用于社会保障的财政支出比例的提升，会减少一部分既得利益，但同时又增加了社会居民享有的社会保障。如果整个社会从社会保障增加中得到的效用足以弥补减少的效用，那么社会福利最终得以增加。其次，补偿原则的基本思想为社会保障的合理分配提供了理论依据。由于区域和城乡经济发展的差距，使得各地区城乡居民享有的社会保障也存在着巨大的差异。政府要为社会保障未得到满足的地区提供更多的社会保障，促使社会保障供给效率和资金使用效率的提升，进而促进整个社会福利的增进。因此，促进社会保障的有效供给，有利于缩小城乡和区域差距，增加社会福利。

（3）社会福利函数理论的基本思想与社会保障。社会福利函数理论是由伯格森、萨缪尔森、阿罗等提出的，他们认为社会福利与影响社会福利的各个因素之间具有一定的函数关系。社会福利函数兼顾了效率与公平，决定个人福利最大化的重要条件是个人的自由选择，社会福利最大化的必要和充分条件分别是经济效率和合理分配。第一，社会福利函数强调收入分配的合理化而并非收入分配均等化。由于个人偏好的不同，平均分配的社会保障并不一定能使其福利得到增加，而是要充分考虑个人需求的相对均等化，而非绝对均等化。第二，对社会福利函数的研究，有助于政府在若干可选择的政策中选出一些较好的政策来提高社会的整体福利水平。虽然阿罗不可能定理证明了符合相应条件的社会福利函数并不存在，但社会福利函数理论的基本思想仍为社会保障有效供给和均等供给的实现提供了重要理论依据（于树一，2007）。

根据边际效用递减规律，收入效用与财富之是成反向变化的，即财富越多，收入效用越小。同时，消费收入占总收入的比重与财富成方向变化，即财富越多，消费收入占总收入的比重越小。如果富裕的人失去所拥有的一定数量的财富，同时穷人得到同等数量的财富，那么，对于富裕的人而言，其自身需求只是损失了很小的一部分，而对于穷人来讲，其需求得到了很大满足。故此，庇古认为，整体上来看，如果将财富由富裕的人转移给贫穷的人，社会需求将会得到更大的满足，即实现社会福利的极大化。综合以上有关福利的相关结论我们可以得知，从整体上而言，在收入再分配过程中贫穷的人所得到的效用增加量要大于富裕的人所失去效用的损失量，故社会总效用还是增加的。因此，社会经济福利的增加可以通过这种具有收入再分配作用的社会保障制度来实现。西方国家社会保障制度的重要理论基础就是庇古的福利经济学，其对世界上各个国家社会保障制度的建立及其发展产生了巨大的影响和作用。实现社会公平是社会保障制度的基本目标。农村社会保障的公平与效率强调的是普遍性与社会性，而非阶层、地区、城乡的公平与效率，旨在建立城乡统筹的一体化的社会保障体系。

福利经济学说中的理论延伸出了社会保障制度的公平性，是西方国家福利理论的基础。在社会保障公平性的原则下，农村居民作为社会成员的一分子也理应享受和其他社会成员平等的待遇，这是本书研究的前提。

2.3.2　理性选择理论

科尔曼的理性选择理论是将西方社会的现实生活及其文明的理性特质相结合而产生的。理性选择理论已成为具有巨大思想空间及其发展潜力的研究领域，是社会科学领域中具有较强解释力以及广泛影响力的一种思想工具。20世纪 90 年代，理性选择理论基于法人行动者和个体行动者，将社会学理论宏观主义和微观主义进行整合，因此，其在经济社会学领域中占有了非常重要的地位。

从总体上看，科尔曼的理性选择理论主要包括社会学方法论、经济学、交换理论三个基础，由四组基本概念组成，即行动系统、行动权利、行动结构、社会最优。然而，科尔曼的理性选择理论却没有对行动者的心理预期、欲望、偏好给予关注，也没有对社会关系网络与感性选择对个体行动与社会行动的制约作用给予重视。

科尔曼的理性选择理论的基本假设与出发点是"理性人"，追求的目标是效益最大化，研究目标是宏观的社会系统，研究起点是微观的个人行动。"理性人"既具有经济人的性质，也具有社会人的性质，是获取利益最大化的主体，是处于社会关系及其社会互动中的能动选择的主体。理性人以合理的行动最大限度地获取经济、社会、文化等效益。

科尔曼的理性选择理论认为：合理性是理性行动者的基础，理性行动者都具有一定的利益偏好，其行动的目的和原则就是通过社会性活动最大限度地获取利益。行动者行动的条件和基本保证是资源，因此，行动者拥有特定的资源以及行动者对资源感兴趣是行动者所具有的两个重要特征。行动者为了追求个人利益，基于理性行动，会用最小的成本去控制着能从中获取最大利益的有限资源。科尔曼认为行动者、资源、利益结构是构成理性人基本行动不可或缺的三个要素。社会行动包括交换行动（主要有信任关系、权威关系、市场关系的交换三类，涉及各个行动者之间权利与资源的交换）、法人行动与规范行动。科尔曼认为社会关系包括信任关系、权威关系、复杂关系结构，在社会关系结构中所存在的社会资本（社会资本即各种社会关系为行动者所提供的新的资源）可以为行动者的行动提供方便。进而，这些社会资本、社会关系促使了法人行动者的产生。法人行动是在遵守合理性原则以及要求的基础上，因个体的理性行为而发生。个人利益与价值偏好和结构制约是影响行动者行动的两个决定性因素。结构制约可以分为三类，即信任结构制约、权威结构制约和市场结构制约。在市场体系中，发挥主要作用的是经济机制，而权力、社会资本及其社会规范却在信任与权威结构中发挥着较大的作用，通过共识使交换达到均衡，并使交易成本得以降低、交换行为得以稳健进行是理想社会行动的关键所在。

2.3.3 有效需求理论

1936 年，凯恩斯在其著作《就业，利息和货币通论》中提出了有效需求理论，他对当代西方经济学理论最大的贡献就是其提出的有效需求理论。凯恩斯就业理论的出发点及其核心之处正是有效需求理论，此理论在经济思想史上产生了重要的意义，成为西方市场经济国家制定宏观经济政策及其抑制经济衰退的理论基础。凯恩斯的有效需求理论是建立在三大定律基础之上的，即资本边际效率递减、边际消费倾向递减、流动性偏好。

凯恩斯在《就业，利息和货币通论》中指出，资本主义具有内在的不稳定性，就业均衡只是少数的偶然现象，而非均衡的充分就业却常常存在，向充分就业发展的自然趋势不存在，而国家干预是解决经济萧条的唯一办法，对于就业问题可以通过增加有效需求来解决。凯恩斯认为是"需求创造供给"，而不是"供给创造需求",有效需求不足是引起经济萧条的根本原因所在,充分就业均衡状态无法在市场机制中得以实现,因此,凯恩斯认为,要摆脱经济衰退,就要扩大政府公共支出,要实现资本主义充分就业,唯一可依靠的就是国家干预。李珍(2001)研究认为,在国家干预思想中,占有重要地位是社会保障,主张国家对社会福利领域进行干预,这样有利于促进消费,也有助于推进经济均衡的实现。社会保障的直接效应具有个人安全和经济均衡的双重性。建立农村医疗保障制度可以改善与增进农村居民的健康,减少疾病的风险及其经济负担,也助于扩大与改善社会边际消费规模,病患者的消费需求及其消费能力往往要小于健康的人(李和森,2005)。

2.3.4 公共财政理论

公共财政理论从财政的角度为政府提供社会保障创造了合理性和必要性,同时也为政府构建社会保障均等化的实现机制提供了理论支撑和现实依据。公共财政的理论基础是由公共财政的本质所决定的。公共财政的实质就是为了满足社会公共需求,弥补市场机制在维护宏观经济稳定、提供公共产品、促进社会财富公平分配方面的失灵。建立公共财政是实现农村社会保障有效供给的基础和前提,而农村社会保障的足额供给是公共财政公共性的重要体现。

第一,农村社会保障的具体内容是由政府的职责实现范围决定的。社会保障的属性决定了政府的一项重要职能是向社会成员提供社会保障,这也是衡量政府绩效的一个重要指标。但是这并不意味着政府是社会保障供给的唯一主体,市场、私人、民间组织等也是社会保障供给机制中必不可少的主体,这些主体具有效率高、形式灵活、适应多样化与高标准化的公共服务需求等优势。其中,政府在农村社会保障供给过程中居于主导地位,在市场失灵的情况下,政府担负着提供农村社会保障的职责。

第二,公共财政是提供农村社会保障的重要财力保障。农村社会保障的供给是对资源、资金的配置、组织、协调的生产过程,这必然涉及公共资金的保障等问题。提供农村社会保障的目标和公共财政的资源配置目标是相同的,都是为了满足社会的公共需求,这必然将公共财政与农村社会保障的供给紧密地联系在一起,因此,政府提供农村社会保障主要是通过公共财政支出、财政转移支付等手段来实现的。

第三，公共财政的法治性和公共选择理论为构建和完善农村社会保障供给机制提供了理论支撑。在一定的政治决策程序下，公共选择是将社会成员个人偏好转化为社会公共偏好的过程，因此，公共选择机制是一个把个人偏好转化为社会公共决策依据的机制。公共选择的一项重要内容是公共服务，公共服务又以公共选择理论为依据，而农村社会保障又是公共服务中的一项基本内容，因此，农村社会保障的供给需要建立起一个科学决策、合理分工、高效运行、严格管理等的机制，主要包括公共决策机制、财政保障机制、激励约束机制与协调机制、成本分担机制、管理监督机制和绩效评价机制等。

2.4 消费者行为理论

在对农村公共服务相关理论、农村社会保障供给理论、农村社会保障供给效率相关理论进行探讨的基础上，本研究认为有必要对消费者行为理论进行探讨，因为农村社会保障供给主要是为农村居民提供服务，农村居民是其消费者。消费者行为理论又称为效用理论。人们在选择事物或者东西的时候总是选择他们能负担得起的最好的东西。

根据马克思主义社会再生产环节的基本理论，即生产—分配—交换—消费，农村社会保障的供给实际上涵盖了生产、分配、交换三个环节，生产的目的是消费，于是之后的环节必然是对农村社会保障的消费。农村社会保障供给的目的是为了满足农村居民的消费需求（农村居民需求呈现出多样化和高标准化的特性），实现农村居民福利的最大化。农村社会保障主要是通过直接的方式对农村居民消费产生影响，社会保障作为农村非生产性公共品，主要是为农村居民的生活服务，扩大消费领域，增加农村居民对社会保障的需求量，促使农村居民需求个性化、多样化、多层次的发展及其需求结构的升级，促使农村居民的消费水平不断上新台阶，以这种方式形成消费效应，对农村居民消费水平和消费结构产生直接影响。农村居民对社会保障的消费实际上是为了满足心中的某种欲望、增加福利，农村居民会从社会保障的消费中得到一种满足感，这种满足感实际上就是效用。农村社会保障包括养老保险、医疗保险、失业保险等。假设将农村居民消费的产品分为包括农村社会保障在内的公共产品和私人产品两大类，于是，农村居民的消费既包括对农村社会保障的消费，也包括对私人产品的消费。假设在农村居民收入一定的情况下，如果农村居民减少了对农村社会保障的消费，那意味着农村居民对私人产品的消费就会增加，说明农村居民对社会保障和私人产品的消费之间具有替代关系。因此，本研究就可以将此问题转化为消费最优化问题，即效用最大化问题。也就是说，在农村居民收入和产品价格既定的情况下，农村居民应如何选择对农村社会保障和私人产品的消费数量以使农村居民的效用水平达到最大。

假定农村居民的预算收入是既定的，农村居民的收入用于消费农村社会保障和私人产品，农村社会保障的价格用农村居民向政府缴纳的税收表示（罗光强，2002），私人产品的价格由市场决定，则此消费最优化问题就可以转化为如下函数问题：

$$\begin{cases} \max U = f(X, Y) \\ P_X \cdot X + P_Y \cdot Y = I \end{cases}$$

其中，U 表示效用函数；X 和 Y 分别表示农村居民消费的农村私人产品和农村社会保障的数量；P_X 代表农村私人产品的价格；P_Y 代表农村社会保障的价格；I 代表农村居民消费的预算收入。

在农村居民的消费预算收入约束下，农村居民消费效用最大化的均衡条件是农村社会保障和私人产品的边际替代率与市场上这两类产品的价格之比（客观评价）相等，即 $MRS_{XY} = P_X/P_Y$；或者农村居民用 1 单位货币购买农村社会保障得到的效用（Y 上 1 单位货币的边际效用）与用 1 单位货币购买私人产品得到的效用（X 上 1 单位货币的边际效用）相等，即 $\dfrac{MU_X}{P_X} = \dfrac{MU_Y}{P_Y}$（$MU_X$ 代表农村私人产品的边际效用；MU_Y 代表农村社会保障的边际效用）。

$$MRS_{XY} = \frac{P_X}{P_Y} = \frac{MU_X}{MU_Y}$$

另外，农村居民效用最大化问题也可以借助于无差异曲线和预算线来进行解释说明。如图 2 - 2 所示，无差异曲线 U 代表效用函数 $U = f(X, Y)$，预算线 AB 代表农村居民消费的预算收入约束 $P_X \cdot X + P_Y \cdot Y = I$，则农村居民获得最大效用的均衡点为预算线 AB 与无差异曲线 U_1 的切点 E_1，表明农村居民消费农村私人产品和农村社会保障的最优数量组合为（X_1，Y_1）。

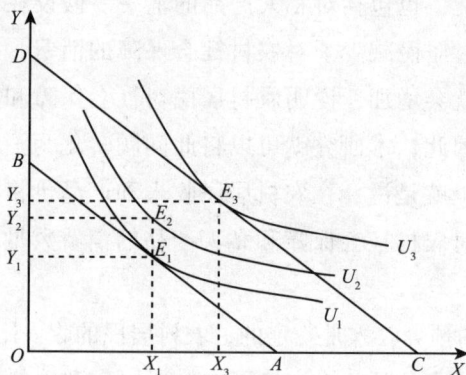

图 2 - 2　农村居民消费最优组合问题

从我国农村的实际情况来看，农村社会保障供给不足或短缺的现象还较为普遍，这样农村社会保障供给的不足使得农村居民对农村社会保障的需求及其消费处于较低的水平，此外还受到收入、政策、消费观念等因素的限制。在图 2 - 2 中，假定现实中农村居民对农村社会保障的消费处于较低的水平，即点 E_1 为农村居民消费农村私人产品和农村社会保障的均衡点，此时农村居民消费农村私人产品和农村社会保障的数量分别为 X_1 和 Y_1，农村居民消费的效用水平为 U_1，即此时，农村居民的福利在较低的经济发展水平上实现了最大化。现在假定在此较低的经济发展水平上，假若农村居民对私人产品的消费不变，如果增加农村社会保障的供给或者在实行城乡统筹发展的策略下，城市的部分社会保障资源用于农村社会保障的供给，那么，此时农村社会保障的供给水平就会提高（由 Y_1 增加到 Y_2），农村居民的福利水平（或者消费收益）会相应地提高，农村居民的效用曲线将会上移到较高的效用水平 $U_2(U_1 < U_2)$ 上，最佳效用点也相应地变为 E_2。事实上，随着农村经济的发展，农村居民的收入水平不断提高，农村居民的消费观念也在不断地更新、消费质量在不断地提高，可见，农村居民消费需求意愿在不断地提升，加之农村居民对身体健康状况关注度的持续升温，及其农村居民养老模式的逐渐转变（农村居民过去单纯地依靠子女养老的模式已有所转变，转为购买养老保险等），于是，必须通过农村社会保障的供给来满足农村居民不断增长的需求，进而进一步刺激扩大农村的消费需求。农村居民收入水平的提高会带动消费水平的提升，于是，在农村居民收入水平逐步提高的过程中，图 2 - 2 中的预算线 AB 会不断向右方平移，假定平移到 CD 位置上，这时与更高的无差异曲线 $U_3(U_1 < U_2 < U_3)$ 相切

于点 $E_3(X_3, Y_3)$，此时，农村居民对私人产品的消费量由 X_1 增加到 X_3，对农村社会保障的消费量增加到 Y_3，农村居民的福利水平进一步提升，在较高的经济发展水平上实现了效用或福利的最大化（唐娟莉，2015）。由此可见，随着经济的不断发展和农村居民收入水平不断提升的步伐，农村私人产品消费量增加同时，农村居民也会增加对农村社会保障的消费数量。

第 3 章

农村社会保障供给现状及其效果分析

农村社会保障的发展和推进,不仅关乎农村居民的切身利益,也直接关系到农村经济社会的全面健康发展及其农村的社会稳定。农村社会保障制度在社会经济发展中发挥着"调节器"与"稳定器"的作用,对于缓解农村贫困、失业、稳定农村发展、促进农村居民增收等具有重要的作用。为了促进城乡经济协调发展,缓解农村贫困等问题,按照城乡统筹发展战略的要求,我国各级政府加大了对农村社会保障的投入力度,投入资金逐年增加,并建立了相对较为完善的社会救助体系、农村最低生活保障制度等。

3.1 农村社会保障供给现状分析

农村社会保障是社会公共服务的重要有机组成部分,理所应当是政府的重要职能,相应地也是我国公共财政的重要服务领域。农村社会保障供给的主要主体是政府,自然而然,农村社会保障供给就需要以政府的公共财政作为物质保障基础,于是,可以按照财政支出的规模与结构作为衡量农村社会保障供给水平的标准。对于农村社会保障供给现状,本章主要是基于财政支出视角,利用统计数据,从农村社会保障供给规模、供给结构、区域差异、城乡差异等四个方面来分析农村社会保障的供给状况,以期为国家政策的制定提供事实证据。

3.1.1　农村社会保障供给规模

为了促进城乡经济协调发展，缓解农村贫困等问题，按照城乡统筹发展战略的要求，我国各级政府加大了对农村社会保障的投入力度，投入资金逐年增加，并建立了相对较为完善的社会救助体系、农村最低生活保障制度等。

进入 21 世纪，尤其是 2003 年以来，中央政府对于农村社会保障事业给予了极大的关注和重视，加大了对农村社会保障事业经费的财政支持力度，中央及各级政府对农村社会保障事业财政支出呈逐年攀升的态势。表 3 – 1 给出了 1995～2014 年我国农村社会救济费和自然灾害救济费支出情况。由表 3 – 1 可知，1995～2014 年，农村社会救济费呈现出稳定的增长态势，1995 年农村社会救济费仅为 3 亿元，2000 年增加到 8.7 亿元，翻了将近两番，2006 年开始超过 100 亿元，为 147.8 亿元，2013 年和 2014 年超过 1000 亿元大关，分别达到 1069.27 亿元和 1092.38 亿元，2014 年农村社会救济费是 1995 年的 364 倍，是 2000 年的 125.6 倍，是 2006 年的 7.4 倍，其年均增长率为 36.4%。同期，自然灾害救济费整体上呈先上升后下降的态势，由 23.5 亿元增加到 124.44 亿元，其中 2008 年自然灾害救济费达到最高水平，为 609.8 亿元（主要是因为 2008 年发生了汶川大地震、雪灾等自然灾害，国家财政拨付了大量救灾物资等），2000～2007 年均未超过 80 亿元，2009～2014 年六年中只有 2010 年自然灾害救济费超过 200 亿元，达到 237.18 亿元，2014 年自然灾害救济费是 1995 年的 5.3 倍，是 2000 年的 3.5 倍，其年均增长率为 9.2%，其年均增长速度远低于农村社会救济费的增长速度，低出 27.2 个百分点。

表 3 – 1　1995～2014 年我国农村社会救济费和自然灾害救济费支出情况　　　单位：亿元

年份	农村社会救济费	自然灾害救济费	年份	农村社会救济费	自然灾害救济费
1995	3.0	23.5	2007	189.80	79.80
2000	8.7	35.2	2008	326.80	609.80
2001	10.9	41.0	2009	487.90	199.20
2002	14.2	40.0	2010	579.65	237.18
2003	23.8	52.9	2011	838.96	128.70
2004	37.9	51.1	2012	995.83	163.38
2005	79.9	62.6	2013	1069.27	178.70
2006	147.8	79.0	2014	1092.38	124.44

资料来源：国家统计局农村社会经济调查司：《中国农村统计年鉴》(2001～2015)，中国统计出版社。

　　虽然农村社会救济费和自然灾害救济费呈逐年增加的态势，但是占民政事业费支出总额的比重仍比较低。图 3 - 1 提供了 1995 ~ 2014 年我国农村社会救济费和自然灾害救济费占民政事业费支出总额的比重情况。由图 3 - 1 可知，1995 ~ 2014 年，我国农村社会救济费支出占民政事业费支出总额的比重整体上呈上升态势，1995 年农村社会救济费支出占民政事业费支出总额的比重为 2.9% ，2005 年开始超过 10% ，达到 11.1% ，2009 年超越 20% ，为 22.4% ，2012 年达到 27% ，比重最高，2013 年和 2014 年出现了下降，分别下降了 2 个百分点和 0.2 个百分点。同期，我国自然灾害救济费支出占民政事业费支出总额的比重呈现出较大的波动趋势，总体呈现出先持续回落后大幅上升再大幅下跌的趋势，1995 年自然灾害救济费支出占民政事业费支出总额的比重为 22.7% ，之后开始下降，一直下降为 2007 年的 6.6% ，2008 年大幅度上升，达到 28.4% （主要是因为 2008 年发生了汶川大地震、雪灾等自然灾害，国家财政拨付了大量救灾物资等，2008 年自然灾害救济费高达 609.8 亿元，于是其占民政事业费支出总额的比重较高），2009 年大幅回落，回落至 9.1% ，2010 年之后持续下降，降至 2014 年的 2.8% 。由此可见，虽然我国农村社会救济费支出占民政事业费支出总额的比重整体上呈上升态势，而自然灾害救济费支出占民政事业费支出总额的比重波动幅度较大，且整体上呈下降趋势，但是整体来看，同时与农村发展及其与解决农村贫困等问题的需求相比，农村社会保障事业费支出仍显不足，且占民政事业费支出总额的比重仍显得偏低。

　　从农村社会救济费和自然灾害救济费的增长速度来看，两者均呈现波动化变动趋势，其中自然灾害救济费的波动幅度较大。如图 3 - 2 所示，农村社会救济费大体上呈现倒 U 形态势，2001 年增长率为 25.29% ，2002 年开始上升，上升到 2005 年的 110.82% ，达到最高水平，2006 年开始转而下降，一直降为 2014 年的 2.16% ；对于自然灾害救济费的增长速度而言，波动幅度较大，其中 2002 年、2004 年、2009 年、2011 年和 2014 年均呈现负增长，增长率分别为 - 2.44% 、- 3.4% 、- 67.33% 、- 45.74% 、- 30.36% ，其余年份均为正增长，其中 2008 年的增长速度最快，高达 664.16% 。

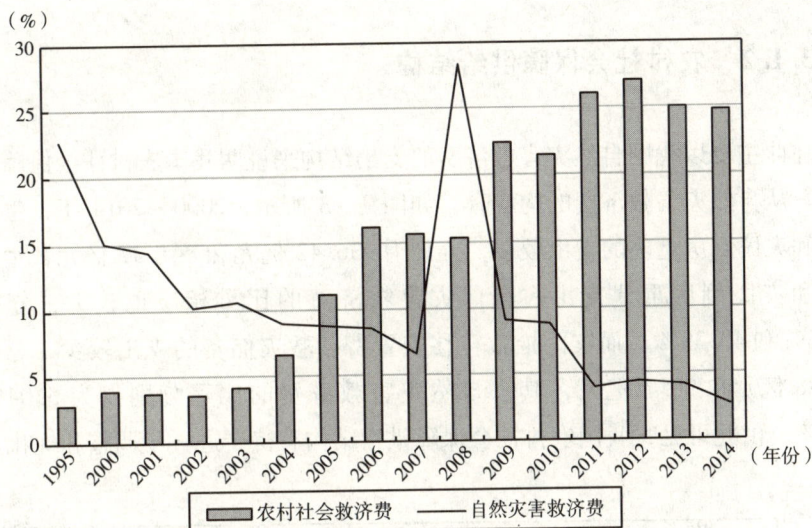

图 3 - 1　1995 ~ 2014 年我国农村社会救济费和自然灾害救济费
占民政事业费支出总额的比重

资料来源：国家统计局农村社会经济调查司：《中国农村统计年鉴》（2001 ~ 2015），中国统计出版社。

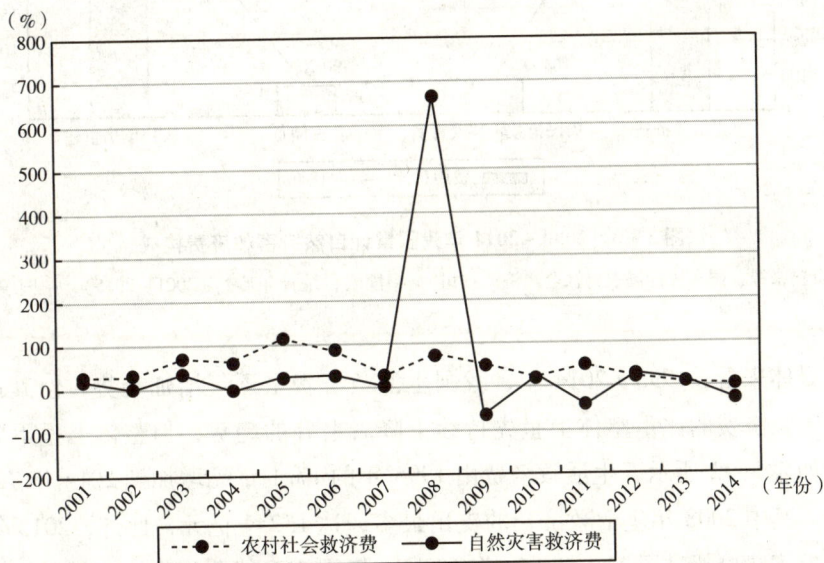

图 3 - 2　2001 ~ 2014 年我国农村社会救济费和自然灾害救济费增长速度

资料来源：国家统计局农村社会经济调查司：《中国农村统计年鉴》（2001 ~ 2015），中国统计出版社。

3.1.2 农村社会保障供给结构

在此主要以我国自然灾害救济费的支出结构来说明我国农村社会保障供给结构。从自然灾害救济费的构成看，如图 3－3 所示，2000～2014 年，生活救济费和灾民倒房重建的支出较多，分别为 936.42 亿元和 841.37 亿元，生活救济费和灾民倒房重建支出占自然灾害救济费的比重相应也较大，分别为44.96％和40.39％；而灾民抢救转移安置费和救灾储备的支出较少，分别为104.88 亿元和 90.7 亿元，其占自然灾害救济费的比重分别仅为 5.04％ 和4.35％。由此可见，我国农村社会保障供给结构有待于进一步调整和优化。

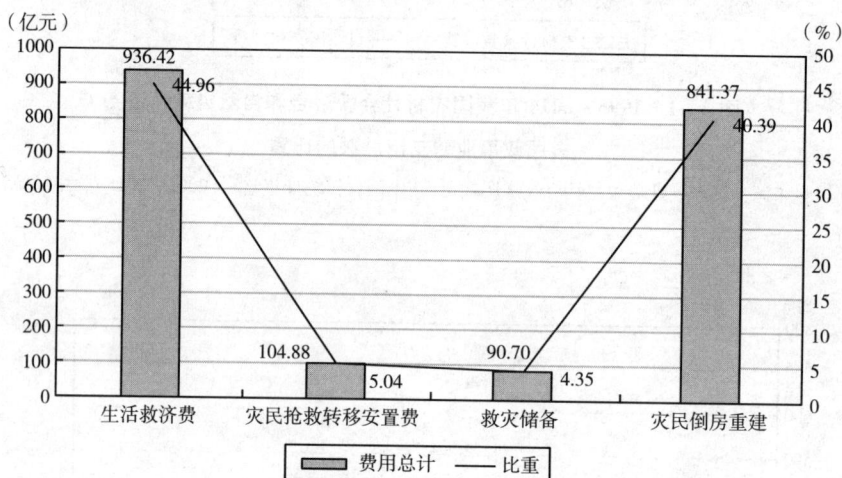

图 3－3 2000～2014 年我国累计自然灾害救济费构成

资料来源：国家统计局农村社会经济调查司：《中国农村统计年鉴》（2001～2015），中国统计出版社。

具体来看，1995～2014 年，我国生活救济费呈逐年增加趋势，但其占自然灾害救济费的比重整体上呈先持续下降后上升的趋势，但整体上呈下降趋势。如表 3－2 所示，生活救济费由 1995 年的 17.1 亿元增加到 2014 年 72.68亿元，其中 2008 年生活救济费的支出最多，达 152.4 亿元，此外，2013 年的生活救济费也超过了 100 亿元，为 100.94 亿元，而其余年份均未超过 100 亿元，年均增长率为 7.91％；其占自然灾害救济费的比重由 1995 年的 72.77％下降到 2014 年的 58.41％，其中，2008 年的比重最小，为 24.99％。近年来，各级财政对于灾民倒房重建的支持力度较大，2000 ~ 2014 年，灾民倒房重建费用整体上呈倒 U 形趋势，具体而言，2000 年灾民倒房重建费仅为 1 亿元，2001 年开始增加，一直增加到 2008 年的 400 亿元，达到最大规模，2009 年转而下降，一直下降为 2014 年的 25.23 亿元；同期，灾民倒房重建费占自然灾害救济费的比重整体上也呈现倒 U 形趋势，具体而言，2000 年灾民倒房重建费占自然灾害救济费的比重仅为 2.84%，之后一直上升到 2008 年的 65.6%，2009 年转而下降，持续下降为 2014 年的 20.27%。各级财政对于灾民抢救转移安置费的支出相对较少，1995 年为 1.9 亿元，2003 年达到 11 亿元，2008 年达到 12.1 亿元，2009 年降至 4.4 亿元，之后上升，上升到 2013 年的 11.01 亿元，2014 年又转而下降，下降为 8.24 亿元；灾民抢救转移安置费占自然灾害救济费的比重呈现上升—下降—上升趋势，1995 年这一指标值为 8.09%，之后开始上升，上升到 2003 年的 20.79%，达到最高水平，2004 年转而下降，一直下降到 2008 年的 1.98%，达到最低水平，2009 年开始转为上升趋势，上升到 2014 年的 6.62%。各级财政对于救灾储备的支出相对也较少，由 1995 年的 2.3 亿元增加到 2014 年的 8.1 亿元，其中 2008 年最多，为 25 亿元；救灾储备占自然灾害救济费的比重整体上呈现 U 形态势，具体而言，1995 年这一比重为 9.79%，2000 年为 10.51%，比重最大，2004 年为 7.63%，2005 年开始下降，持续下降为 2009 年的 1.91%，比重最小，2010 年转而上升，2014 年达到 6.51%。

表 3 – 2　　　　　　　　　1995 ~ 2014 年我国自然灾害救济费构成

年份	自然灾害救济费（亿元）				占自然灾害救济费比重（%）			
	生活救济费	灾民抢救转移安置费	救灾储备	灾民倒房重建	生活救济费	灾民抢救转移安置费	救灾储备	灾民倒房重建
1995	17.1	1.9	2.3	—	72.77	8.09	9.79	—
2000	27.5	3.1	3.7	1	78.13	8.81	10.51	2.84
2001	34.3	5.6	—	1.1	83.66	13.66	—	2.68
2002	33.9	4.7	—	1.4	84.75	11.75	—	3.5
2003	39.8	11	—	2.1	75.24	20.79	—	3.97
2004	32.1	3.5	3.9	—	62.82	6.85	7.63	—
2005	37.5	5	4.1	16	59.9	7.99	6.55	25.56
2006	43.3	4.6	2.7	28.5	54.81	5.82	3.42	36.08

年份	自然灾害救济费（亿元）				占自然灾害救济费比重（%）			
	生活救济费	灾民抢救转移安置费	救灾储备	灾民倒房重建	生活救济费	灾民抢救转移安置费	救灾储备	灾民倒房重建
2007	45.3	4.3	1.7	23.8	56.77	5.39	2.13	29.82
2008	152.4	12.1	25	400	24.99	1.98	4.1	65.6
2009	65.9	4.4	3.8	107.1	33.08	2.21	1.91	53.77
2010	88.9	10.6	13.19	109.6	37.48	4.47	5.56	46.21
2011	68.72	5.75	7.24	38.98	53.4	4.47	5.63	30.29
2012	93.18	10.98	6.8	42.94	57.03	6.72	4.16	26.28
2013	100.94	11.01	10.47	43.62	56.49	6.16	5.86	24.41
2014	72.68	8.24	8.1	25.23	58.41	6.62	6.51	20.27

资料来源：国家统计局农村社会经济调查司；《中国农村统计年鉴》（2001～2015），中国统计出版社。

由上述的分析可知，我国农村社会保障供给结构还存在着诸多不合理，需要不断调整并优化农村社会保障供给结构，提高农村社会保障供给水平，不断满足农村居民日益增长的需求。

3.1.3 农村社会保障供给区域差异

由于地区历史文化、人口结构、经济发展水平等的差异，使得各地区农村社会保障供给水平也存在较大的差距。

进入21世纪，为了缩小区域差异，实现区域统筹协调发展，国家逐步弱化了中央财政对东部地区的投入，强化了地方财政的投入能力，而逐步加大了对中西部地区的投入力度，特别是西部欠发达地区的农村社会保障费用的支出投入。如表3-3所示，2001～2014年，东、中、西部地区的农村社会救济费均呈现出增长趋势，特别是西部地区的增长势头迅猛。西部地区的农村社会救济费由2000年的2.1亿元增加到2014年的465.65亿元，年均增长率为51.5%，增长速度很快；中部地区的农村社会救济费由2000年的1.8亿元增加到2014年的336.34亿元，年均增长率为49.5%，增长速度较西部地区低了2个百分点；2014年，东、中、西部地区农村社会救济费分别为290.43亿元、336.34亿元、465.65亿元，西部地区和中部地区农村社会救济费分别比东部地区高出 175.21 亿元和 45.91 亿元，分别是东部地区的 1.6 倍和 1.16 倍。同期，如表 3-3 和图 3-4 所示，2001~2014 年，中、西部地区农村社会救济费占全国农村社会救济费的比重整体上呈现上升趋势，中部地区的农村社会救济费占全国农村社会救济费的比重由 16.5% 上升到 30.79%，其中 2008 年达到最高，为 35.2%；西部地区由 19.3% 上升到 42.63%，其中 2011 年达到最高，高达 44.87%；而东部地区农村社会救济费占全国农村社会救济费的比重却呈现出快速的下降态势，由 64.2% 下降为 26.59%。总体来看，2001~2007 年，东部地区的农村社会救济费及其占全国农村社会救济费的比重远远高于中、西部地区，其中西部地区呈现出快速增长的势头，而东部地区呈现快速的下降趋势，且中、西部地区与东部地区之间的差距在逐渐缩小；直到 2009 年，中、西部地区的农村社会救济费及其占全国农村社会救济费的比重开始超过东部地区，西部地区与东、中部地区之间的差距逐渐拉大，但从 2012 年开始呈现缩小趋势。国家加大对中、西部地区农村社会救济费的投入力度，有利于减少西部地区贫困，进一步缩小东中西部差距，促进区域经济社会统筹协调发展。

表 3-3　　2001~2014 年我国东、中、西部地区农村社会救济费投入情况

年份	总量（亿元）			比重（%）		
	东部地区	中部地区	西部地区	东部地区	中部地区	西部地区
2001	7	1.8	2.1	64.2	16.5	19.3
2002	9.5	2.2	2.5	66.9	15.5	17.6
2003	15.2	4.9	3.8	63.6	20.5	15.9
2004	22.4	10	5.6	58.9	26.3	14.7
2005	40.9	24.3	14.6	51.3	30.5	18.3
2006	65.5	48.6	33.7	44.3	32.9	22.8
2007	69.3	63	57.5	36.5	33.2	30.3
2008	38.4	34.5	25.2	39.1	35.2	25.7
2009	135.4	151	201.4	27.8	31	41.3
2010	154.74	169.13	255.78	26.7	29.18	44.13
2011	211.03	251.51	376.42	25.15	29.98	44.87
2012	258.98	295.52	441.32	26.01	29.68	44.32
2013	272.45	325.36	471.41	25.48	30.43	44.09
2014	290.43	336.34	465.65	26.59	30.79	42.63

资料来源：国家统计局农村社会经济调查司：《中国农村统计年鉴》（2002~2015），中国统计出版社。

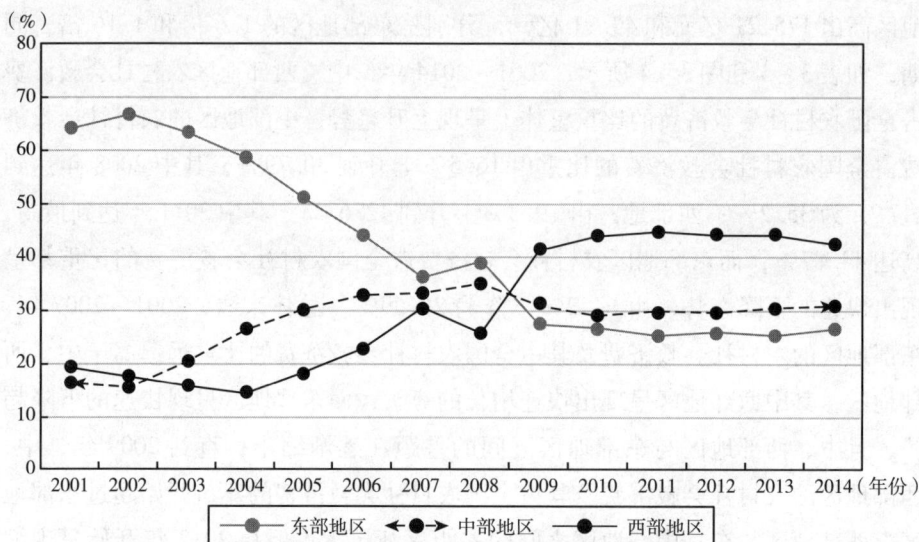

图 3 - 4   2001 ~ 2014 年我国东、中、西部地区农村社会救济费投入比重

资料来源：国家统计局农村社会经济调查司：《中国农村统计年鉴》（2002 ~ 2015），中国统计出版社。

　　另外，再以自然灾害救济费的投入情况看说明农村社会保障供给的区域差异。从东、中、西部地区的自然灾害救济费投入情况来看，近年来，国家主要加大了对西部地区的投入，而逐渐弱化了对东部地区的投入。如表 3 - 4 所示，2001 ~ 2014 年，东、中、西部地区自然灾害救济费呈现西高东低的趋势，即西部地区每年的自然灾害救济费均高于中部地区，中部地区高于东部地区（除了2006 年）；东、中部地区的自然灾害救济费呈现缓慢的上升趋势，西部地区的自然灾害救济费呈现先上升后下降的趋势。2001 年西部地区自然灾害救济费投入为 19.3 亿元，之后呈现较为缓慢的增长态势，到 2007 年为 33.6 亿元，2008 年一跃增加到 533.1 亿元，达到最高（主要是因为 2008 年发生了汶川大地震等自然灾害，国家财政拨付了大量救灾物资等），2009 年西部地区的自然灾害救济费大幅度较少，减少为 154 亿元，2010 年为 156.33 亿元，之后转而减少，一直减少到 2014 年的 72.09 亿元，年均增长速度为 10.67%；东部地区自然灾害救济费由 2001 年的 8.7 亿元增加到 2014 年的 24.03 亿元，其中 2012 年达到最高水平，为 31.95 亿元，年均增长率为 8.13%，比西部地区低 2.54 个百分点；中部地区自然灾害救济费由 2001 年的 12.6 亿元增加到 2014 年的 26.01 亿元，其中 2013 年达到最高水平，为 45.43 亿元，年均增长率为 5.73%，分别比东、西部地区低

2.4 个百分点和 4.94 个百分点；2014 年，东、中、西部地区自然灾害救济费分别为 24.03 亿元、26.01 亿元、72.09 亿元，西部地区自然灾害救济费分别比东部地区和中部地区高出 48.06 亿元和 46.08 亿元，分别是东、中部地区的 3 倍和 2.77 倍。同期，如表 3 - 4 和图 3 - 5 所示，西部地区的自然灾害救济费占全国自然灾害救济费的比重呈先上升后下降趋势，而东、中部地区却呈现先下降后上升的态势。对于西部地区而言，2001 ~ 2007 年，自然灾害救济费占全国自然灾害救济费的比重基本维持在 40%，2008 年比重迅速提升，达到 90.6%，2009 年开始下降，一直降到 2013 年的 54.5%，2014 年转而上升，为 57.9%；东部地区自然灾害救济费占全国自然灾害救济费的比重由 2001 年的 21.4% 下降为 2014 年的 19.3%，其中 2008 年最低，占比仅为 3.5%；2001 ~ 2008 年，中部地区自然灾害救济费占全国自然灾害救济费的比重由 31% 下降为 5.9%，2009 年开始上升，2013 年达到 25.4%，2014 年又有大幅度下降，为 20.9%。总体来看，2001 ~ 2007 年，东部地区的农村社会救济费及其占全国农村社会救济费的比重均高于中、西部地区，其中西部地区的增长较快，中部地区的增长速度较慢，且西部地区与东、中部地区之间的差距在逐渐缩小。

表 3 - 4　　2001 ~ 2014 年我国东、中、西部地区自然灾害救济费投入情况

年份	总量（亿元）			比重（%）		
	东部地区	中部地区	西部地区	东部地区	中部地区	西部地区
2001	8.7	12.6	19.3	21.4	31	47.4
2002	9.3	13.4	16.8	23.5	33.9	42.5
2003	11.3	19.1	21.6	21.7	36.7	41.5
2004	10.2	14.4	23.9	21	29.7	49.3
2005	16.9	18.3	24.9	28.1	30.4	41.4
2006	27	22.1	29.1	34.5	28.3	37.2
2007	18.4	27.4	33.6	23.2	34.5	42.3
2008	20.6	34.7	533.1	3.5	5.9	90.6
2009	14.72	29.1	154	7.4	14.7	77.8
2010	26.12	44.96	156.33	11	19	65.9
2011	19.12	31.64	76.21	14.9	24.6	59.2
2012	31.95	35.85	93.97	19.6	21.9	57.5
2013	31.51	45.43	97.41	17.6	25.4	54.5
2014	24.03	26.01	72.09	19.3	20.9	57.9

资料来源：国家统计局农村社会经济调查司：《中国农村统计年鉴》（2002 ~ 2015），中国统计出版社。

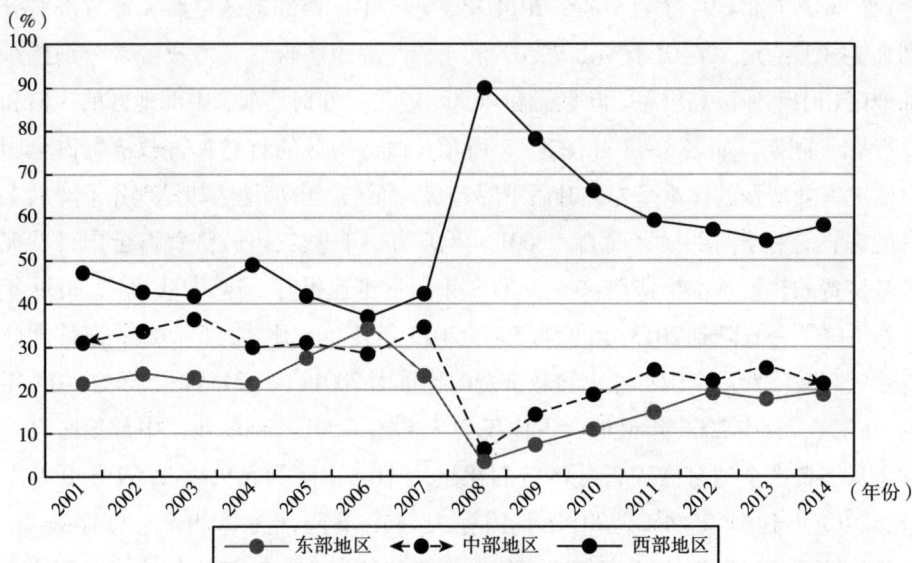

图 3 - 5 2001 ~ 2014 年我国东、中、西部地区自然灾害救济费投入比重

资料来源：国家统计局农村社会经济调查司：《中国农村统计年鉴》（2002 ~ 2015），中国统计出版社。

3.1.4 农村社会保障供给城乡差异

由于城乡二元经济结构体制的影响，以往实行"优先发展工业、优先发展城市"的倾斜型发展战略与政策，造成了农村社会保障供给制度的城乡差异化，最终致使农村和城市在社会保障供给上存在着较大的差距，也就是农村居民和城市居民享受着不同层次不同级别的社会保障服务。现实中，现行的城市偏向型的供给制度，使得城乡社会保障供给在规模、质量方面均存在着较大的差异。城市社会保障主要是由政府来提供，而农村社会保障实际上主要是由农村居民自己来提供的。城乡社会保障供给体制的差异性造成了城市和农村在供给数量和供给水平均存在明显的差距，使得城乡社会保障非均等化供给问题突出。但是进入 21 世纪，随着国家发展战略的调整，为了缩小城乡差距，实现城乡统筹发展，国家对于农村给予了加大的关注，特别是对于社会保障事业给予了极大的关注，加大了对农村社会保障事业费的支出力度，农村社会保障事业费逐步向农村倾斜，城乡发展逐渐趋于平衡。

从城乡最低生活保障资金支出情况来看，城市和农村都呈现出较快的增加态势，特别是农村。如表 3-5 所示，2002～2017 年，城市最低生活保障资金支出由 108.7 亿元增加到 640.5 亿元，其中 2013 年最多，达到 756.7 亿元，年均增长率为 12.55%；农村最低生活保障资金支出由 7.1 亿元增加到 1051.8 亿元，其中 2016 年开始超过 1000 亿元大关（1014.5 亿元），年均增长率为 39.54%，比城市高出近 27 个百分点；从 2011 年开始，农村最低生活保障资金支出高于城市，2011～2017 年，农村最低生活保障资金支出分别比城市高出 7.8 亿元、43.7 亿元、110.2 亿元、148.6 亿元、212.2 亿元、326.6 亿元和 411.3 亿元。从农村最低生活保障资金支出占城市的比例来看，这一比值逐渐增大，2002 年为 6.5%，2005 年超过 10%，达到 13.18%，2008 年超过一半，为 58.13%，2009 年为 75.3%，2010 年达到 84.8%，2011 年开始超过 100%，2011～2017 年，分别为 101.18%、106.48%、114.56%、120.59%、129.5%、147.48%、164.22%。由此可见，城乡最低生活保障支出逐渐趋于平衡化，主要是因为国家对于农村社会保障事业给予了极大的关注，农村社会保障事业费逐步向农村倾斜，为农村社会保障事业的迅速发展提供了资金支持和资金保障。

表 3-5　　　2002～2017 年城市和农村最低生活保障资金支出情况　　单位：亿元

年份	农村	城市	年份	农村	城市
2002	7.1	108.7	2010	445	524.7
2003	9.3	151	2011	667.7	659.9
2004	16.2	172.7	2012	718	674.3
2005	25.3	191.9	2013	866.9	756.7
2006	43.5	224.2	2014	870.3	721.7
2007	109.1	277.4	2015	931.5	719.3
2008	228.7	393.4	2016	1014.5	687.9
2009	363	482.1	2017	1051.8	640.5

资料来源：①国家统计局农村社会经济调查司：《中国农村统计年鉴》（2003～2018），中国统计出版社。

②民政部：《社会服务发展统计报告》（2010）。

③民政部：《民政事业发展统计报告》（2002～2009）。

④国家统计局：《国民经济和社会发展统计公报》（2001～2017）。

虽然城市和农村的最低生活保障资金支出呈现逐年增加的趋势，但是其占全国最低生活保障资金支出的比重却呈现不同的变化趋势，即城市最低生活保障资金支出占全国社会保障资金支出的比重呈现逐年下降的态势，而农村却呈现逐年上升的态势。如图3-6所示，城市最低生活保障资金支出占全国社会保障资金支出的比重逐年减小，由2002年的93.87%下降到2017年的37.85%；农村最低生活保障资金支出占全国社会保障资金支出的比重逐年增大，由2002年的6.13%上升到2017年的62.15%，其中从2011年开始农村最低生活保障资金支出占全国社会保障资金支出的比重开始超过城市；2011~2017年，农村最低生活保障资金支出占全国最低生活保障资金支出的比重分别比城市高出0.58个百分点、3.14个百分点、6.78个百分点、9.34个百分点、12.86个百分点、19.18个百分点和24.3个百分点。由此可见，农村最低生活保障资金支出占全国社会保障资金支出的比重与城市之间的差距逐渐缩小，并最终超越了城市，表明国家逐渐加大了对农村最低生活保障支出的倾斜力度，而逐步弱化了对城市最低生活保障的投入力度。

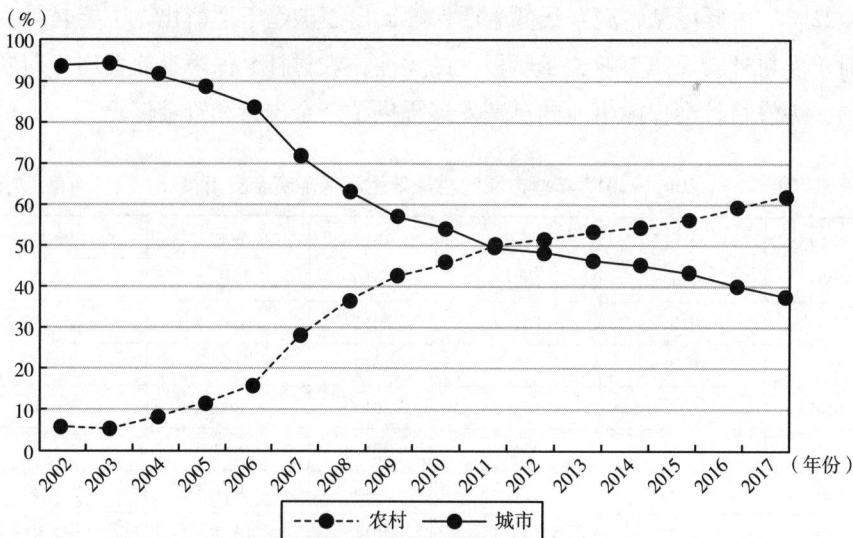

图3-6 2002~2017年城市和农村最低生活保障资金支出
占全国最低生活保障资金支出的比重

资料来源：①国家统计局农村社会经济调查司：《中国农村统计年鉴》（2003~2018），中国统计出版社。

②民政部：《社会服务发展统计报告》（2010）。

③民政部：《民政事业发展统计报告》（2002~2017）。

④国家统计局：《国民经济和社会发展统计公报》（2002~2017）。

　　从最低生活保障资金支出的增长速度来看，近年来，农村均高于城市。图3-7提供了2002~2017年城市和农村最低生活保障资金支出增长速度。由图3-7可知，城市和农村最低生活保障资金支出的增长速度整体上均呈现出波动下降的趋势，其中农村最低生活保障资金支出的增长速度基本上呈倒U形状态。对于城市低生活保障资金支出增长速度而言，2003~2008年，城市低生活保障资金支出的增长速度呈现倒U形状态，2003年为38.9%，2004年和2005年下降，降为2005年11.1%，2006年开始上升，2008年达到41.8%，增长速度达到最高，2009年开始转而下降，2012年为2.2%，2013年为12.2%，2014~2017年呈现负增长率，增长速度分别为-4.6%、-0.3%、-4.4%、-6.9%；就农村最低生活保障资金支出增长速度来说，2003年这一指标值为51.1%，2003年为31%，2006年为71.9%，2007年和2008年超过100%，分别达到150.8%和109.6%，远高于城市的增长速度（23.7%和41.8%），也高于全国平均水平（44.4%和61%），之后逐渐下降，下降为2017年的3.7%，其中2014年达到最低水平，仅为0.4%。由此可见，农村最低生活保障资金支出的增长速度较快，而城市最低生活保障资金支出的增长速度较慢，城乡逐渐趋于平衡化。

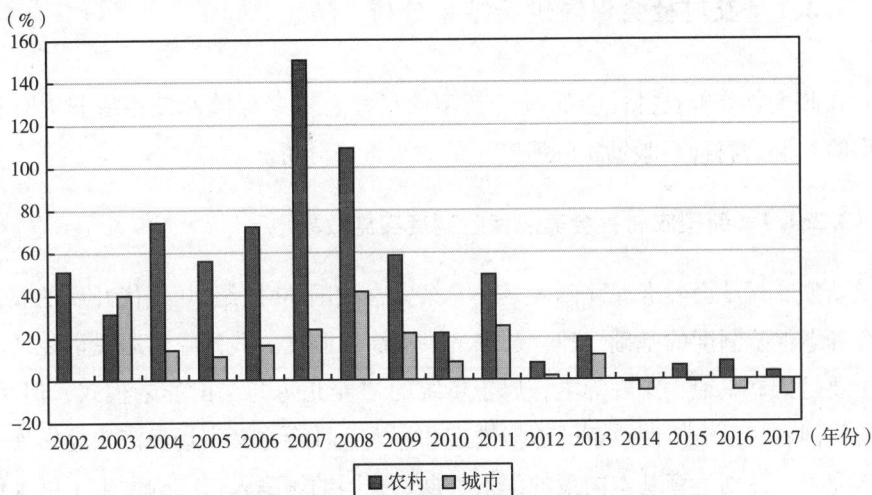

图3-7　2002~2017年城市和农村最低生活保障资金支出增长速度

资料来源：①国家统计局农村社会经济调查司：《中国农村统计年鉴》（2002~2018），中国统计出版社。

②民政部：《社会服务发展统计报告》（2010）。

③民政部：《民政事业发展统计报告》（2001~2017）。

④国家统计局：《国民经济和社会发展统计公报》（2001~2017）。

综上所述，进入21世纪，特别是2003年以来，政府加大了对农村社会保障的投入力度，使农村社会保障事业得到了长足的发展。但是由于长期受到历史和现实条件的双重约束，城乡在农村社会保障供给数量和供给水平上仍存在着较大的差距。但是城乡二元结构体制是造成农村社会保障非均衡供给的根本原因。

3.2 农村社会保障供给效果分析

从上述农村社会保障供给现状分析可以看出，近年来，国家加大了对农村社会保障的投入力度，农村社会保障事业取得了长足发展，建立了相对较为完善的社会救助体系、农村最低生活保障制度等。因此，本节主要从农村社会保障供给结果和农村社会保障供给对经济社会所产生的效应两个方面来分析农村社会保障供给的效果。

3.2.1 农村社会保障供给结果分析

在此主要分析农村社会保险（新型农村社会养老保险和新型农村合作医疗保险）和农村社会救助实际所产生的效果进行分析。

3.2.1.1 新型农村社会养老保险制度实施效果

新型农村社会养老保险制度是在总结完善我国20世纪90年代开展的农村社会养老保险制度的基础上建立起来的一项崭新制度。我国农村居民以往的养老主要是依靠土地、家庭为主，属于传统的"养儿防老"的养老模式，但是，随着我国农村经济体制改革的逐步推进和深入，社会主义市场经济快速发展并逐步完善，计划生育基本国策的深入贯彻，我国的家庭人口结构发生了巨大的转变，"4-2-1"家庭人口模式普遍出现，农村传统的家庭养老模式的保障能力逐步弱化，加之我国人口老龄化问题越来越严重，农村传统的养老模式已不再适应新的形势。于是，党中央、国务院高瞻远瞩，审时度势，为了解决老农保在实施中面临的新情况、新问题，国家决定从2009年开始在全国范围内开展新型农村社会养老保险试点工作，以逐步解除农村居民的后顾之忧，实现

"养老不犯愁"的目标。

从我国新型农村社会养老保险制度的实行情况来看，农村居民参与新型农村社会养老保险制度的积极性较高，这项制度为农村居民的养老提供了可靠的保障。2010 年和 2011 年我国新型农村社会养老保险参保人数分别达到 10276.8 万人和 32643.5 万人，达到领取待遇年龄的参保人数分别为 2862.6 万人和 8921.8 万人，分别占到了参保总人数的 27.86% 和 27.33%，新型农村社会养老保险试点基金支出额分别为 200.4 亿元和 587.7 亿元，新型农村社会养老保险试点基金收入额分别为 453.4 亿元和 1069.7 亿元。

3.2.1.2　新型农村合作医疗保险制度实施效果

建立新型农村合作医疗制度，是从我国基本国情出发，解决农村居民"看病难、看病贵"问题的一项重大举措，是切实解决"三农"问题、统筹城乡经济社会协调发展的重大举措，是构建和谐社会的"助推器"和农村居民致富奔小康的"加速器"，对于提高农村居民健康水平、缓解农村居民因病致贫、因病返贫、实现全面建设小康社会目标具有重要作用。

我国从 2003 年开始实施新型农村合作医疗保险试点工作开始，开展新型农村合作医疗县（区、市）数、参加新型农村合作医疗人数、参合率、补偿受益人次均呈现出递增的态势。如表 3－6 所示，2004～2013 年，开展新型农村合作医疗县（区、市）数及其比重呈现倒 U 形态势，2004 年开展新型农村合作医疗县（区、市）数及其比重分别为 333 个和 11.64%，2005 年开始上升，2008 年分别达到 2729 个和 95.45%，最多，2009 年的数据转而下降，分别降到 2013 年的 2489 个和 87.24%。从整体上来看，开展新型农村合作医疗县（区、市）数年均增长率为 25%，可见增长速度之快，说明新型农村合作医疗保险发挥了重要的作用。参加新型农村合作医疗人数由 2004 年的 0.8 亿人增加到 2014 年的 7.36 亿人，其中 2010 年参合人数最多，达到 8.36 亿人，年均增长率为 24.85%；同期，新型农村合作医疗参合率由 75.2% 增加到 98.9%，其中 2013 年达到 99%，覆盖率最高，基本上实现了全覆盖，说明我国新型农村合作医疗保险制度的开展取得了明显的成效。从新型农村合作医疗补偿受益人次来看，由 2004 年的 0.76 亿人次增加到 2014 年的 16.52 亿人次，其中 2013 年的补偿受益人数对多，为 19.42 亿人次，年均增长率为 36%，可见，新型农村合作医疗保险的确给农村居民带来了一定的实惠。

表 3 - 6   2004~2014 年我国新型农村合作医疗开展情况

年份	开展新型农村合作医疗县（区、市）数（个）	开展新型农村合作医疗县比重（%）	参加新型农村合作医疗人数（亿人）	新型农村合作医疗参合率（%）	新型农村合作医疗补偿受益人次（亿人次）
2004	333	11.64	0.8	75.2	0.76
2005	678	23.69	1.79	75.7	1.22
2006	1451	50.73	4.1	80.7	2.72
2007	2451	85.73	7.26	86.2	4.53
2008	2729	95.45	8.15	91.5	5.85
2009	2716	95.03	8.33	94.2	7.59
2010	2678	93.77	8.36	96	10.87
2011	2637	92.43	8.32	97.5	13.15
2012	2566	89.97	8.05	98.3	17.45
2013	2489	87.24	8.02	99	19.42
2014	—	—	7.36	98.9	16.52

资料来源：国家统计局：《中国统计年鉴》（2005~2018），中国统计出版社。

另外，从我国新型农村合作医疗人均筹资和当年基金支出情况来看，新型农村合作医疗人均筹资和当年基金支出均呈现出快速的增长趋势。如图 3 - 8 所示，2004~2013 年，从我国新型农村合作医疗人均筹资由 50.36 元增加到 370.59 元，年均增长速度为 24.8%。我国新型农村合作医疗当年基金支出额由 2004 年的 26.37 亿元增加到 2014 年的 2890.4 亿元，其中 2013 年支出额最多，达到 2908 亿元，年均增长速度为 60%，可见我国新型农村合作医疗当年基金支出额增长速度之快，这对于提高农村居民身体健康、缓解农村居民"看病难、看病贵"等问题发挥着重要作用。

虽然我国新型农村合作医疗制度在提高农村居民健康水平、缓解农村居民因病致贫、因病返贫、实现全面建设小康社会等方面发挥着重要的作用，同时，从 2003 年试点工作实行以来，已基本上实现了全覆盖，取得了明显的成效，同时也受到了广大农村居民群众的欢迎。但是我国新型农村合作医疗制度在实施过程中还存在着一些问题亟待解决，比如社会满意度低、保障水平低、新型农村合作医疗的宣传不到位、新型农村合作医疗制度的程序过于烦琐等，在一定程度上使得农村居民并未从中得到真正地实惠。加之，在医患信息严重不对称的情况下，新型农村合作医疗制度并未能真正地发挥作用，起到应有的效果，反而在一定程度上增加了农村居民的负担，进一步加剧了农村的贫富差距。一方面，由于长期以来农村卫生基础设施建设滞后，医务人员短缺，且整体素质不高，技术骨干严重流失等问题，使得农村合作医疗与农村居民日益增长的、多层次的医疗需求之间的矛盾日益尖锐化；另一方面，县乡医疗条件和水平的制约及其省市一级医院的天价医疗费用，在一定程度上使农村居民望而止步，进而就会严重制约新型农村合作医疗制度的有效运行。所以，新型农村合作医疗制度的实施，还需进一步加大财政投入力度，建立健全的资金筹集和监督管理机制。

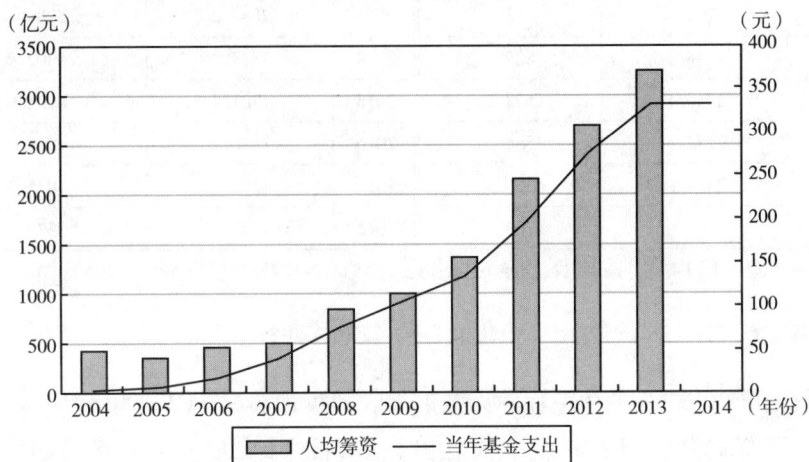

图 3 - 8　2004 ~ 2014 年我国新型农村合作医疗人均筹资和当年基金支出情况

资料来源：国家统计局：《中国统计年鉴》（2005 ~ 2018），中国统计出版社。

3. 2. 1. 3　农村社会救助制度实施效果

（1）城市和农村最低生活保障人数及其增长速度。伴随着城市和农村最低生活保障资金支出的增加，我国城市和农村最低生活保障人数呈现出先上升后下降趋势，即倒 U 形态势。如表 3 - 7 所示，2001 ~ 2018 年，农村最低生活保障人数由 304.6 万人增加到 3520 万人，其中 2013 年低保人数达到顶峰，达到 5388 万人，年均增长率为 - 15.48%；同期，城市最低生活保障人数由 1170.7 万人减少到 1008 万人，其中 2009 年低保人数最多，为 2345.6 万人，年均增长率为 - 0.876%；2001 年农村最低生活保障人数仅为城市的 0.26 倍，2007 年农村最低生活保障人数超过城市，为城市的 1.57 倍，2009 年超过 2

倍，2016 年超过 3 倍，2018 年达到 3. 49 倍。由此可见，国家在最低生活保障方面取得了较大的成效，特别是农村地区。

表 3 – 7 　　　　　　2001 ~ 2018 年我国城市和农村最低生活保障人数 　　　　单位：万人

年份	城市最低生活保障人数	农村最低生活保障人数	年份	城市最低生活保障人数	农村最低生活保障人数
2001	1170. 7	304. 6	2010	2310. 5	5214
2002	2064. 7	407. 8	2011	2276. 8	5305. 7
2003	2246. 8	367. 1	2012	2143. 5	5344. 5
2004	2205	488	2013	2064. 2	5388
2005	2234. 8	825	2014	1877	5207. 2
2006	2240. 1	1593. 1	2015	1701. 1	4903. 6
2007	2272. 1	3566. 3	2016	1480. 2	4586. 5
2008	2334. 8	4305. 5	2017	1261	4045. 2
2009	2345. 6	4760	2018	1008	3520

资料来源：①国家统计局农村社会经济调查司：《中国农村统计年鉴》（2002 ~ 2018），中国统计出版社。
②国家统计局：《国民经济和社会发展统计公报》（2001 ~ 2018）。

　　就城市和农村最低生活保障人数的增长速度而言，2002 ~ 2018 年，城市整体呈现下降趋势，而农村呈现先上升，达到顶峰之后，再下降的趋势。如图 3 – 9 所示，2002 年农村最低生活保障人数增长率为 33. 9%，2003 年下跌为 - 10%，2004 年转而上升，持续上升到 2007 年的 123. 9%，达到峰值，2008 年开始逐年下降，持续下降到 2013 年的 0. 8%，2014 年开始呈现负增长，2014 ~ 2018 年的增长率分别为 - 3. 4%、 - 5. 8%、 - 6. 5%、 - 11. 8%、 - 13%。而城市最低生活保障人数增长率要比农村慢很多，具体而言，2002 ~ 2009 年（除了 2004 年），城市最低生活保障人数增长率呈现正增长，但增长速度较慢，2010 ~ 2018 年均呈现负增长，2018 年负增长高达 20. 1%。

　　（2）城市和农村低保平均标准及其增长速度。伴随着城市和农村最低生活保障资金支出的增加，城市和农村低保平均标准呈现出逐年增加的趋势，且农村低保平均标准远低于城市水平，但城乡之间的差距在缩小。如表 3 – 8 所示，城市低保平均标准由 2003 年的 149 元/人·月增加到 2017 年的 540. 6 元/人·月，年均增长率为 9. 64%；农村低保平均标准由 2007 年的 70 元/人·月增加到 2017 年的 358. 4 元/人·月，年均增长率为 17. 74%。2007 ~ 2017 年，

农村低保平均标准占城市低保平均标准的比重呈现逐年上升的趋势，由
38.38%上升到66.3%；同期，城市和农村低保平均标准的绝对差距却呈现逐
年递增的态势，由112.4元/人·月增加到182.2元/人·月。由此可见，农村
低保平均标准与城市之间的差距呈现逐渐缩小趋势，对于保证贫困人群的基本
生活需求发挥了重要作用。

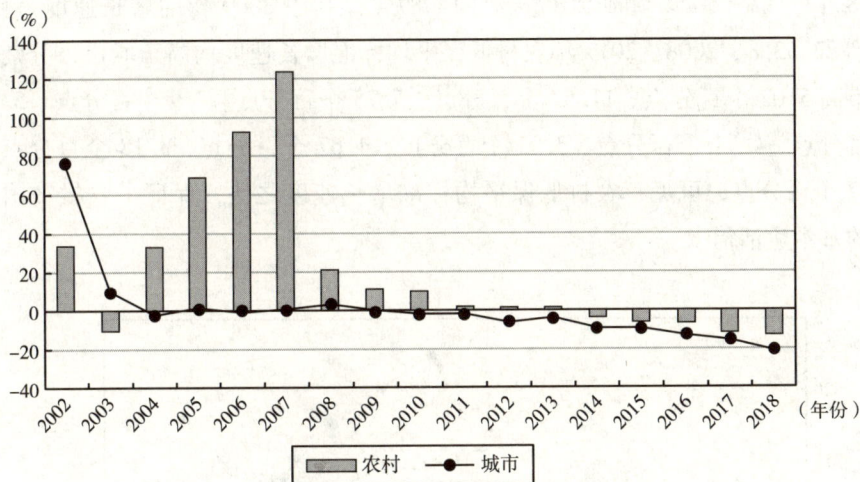

图 3-9　2002～2018 年我国城市和农村最低生活保障人数增长率

资料来源：①国家统计局农村社会经济调查司：《中国农村统计年鉴》（2003～2018），中国统计
出版社。

②国家统计局：《国民经济和社会发展统计公报》（2001～2018）。

表 3-8　　　　2003～2017 年我国城市和农村低保平均标准　　　　单位：元/人·月

年份	城市	农村	年份	城市	农村
2003	149	—	2011	287.6	143.2
2004	152	—	2012	330.1	172.32
2005	156	—	2013	373	202.83
2006	169.6	—	2014	411	231.42
2007	182.4	70	2015	451.1	264.8
2008	205.3	82.3	2016	494.6	312
2009	227.8	100.84	2017	540.6	358.4
2010	251.2	117			

资料来源：①国家统计局：《国民经济和社会发展统计公报》（2004～2017）。

②民政部：《民政事业发展统计报告》（2003～2017）。

从城市和农村低保平均标准的增长速度来看，城市低保平均标准的增长速度整体上呈现波动化上升趋势，而农村低保平均标准的增长速度整体上呈现波动化下降趋势，且农村低保平均标准的增长速度高于城市。如图3－10所示，城市低保平均标准的增长速度由2004年的2.01%上升到2017年的9.3%，其中2012年的增长速度最快，达到14.78%；而农村低保平均标准的增长速度由2008年的17.57%下降到2017年的14.87%，其中2009年的增长速度最快，达到22.53%；2008~2017年农村低保平均标准增长速度均高于城市，分别比城市高5.02个百分点、11.57个百分点、5.75个百分点、7.9个百分点、5.56个百分点、4.71个百分点、3.91个百分点、4.67个百分点、8.18个百分点和5.57个百分点，可见，农村低保平均标准增长速度之快，保证了农村贫困人群的基本生活需求。

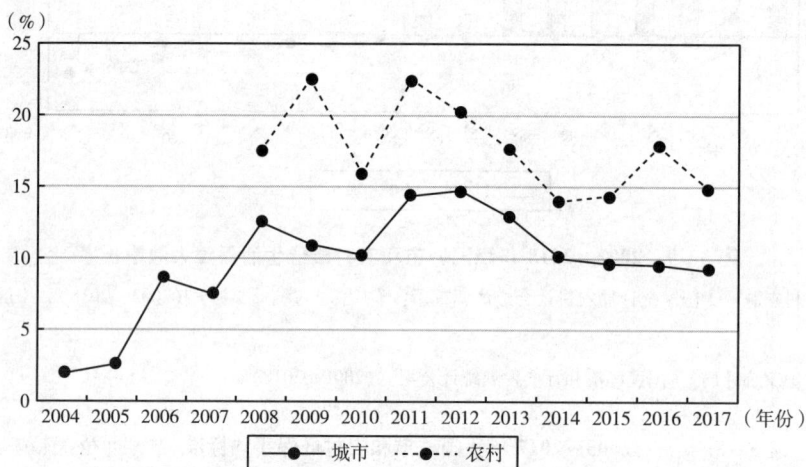

图3－10 2004~2017年我国城市和农村低保平均标准增长率

资料来源：①国家统计局：《国民经济和社会发展统计公报》（2004~2017）。

②民政部：《民政事业发展统计报告》（2003~2017）。

（3）城市和农村低保月人均补助水平及其增长速度。伴随着城市和农村最低生活保障资金支出的增加，城市和农村低保月人均补助水平呈现出逐年增加的趋势，且农村低保月人均补助水平远远低于城市水平。2003~2015年，城市和农村低保月人均补助水平均呈现出逐年增加的趋势。城市低保月人均补助水由2003年的58元/人·月增加到2015年的316.6元/人·月，年均增长率为15.2%；农村低保月人均补助水平由2007年的38.8元/人·月增加到

2015 年的 147.2 元/人·月，年均增长率为 18.14%；2007～2015 年，农村低保月人均补助水平占城市低保月人均补助水平的比重呈现逐年上升的趋势，由 37.78% 上升到 46.49%；同期，城市和农村低保实际的月人均补助水平的绝对差距却呈现逐年递增的态势，由 63.9 元/人·月增加到 169.4 元/人·月（见表 3－9）。可见，农村低保月人均补助水平与城市之间的差距在逐渐缩小，对于保证贫困人群的基本生活需求发挥了重要作用。

表 3－9   2003～2015 年我国城市和农村低保月人均补助水平   单位：元/人·月

年份	城市	农村	年份	城市	农村
2003	58	—	2010	189	74
2004	65	—	2011	240.3	106.1
2005	72.3	—	2012	239.1	104
2006	83.6	—	2013	264	116
2007	102.7	38.8	2014	286	129
2008	143.7	50.4	2015	316.6	147.2
2009	172	68			

资料来源：①国家统计局：《国民经济和社会发展统计公报》（2004～2015）。
②民政部：《民政事业发展统计报告》（2003～2015）。

从城市和农村低保月人均补助水平的增长速度来看，城市和农村低保人均补助水平的增长速度整体上均呈现波动化下降趋势，且农村低保人均补助水平的增长速度大部分年份高于城市的增长速度。如图 3－11 所示，城市低保人均补助水平的增长速度由 2004 年的 12.07% 下降到 2015 年的 10.7%，其中 2008 年的增长速度最快，达到 39.92%，2012 年呈现负增长，负增长率为 0.5%；农村低保人均补助水平的增长速度由 2008 年的 29.9% 下降到 2015 年的 14.11%，其中 2011 年的增长速度最快，达到 43.38%，2012 年呈现负增长，负增长率为 1.98%；2008～2015 年农村低保人均补助水平增长速度均高于城市，分别比城市高 －10.03 个百分点、15.23 个百分点、－1.06 个百分点、16.24 个百分点、－1.48 个百分点、1.12 个百分点、2.87 个百分点和 3.41 个百分点，可见，农村低保人均补助水平增长速度之快，对于保证农村贫困人群的基本生活需求发挥着非常重要的作用。

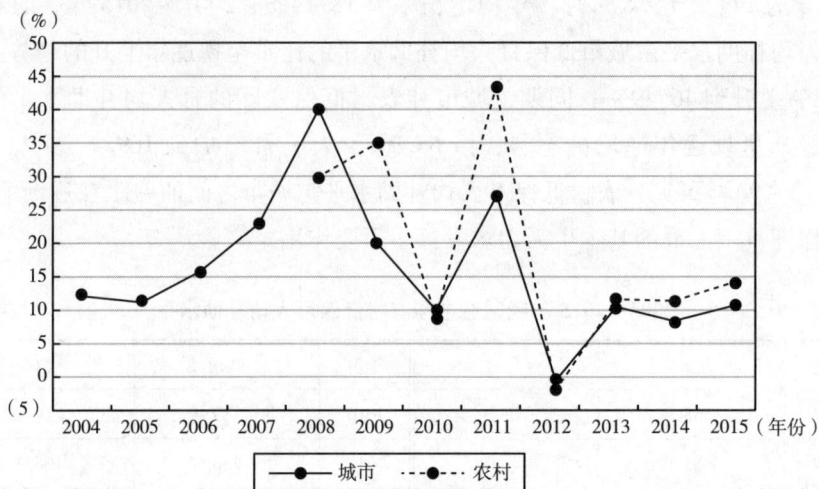

图 3 – 11　2004～2015 年我国城市和农村低保月人均补助水平增长率

资料来源：①国家统计局：《国民经济和社会发展统计公报》（2004～2015）。

②民政部：《民政事业发展统计报告》（2003～2015）。

（4）农村特困人员救助供养资金及其人数。从我国农村特困人员救助供养资金来看，2009～2017 年，农村特困人员救助供养资金呈现逐年增加的趋势，由 88 亿元增加到 269.4 亿元，年均增长率为 15%（见表 3 – 10）。从我国农村特困人员救助供养资金的增长速度来看，农村特困人员救助供养资金的增长速度呈现波动化的变动趋势，由 2010 年的 11.48% 波动上升到 2017 年的 17.69%，其中 2011 年的增长速度最快，达到 24.06%（见图 3 – 12）。由此可见，我国农村特困人员救助供养资金快速增长为农村特困人员的基本生活提供了资金保障。

从我国农村特困人员人数来看，2004～2018 年，农村特困人员人数呈现先增加后减少的趋势，即倒 U 形趋势。2004 年我国农村特困人员人数为 228.7 万人，2005 年开始上升，持续上升到 2010 年的 556.3 万人，达到最高值，2011 年转而下降，持续下降为 2018 年的 455 万人，年均增长率为 5.04%（见表 3 – 10）。从农村特困人员人数的增长速度来看，呈现出整体下降趋势，2005 年和 2006 年的增长速度较快，分别达到 31.18% 和 67.77%，2007～2010 年的增长速度较慢，且均呈现正增长，2011～2018 年均呈现负增长，其中 2017 年的负增长率最高，负增长率为 6.04%（见图 3 – 12）。这说明在我国农村特困救助制度的实施下，我国农村特困人员逐渐减少，逐渐摘去了多年贫穷的"帽子"。

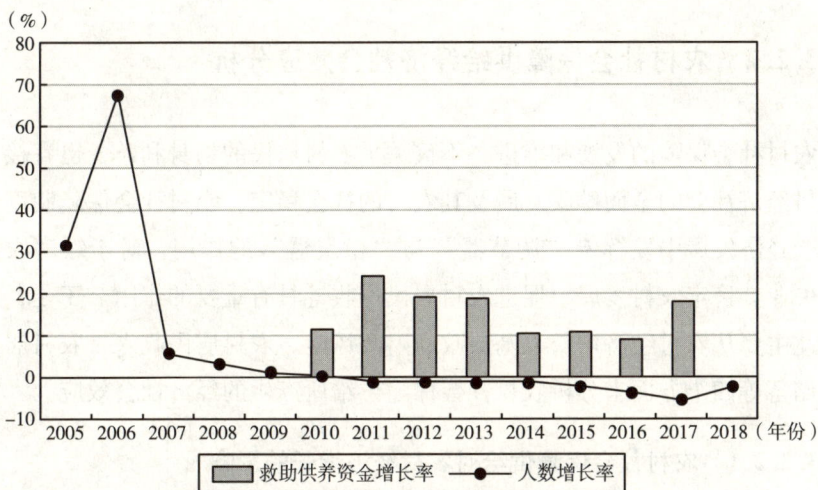

图 3 - 12 2005 ~ 2018 年我国农村特困人员人数和救助供养资金增长率

资料来源：①国家统计局：《国民经济和社会发展统计公报》（2004 ~ 2018）。

②民政部：《民政事业发展统计报告》（2004 ~ 2018）。

表 3 - 10　　　　2004 ~ 2018 年我国农村特困人员人数和救助供养资金

年份	农村特困人员人数 （万人）	农村特困人员救助 供养资金（亿元）	年份	农村特困人员人数 （万人）	农村特困人员救助 供养资金（亿元）
2004	228. 7	—	2012	545. 6	145
2005	300	—	2013	537. 2	172. 3
2006	503. 3	—	2014	529. 1	189. 8
2007	531. 3	—	2015	516. 8	210
2008	548. 6	—	2016	496. 9	228. 9
2009	553. 4	88	2017	466. 9	269. 4
2010	556. 3	98. 1	2018	455	—
2011	551	121. 7			

资料来源：①国家统计局：《国民经济和社会发展统计公报》（2004 ~ 2018）。

②民政部：《民政事业发展统计报告》（2004 ~ 2018）。

3.2.2　农村社会保障供给经济社会效应分析

农村社会保障的发展和推进，不仅关乎农村居民的切身利益，也直接关系到农村经济社会的全面健康发展及其农村的社会稳定。农村社会保障制度在农村社会经济发展中发挥着"调节器"与"稳定器"的作用，对于缓解农村贫困、失业、稳定农村发展、促进农村居民增收等具有重要的作用。于是，本研究在此主要从农村经济增长、基层政府财政风险、农村居民收入、农村居民消费和储蓄等四个方面来分析农村社会保障供给所产生的经济社会效应。

3.2.2.1　农村社会保障供给对农村经济增长的影响

已有研究表明，社会保障支出力度的加大，可以扩大内需、促进经济发展，更重要的是能带来经济社会稳定发展（仇雨临，梅丽萍，2009）。近年来，中国政府对于农村社会保障制度给予了极大关注，进行了一系列的改革，比如建立新型农村养老保障、新型农村合作医疗、农村社会救助等制度，同时也加大了对农村社会保障的投入力度，保障了农村居民的基本生活，带动了农村消费需求，促进了消费结构的升级，带动了农村经济的发展。农村社会保障对于农村经济增长具有以下两点作用：第一，农村社会保障供给水平的提升，有利于增强农村居民抵御风险的能力，不仅可以降低收入风险预期，而且可以增加农村居民收入。通过农村社会保障的供给增加农村居民收入，主要是通过灾害救济、扶贫等农村社会救助项目，不断减弱农村居民由于自然灾害而造成的收入的不确定性；还可以通过失业保险、工伤保险等来规避进城务工农村居民工资的不确定性。第二，农村社会保障供给水平的提升，有利于降低未来支出的不确定性。如果农村居民遇到医疗等不确定性支出，可以通过医疗保险，对这一部分医疗消费支出进行补偿，减少农村居民医疗消费支出的不确定性，从而达到降低农村居民预防性储蓄的动机，增加农村居民消费需求，促进农村经济增长的目标（王静，2018）。

然而，在城乡二元经济结构体制的影响下，我国城乡社会保障一直处于二元分离状态，相对于城市而言，农村社会保障制度滞后，投入不足，保障水平较低，无法满足农村居民对社会保障的需求，降低了农村居民的消费意愿，进而会制约农村经济的发展。农村社会保障投入不足、保障水平低下，会给农村经济发展带来不利的影响。这些不利影响主要表现在以下方面：第一，农村社会养老水平的低下，意味着无法满足老年农村居民基本生活需求，限制了老年农村居民的消费，进而制约农村经济的发展；另外，由于农村社会养老水平的低下，农村居民可能就会将基本消费之后剩余的收入全部用于储蓄，以备老年时期的养老需要，这样就会大大降低农村消费，进而也会对农村经济发展产生严重的影响。第二，农村合作医疗保障水平的低下，在一定程度上会增加了农村居民的负担，进一步加剧了农村的贫富差距，也会导致农村居民因病致贫、因病返贫现象的频频发生，这样农村居民收入的大部分用于医疗，甚至背上负债，极大地限制农村居民消费水平的提升，进而影响农村经济的发展。第三，农村社会救助水平的低下，将会使生活在"贫困线"或最低生活标准以下的个人和家庭将无法保障基本的生活需求，这部分群体的消费水平将会大大降低。第四，农村经济的发展也会受到城乡居民社会保障供给收益与成本分担不对称的影响。一方面，不合理的成本分担，会在一定程度上加重农村居民的负担；另一方面，要保持经济增长，必须使公共投资与私人投资之间保持适当的比例关系。然而政府的公共投资对私人投资会产生一定的导向作用，因此，可以通过政府的导向作用，即通过国家财政对社会保障进行投资，诱导私人部门也对社会保障进行投资，促进农村经济的增长。在此借助图 3－13 来说明公共投资与私人投资之间的关系。

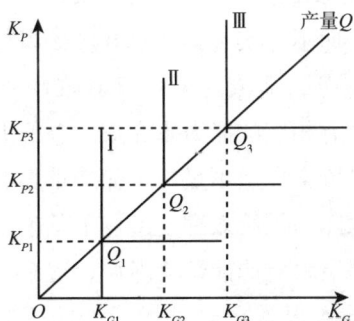

图 3－13　公共投资、私人投资与总产出之间的关系

如图 3－13 所示，横轴 K_G 代表公共投资，纵轴 K_P 代表私人投资，Ⅰ、Ⅱ、Ⅲ为等产量曲线，代表不同的总产出水平，呈现出 L 形，表示公共投资与私人投资保持适当的比例关系，才能达到一定产出水平。只有当公共投资与私人投资成比例递增或递减，才能使产出增加或减少。比如，当公共投资与私人

投资分别为 K_{G1} 和 K_{P1} 时，产出量为 Q_1。如果公共投资增加到 K_{G2}，而私人投资不变，即仍是 K_{P1}，则产出量不会增加，仍是 Q_1；如果私人投资增加到 K_{P2}，而公共投资不变，即仍是 K_{G1}，则产出量也不会增加，仍是 Q_1。只有在公共投资与私人投资分别增加到 K_{G2} 和 K_{P2} 时，产量才会增加到 Q_2。同理，如果要使产出量增加到 Q_3，必须使公共投资与私人投资分别增加到 K_{G3} 和 K_{P3}。由此可见，要使产出量达到理想的水平，只有当公共投资与私人投资之间保持适当的比例关系时才能实现。城乡居民投资和消费的增加是经济增长的最终动力，所以，加大对农村社会保障的财政投入力度，积极诱导私人投资的增加，从而带动整个农村经济的发展。

总而言之，农村社会保障供给水平的低下，不仅降低了农村居民的消费水平，而且阻碍了农村的发展及其农村居民增收，进而进一步拉大了城乡差距。

3.2.2.2 农村社会保障供给对基层政府财政风险的影响

我国从 1994 年开始实行继分税体制改革之后的财政分权体制，这一基本财政制度的实行可能会对地方财政支出规模、结构及其效率都会产生影响。财政分权体制的实行，使得各级政府之间的财权与事权出现了明显不对称，即财权上收（财权过于集中在中央）、事权下放（预示着地方政府的事权要大于财权），同时，各级政府之间的财权事权划分模糊不清，使得国家财政支出主要投向了城市，而基层政府将其主要精力和财力放在了上级政府下达的各项政治事务和各项经济指标上，而不是实现其本身并应该履行的职责——向农村地区提供其所需的基本公共服务，造成基层政府财政普遍吃紧，隐性债务负担过重；然而基层政府也并没有相应的能力来完成过多的上级政府下放的事务，从而造成农村社会保障供给资金严重不足，进而严重影响了农村社会保障的有效供给，降低了农村社会保障的供给效率，形成了基本公共服务非均衡化供给的格局。同时，由于我国基层政府职能转变滞后，这必然造成农村社会保障供给的严重不足，供给不足与农村居民日益增长的需求之间的矛盾日益尖锐化。2006 年我国农业税的全面取消，造成基层政府财政收入大幅下降，然而基层政府还必须在财政收入大幅减少的情况下，承担起供给农村社会保障的职责，势必会造成基层政府财政负担加重，财政风险增加。

3.2.2.3 农村社会保障供给对农村居民收入的影响

农村社会保障制度实际上是对农村居民收入的再分配，降低农村地区贫富收入差距，补贴农村贫困阶层的收入。因此，农村社会保障制度作为农村风险管理机制的基本形式，成为增加农村居民收入、解决"三农"问题的切入点。通过农村社会保障制度的再分配功能，可以缓解农村收入差距，降低农村居民对未来收入的不确定性。已有研究表明，农村社会保障支出对农村居民收入增长具有重要的促进作用，同时，农村社会保障的发展也受到农村居民收入水平的制约（张秀生，马晓鸣，2009；徐晓莉等，2012）。仇晓洁和李玥通过实证研究也到了类似的结论。仇晓洁和李玥（2019）研究认为，农村社会保障支出对全国及其东、中、西部地区农村居民收入差距均具有"正向收入分配"的作用。农村公共品供给的严重短缺，已经成为严重制约农村居民增收和农村经济发展的重要因素（罗光强，2002；朱延松，2005）。公共品供给与农村居民收入之间存在较强的相关性，是制约农村居民收入增长，加重农村居民负担的重要因素（楚永生，2004）。公共品有效的供给不仅能够增加农村居民收入，提高生产能力，还能提高交易效率，实现农村经济的内生（袁立，2006）。根据学者们的研究成果及其我国农村社会保障制度的实际运行情况来看，农村社会保障制度对于增加农村居民收入发挥着重要的作用。

改革开放 40 年来，我国农村经济迅速发展，农村居民收入水平也得到了快速的提高。1978 年我国农村居民人均纯收入仅为 133.6 元，2018 年达到14617.03 元，农村居民收入翻了 100 多倍，年均增长率为 12.45%，可见，我国农村居民收入增长速度之快。我国农村居民收入的快速增长，一部分原因得益于农村社会保障制度的实施。

虽然农村社会保障对农村居民收入增长发挥了重要的作用，但是在城乡有别的社会保障制度下，拉大了城乡居民收入差距。由于城乡二元经济结构体制的影响，我国在社会保障等基本公共服务供给成本税费负担分配上，还一直延续计划经济时期的二元财政结构制度，造成了城乡居民收入差距在不断地扩大。在二元财政结构制度安排下，我国社会保障供给成本的税费分担直接导致了城市居民的可支配收入相对增加，但是农村居民的可支配收入因税费负担过重而明显减少，最终造成了城乡居民收入差距的进一步扩大。另外，社会保障受益不均等化扩大了城乡居民收入差距。改革开放之后，我国经济得到了长足的发展，城乡居民收入水平不断提高，社会保障事业也得到了很大的发展，但农村居民增收和农村经济发展的步伐较慢，究其原因主要在于农村社会保障等基本公共服务供给不足、供求失衡所造成的；加之，"优先发展城市，优先发展工业"偏向型发展战略的实施，使得国家将有限的财力与社会保障更多地投向了城市，城乡社会保障供给失衡，城乡差距进一步拉大。因此可见，虽然农村社会保障对农村居民增收发挥了重要作用，但是农村社会保障支出不足已成为严重制约我国农村经济发展和农村居民增收的"瓶颈"。

从统计数据来看，2013~2018 年，城乡居民收入绝对差距在逐年增加，由 17037.44 元增加到 24633.81 元；同期，城镇居民人均可支配收入分别是农村居民人均可支配收入的 2.81 倍、2.75 倍、2.73 倍、2.72 倍、2.71 倍和 2.69 倍（见表 3-11）。可见，城乡居民人均可支配收入相对差距有缩小的趋势，但农村居民人均可支配收入与城镇居民之间存在着显著的差距。如果将社会保障因素考虑在内，城乡收入差距将会更大。因此，国家应通过社会保障制度，不断加大对农村社会保障的投入力度，通过收入再分配功能，不断缩小城乡收入差距。

表 3-11 2013~2018 年我国城乡居民人均可支配收入

年份	城镇居民人均可支配收入（元）	农村居民人均可支配收入（元）	城镇/农村（倍）	城乡居民人均可支配收入差距（元）
2013	26467.00	9429.56	2.81	17037.44
2014	28843.85	10488.88	2.75	18354.97
2015	31194.83	11421.71	2.73	19773.12
2016	33616.25	12363.41	2.72	21252.84
2017	36396.19	13432.43	2.71	22963.76
2018	39250.84	14617.03	2.69	24633.81

资料来源：①国家统计局：《中国统计年鉴》（2014~2018），中国统计出版社。
②国家统计局：《国民经济和社会发展统计公报》（2018）。

3.2.2.4 农村社会保障供给对农村居民消费和储蓄的影响

众所周知，农村社会保障在农村经济发展、农村居民增收、缓解农村贫困等方面发挥着尤为重要的作用。已有研究表明，社会保障可以降低未来收入的不确定性，从而减少居民的预防性储蓄动机，即减少居民的储蓄，促进居民消费水平的提升（Feldstein，1974；Hubbard，1995）。农村社会保障不仅对农村居民消费具有积极的促进作用（涂玉华，2012），而且对于全社会的消费具有一定的拉动作用（索志林，盖华卿，2015）。根据学者们的研究成果及其我国农村社会保障制度的实际运行情况来看，农村社会保障制度的确能在一定程度上促进农村消费水平的提升。

改革开放 40 多年来，我国农村经济迅速发展，农村居民收入水平也快速提高，相应地，农村居民的消费水平也不断提升。1978 年我国农村居民人均消费支出仅为 116 元，2018 年达到 12124.27 元，农村居民人均消费支出翻了 100 多倍，年均增长率为 12.33%，比农村居民人收入年增长率仅低了 0.12 个百分点。由此可见，我国农村居民人均消费支出增长速度之快。我国农村居民人均消费支出的快速增长，一部分原因得益于农村社会保障制度的实施，农村社会保障制度给农村居民提供了养老、医疗、救助等保障，为农村居民解除了一定的后顾之忧。

虽然农村社会保障对农村居民消费支出发挥了重要的作用，但是，由于我国城乡有别的社会保障制度，加之“优先发展城市，优先发展工业”偏向型发展战略的实施，公共财政资源更多地投向了城市，最终造成了农村社会保障制度的严重短缺、保障水平低下。我国在市场经济体制改革过程中，除了对社会保障制度进行了改革之外，对医疗、教育等方方面面都进行了体制性改革，改革的结果就是国家将不再全部承担居民的医疗、教育等开支，同时其服务价格也随之市场化，从而导致了医疗、教育成本大幅飙升，最终使得农村居民降低了当期消费，因为农村居民对未来消费的预期大幅增加，增加了预防性储蓄，以解后顾之忧。特别是我国的二元经济结构体制，及其“优先发展城市，优先发展工业”偏向型发展战略的实施，致使城乡社会保障供给失衡，城乡差距进一步拉大。农村居民的人均消费支出水平远远低于城市居民，也远远落后于我国经济的发展水平。

从统计数据来看，2013 ~ 2018 年，城乡居民人均消费支出绝对差距在逐年增加，由 11002.39 元增加到 13988.04 元；同期，农村居民人均消费支出还不到城镇居民人均消费支出的一半，分别为 40.49%、41.98%、43.11%、43.89%、44.81% 和 46.43%（见表 3 – 12）。可见，城乡居民人均消费支出相对差距有缩小的趋势，但农村居民人均消费支出与城镇居民之间存在着明显的差距。

表 3－12　　　　　　　2013～2018 年我国城乡居民人均消费支出

年份	城镇居民人均消费支出（元）	农村居民人均消费支出（元）	城镇/农村（%）	城乡居民人均消费支出差距（元）
2013	18487.54	7485.15	40.49	11002.39
2014	19968.08	8382.57	41.98	11585.51
2015	21392.36	9222.59	43.11	12169.77
2016	23078.90	10129.78	43.89	12949.12
2017	24444.95	10954.53	44.81	13490.42
2018	26112.31	12124.27	46.43	13988.04

资料来源：①国家统计局：《中国统计年鉴》（2014～2018），中国统计出版社。
②国家统计局：《国民经济和社会发展统计公报》（2018）。

　　农村社会保障供给不足也会对农村居民的储蓄产生影响。由于农村居民的收入水平远远低于城市居民，且大多数农村居民无法通过生产经营获得和积累足够的收入，而农村社会保障制度与福利政策也落户于城市，加之医疗、教育等方面的体制性改革，大大地增加了农村居民对未来消费支出的预期，而我国农村社会保障制度又不能完全地消除农村居民心理上的不安全感，导致农村居民不愿意也不敢将全部收入用于消费，而是将收入进行预防性储蓄，以备将来可能发生的医疗、养老等不确定支出（王静，2018）。同时，随着我国工业化和城镇化进程的不断推进，造成部分农村居民失去赖以生存土地，并丧失了基本收入来源。从文化素质和劳动技能上来看，城市居民均远高于农村居民，这样就给失地农村居民的生活造成一定的影响，使他们的生活来源具有不稳定性，存在着一定程度的风险和不确定性。然而我国所建立的农村社会保障制度的时间还不长，还很不完善，还并不能真正的解决农村居民的养老和医疗问题，不能解除农村居民的后顾之忧。

　　近年来，我国城乡居民储蓄存款呈现出逐年增长的趋势，2000 年我国城乡居民储蓄存款年底余额为 64332.38 亿元，2003 年突破 10 万亿元，达到 103617.65 亿元，2013 年突破 44 万亿元，2014 年达到 485261.3 亿元，年均增长率为 15.53%；2000～2014 年我国城乡居民储蓄存款年底余额增长率呈现波动化变动趋势，2000 年的增长率为 7.9%，2003 年达到 19.22%，2008 年达到 26.29%，达到最大值，2014 年为 8.41%（见表 3－13 和图 3－14）。虽然我国城乡居民储蓄存款呈现出逐年增长的趋势，且增长速度较快，但是这并不能表明我国城乡居民收入的普遍提高。那为什么我国城乡居民储蓄存款的持续升高呢？究其原因，可能是我国社会保障制度等还不健全，社会保障覆盖率低，特别是农村地区社会保障严重缺失，我国居民预防性储蓄动机增强，导致我国城乡居民储蓄率较高；也可能是因为我国居民收入两极分化严重。我国居民储蓄存款主要集中在城市，同时人数最多的中小储户存款却较少，储户结构和收入不对称问题十分突出。对于城镇高收入储户而言，对于消费普通消费品已经达到饱和，因此更多的资金储存在银行里。对于中小储户来说，存款较少，而对于低收入人群，实际消费能力与意愿消费能力之间存在较大差距。因此，社会保障制度的缺失，造成我国城乡居民储蓄存款逐渐增加。

表 3 – 13　2000～2014 年我国城乡居民人民币储蓄存款年底余额及其增长率

年份	年底余额 （亿元）	增长率 （%）	年份	年底余额 （亿元）	增长率 （%）
2000	64332.38	7.90	2008	217885.35	26.29
2001	73762.43	14.66	2009	260771.66	19.68
2002	86910.65	17.83	2010	303302.49	16.31
2003	103617.65	19.22	2011	343635.89	13.30
2004	119555.39	15.38	2012	399551	16.27
2005	141050.99	17.98	2013	447601.57	12.03
2006	161587.3	14.56	2014	485261.3	8.41
2007	172534.19	6.77			

资料来源：国家统计局：《中国统计年鉴》（2001～2018），中国统计出版社。

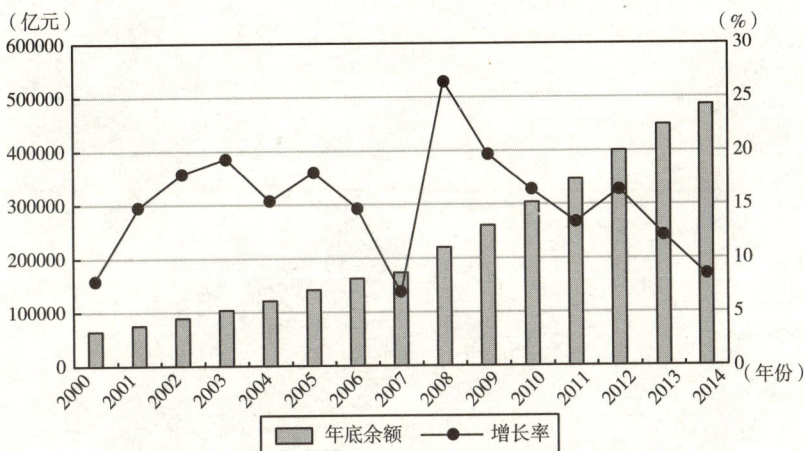

图 3 – 14　2000～2014 年我国城乡居民人民币储蓄存款年底余额及其增长率

资料来源：国家统计局：《中国统计年鉴》（2001～2018），中国统计出版社。

3.3 本章小结

本章利用统计数据,首先,基于财政支出视角,从农村社会保障的供给规模、供给结构、区域差异、城乡差异等四个方面,深入分析农村社会保障的供给现状;其次,从农村社会保障供给结果 [农村社会保险(新型农村社会养老保险、新型农村合作医疗保险)和农村社会救助] 和农村社会保障供给对经济社会(农村经济增长、基层政府财政风险、农村居民收入、农村居民消费和储蓄)所产生的效应两个方面来分析农村社会保障供给的效果。

第 4 章

农村社会保障供给消费效应分析

4.1 问题的提出

面对世界经济复苏弱于预期的形势，在受到经济下行、收入增长缓慢等多重压力下，中国的消费需求呈现不断增长、结构不断变化的特征，但是消费需求仍显不足，已成为制约中国经济发展的"瓶颈"。如何通过拉动消费需求来促进经济增长、提高居民生活水平是关键问题，这也是国家和政府一直以来十分关心、亟待解决的重要问题。为此，国家采取了一系列措施来拉动居民消费，特别是农村居民消费，其中农村社会保障制度就是一项重要改革措施，不仅使农村社会保障缺失状态得到了改变，在经济社会发展中发挥着"调节器"和"稳定器"的作用，也促使农村消费需求的扩张，主要是由于农村社会保障不仅消除了农村居民的后顾之忧，而且可以促进农村居民增收，缩小贫富差距和城乡差距。但是在城乡二元经济结构体制的影响下，城乡社会保障处于二元分离状态，相对于城市而言，农村社会保障制度滞后于城市，投入不足，保障水平较低，无法满足农村居民对社会保障的需求，降低了农村居民的消费意愿，进而影响了农村经济的发展。近年来，中国政府对于农村社会保障制度给予了极大关注，进行了一系列的改革，比如建立新型农村养老保障、新型农村合作医疗、农村社会救助等制度，同时也加大了对农村社会保障的投入力度，保障了农村居民的基本生活，带动了农村消费需求，促进了消费结构的升级。然而，农村社会保障对农村居民消费产生什么影响，对不同地区农村居民消费的影响是否具有差异性等，都有待于进一步研究。因此，研究农村社会保障与农村居民消费之间的关系就显得尤为重要，对缩小城乡差距、构建和谐社会、建设社会主义新农村都具有重要作用，同时，对于健全和完善农村社会保障制度、加速扩大农村居民消费以扩大内需、促进农村居民消费结构的转换升级具有重要的战略意义和现实意义。

4.2　以往文献回顾

社会保障与居民消费之间的关系问题一直是国内外学界研究的热点问题，也是政界所关注的重点问题。纵观目前的研究进展，关于社会保障与居民消费之间关系的研究，可以归纳为以下三个方面。

一是农村社会保障可以促进农村居民消费，促进经济增长。社会保障支出力度的加大，可以扩大内需、促进经济发展，更重要的是能带来经济社会稳定发展（仇雨临，梅丽萍，2009）。社会保障可以降低未来收入的不确定性，从而减少居民的预防性储蓄动机，即减少居民的储蓄，促进居民消费水平的提升（Feldstein，1974；Hubbard，1995）。农村社会保障不仅对农村居民消费具有积极的促进作用（涂玉华，2012），而且对于全社会的消费具有拉动作用（索志林，盖华卿，2015），具体而言，农村社会保障水平和覆盖率分别每增加1元和1%，农村居民平均消费水平大约分别增加1.2元和20元（陈赤平，丰倩，2014），也就是说，农村社会保障对农村居民消费具有引致效应（姜百臣，2010）或挤入效应（段景辉，黄丙志，2011）。同时，农村社会保障对于农村居民消费的影响在不同经济发展地区之间具有差异性，经济欠发达城市社会保障水平对居民消费水平的促进作用比发达城市显著（蒋南平等，2012），具体来说，财政救济对居民消费的激励效应在经济发展相对落后地区相对明显，新农合、农村整体社会保障对居民消费的激励效应在经济相对发达地区相对明显（肖攀等，2015）。基于经济四大地区而言，农村社会保障均对农村居民消费的影响区域差异显著，东部地区影响最大，西部地区最小（纪江明，2014），同时，农村公共品供给与农村居民消费需求之间存在结构性失衡（唐娟莉，2015）。此外，也有学者基于预防性储蓄理论，研究了新型农村合作医疗保险对农村居民食物消费的影响，得出新农合对农村居民消费具有正向影响，不仅可以增加蛋白质等营养摄入量（马双等，2010），并且在低收入或健康状况较差的家庭中的正向作用更明显（白重恩等，2012）。

二是农村社会保障抑制了农村居民消费。社会保障对居民消费的影响是把"双刃剑"，社会保障对居民消费支出产生了抑制效果（Cagan，Phillip，1965），即在一定程度上会抑制私人消费（Kotlikoff，1979）。刘长庚和张松彪（2012）认为，基本养老保险对城镇居民消费不仅没有起到促进作用，反而抑制了居民消费，即社会保障降低了居民消费水平，对居民消费具有挤出效应（刘新等，2010）。

三是农村社会保障与农村居民消费之间的关系不显著或不确定。杨孟禹等（2012）采用协整检验、误差修正模型等方法，实证研究了农村社会保障制度与农村居民消费行为之间的关系。研究结果显示，农村社会保障支出虽然与农村居民消费之间存在长期协整关系，但农村社会保障支出对农村居民消费水平的影响比较微弱。恩根和格鲁伯（Engen，Gruber，1995）研究认为，失业保障对失业者短期消费支出的影响是显著的，对长期的影响不显著。也有学者认为社会保障与消费之间的关系无法确定（Leimer，Lesony，1982）。

综上所述，学者们对于农村社会保障与农村居民消费之间的关系进行了大量研究，这对于本章的研究提供了重要的借鉴价值和启示意义。目前的研究大多是侧重于农村社会保障对农村居民消费的影响研究，但鲜有涉及区域差异等研究。鉴于此，本研究利用中国 2000～2015 年农村社会保障和消费等统计数据，以生命周期消费理论模型为基础，构建农村社会保障供给消费效应模型，实证分析农村社会保障供给与农村居民消费之间的因果关系，探讨区域之间的差异性，以期为政府在农村社会保障供给总量上、供给结构与地区合理配置上提供经验依据，并以期不断健全和完善中国农村社会保障制度。

4.3　农村社会保障供给与农村居民消费相关关系分析

农村社会保障制度的建立，保障了农村居民的切身利益，推动了农村经济社会的全面健康发展，维持了农村社会发展的稳定。21 世纪以来，中国农村社会保障制度发生了重大变革，新型农村社会保障制度正在加速形成，比如新型农村合作医疗、新型农村社会养老保障、农村最低生活保障制度等正在不断的发展和成熟。一方面，在城乡二元经济结构体制下，与城市相比，农村社会保障制度还不是很完善，其保障水平和覆盖面相对较低；另一方面，由于各地区经济发展水平和地方政府财政实力的不同，农村社会保障水平表现出明显的地区差异。

2000～2015 年，中国农村居民人均社会保障实际收入由 78.8 元增加到 2037.74 元，年均增长率为 24.2%，中国农村社会保障实际收入水平逐年呈现出较快的增长。从收入五等份情况来看，2002～2012 年，中国农村社会保障水平均呈现出上升趋势，低收入户、中等偏下收入户、中等收入户、中等偏上收入户、高收入户（对于低收入户、中等偏下收入户、中等收入户、中等偏上收入户、高收入户的划分按照《中国统计年鉴》中的划分标准执行）的人均社会保障实际收入分别由 23.7 元增加到 323 元、由 45 元增加到 439.89 元、由 63.9 元增加到 560.38 元、由 101.4 元增加到 763.57 元、由 297 元增加到 1471.07 元，其年均增长率分别为 29.85%、25.61%、24.25%、22.37%、17.35%（见图 4 - 1），由此可见，农村居民收入水平越高，农村社会保障水平就越高，但其社会保障水平的提升空间越小，这说明，高收入组社会保障水平可能与当地财政实力强、经济发展水平高是密切相关的。同期，农村社会保障极差由 273.3 元逐步扩大到 1148.07 元，扩大了 3.2 倍，说明随着时间的推进，各收入组农村社会保障之间的差异在逐年扩大。从东、中、西部三大经济地区（将中国 31 个省份划分为东、中、西部三大经济地区，其中，东部地区包括北京、天津、河北、辽宁、上海、江苏、浙江、福建、山东、广东、海南共 11 个省份；中部地区包括山西、吉林、黑龙江、安徽、江西、河南、湖北、湖南共 8 个省份；西部地区包括内蒙古、广西、重庆、四川、贵州、云南、西藏、陕西、甘肃、青海、宁夏、新疆共 12 个省份）看，东部地区的农村社会保障水平最高，其次是西部地区，中部地区最低。具体而言，2005～2012 年，东部地区农村社会保障实际水平由 221.87 元增加到 861.25 元，其年均增长率为 21.38%，中部地区由 92.21 元增加到 509.13 元，其年均增长率为 27.65%，西部地区由 117.33 元增加到 661.49 元，其年均增长率为 28.03%（见表 4 - 1），表明东、中、西部地区农村社会保障水平逐年提升，且地区之间存在差异性。东部地区凭借其较高的经济发展水平和较强的财政实力等因素使其社会保障水平跻身于全国前列，西部地区虽然经济发展水平较低、财政实力较弱，但国家给予了政策上的倾斜，投入了大量的财政资金，使其社会保障水平较高，而中部地区处于"夹心层"，未享受到国家政策在扶贫、低保、救济等方面福利或者享受的很少。同期，农村社会保障地区间的差距整体上呈现出上升趋势，东部和中部地区实际差距由 129.66 元增加到 352.12 元，东部和西部地区差距由 104.54 元增加到 199.76 元，西部和中部地区差距由 25.12 元增加到 152.36 元（见图 4-2），说明农村社会保障地区之间的差距逐步扩大，其中，东中部地区之间的差距最大，其次是东西部地区，西中部地区最小。

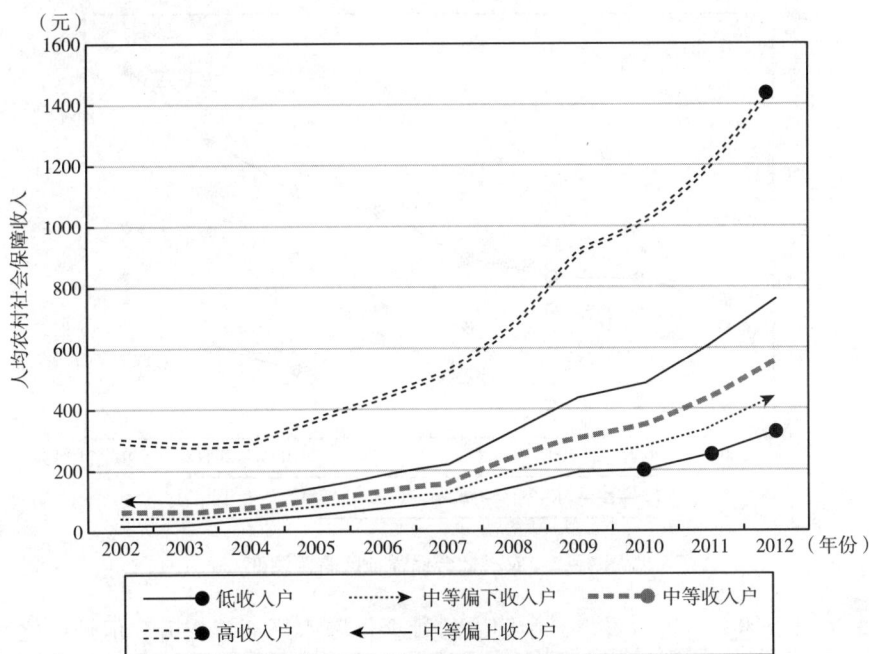

图 4-1　收入五等份农村社会保障演变

注：以 2002 年作为基期，对各收入组的农村社会保障收入采用农村居民消费价格指数进行了平减。

表 4-1　　　　　　2005~2012 年中国东、中、西部地区农村社会保障水平　　　单位：元

年份	东部地区	中部地区	西部地区	年份	东部地区	中部地区	西部地区
2005	221.87	92.21	117.33	2009	501.67	287.26	380.57
2006	265.37	114.58	147.78	2010	564.66	332.42	396.46
2007	299.97	148.52	177.17	2011	693.95	410.59	499.63
2008	385.33	216.17	281.61	2012	861.25	509.13	661.49

注：在此没有包括辽宁、吉林、黑龙江；以 2005 年作为基期，对东、中、西部地区的农村社会保障收入采用农村居民消费价格指数进行了平减。图 4-2 同，不再赘述。

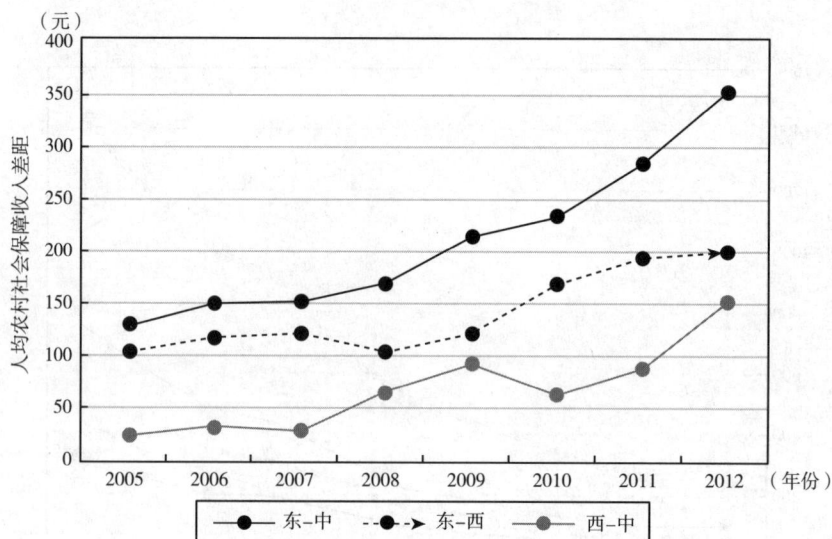

图 4-2　农村社会保障地区差距演变

通过上述分析可以看出，中国农村社会保障水平逐年提升，但地区之间、不同收入群体之间的差异明显，虽然农村社会保障制度在一定程度上保障了农村居民的基本生活，但是却导致了社会不平等现象的发生，进而会对农村居民的消费方式产生重要影响，给不同地区、不同收入群体农村居民的消费支出带来显著差异。2000~2015 年，中国农村居民人均实际消费支出由 1670.1 元增加到 9095.13 元，年均增长率为 12%，说明中国农村居民消费水平以较快的速度逐年提升。随着我国农村经济的不断发展，农村居民的生活水平得到了极大的改善，在基本生活需求得到满足之后，开始追求精神层面的享受，致使消费支出呈现出逐年增加的趋势。同期，平均消费倾向（随着收入的增加，消费

也会增加，但是消费的增加不及收入增加多，消费 c 和收入 y 的这种关系称为消费倾向。消费倾向包括平均消费倾向和边际消费倾向，其中，平均消费倾向 APC 是指任一收入水平上消费支出在收入中的比率，$APC = c/y$；边际消费倾向 MPC 是指增加的消费与增加的收入之比率，也就是增加的 1 单位收入中用于增加消费部分的比率，$MPC = \Delta c/\Delta y$）由 2000 年的 0.7411 上升到 2006 年的 0.7887，之后下降，2010 年下降为 0.7403，2011 年开始有所上升，上升到 2015 年的 0.8075（见图 4 - 3），因此，平均消费倾向呈现出波动趋势，即整体呈现上升—下降—上升的态势。从收入五等份情况来看，2002～2012 年，中国农村居民人均消费水平呈现出逐年上升的趋势，低收入户、中等偏下收入户、中等收入户、中等偏上收入户、高收入户的人均实际消费支出由 1006.4 元增加到 3636.42 元、由 1310.3 元增加到 4337.99 元、由 1645 元增加到 5276.66 元、由 2086.6 元增加到 6728.3 元、由 3500.1 元增加到 9984.58 元，其年均增长率分别为 13.71%、12.72%、12.36%、12.42%、11.05%（见图 4 -4），这表明，农村居民收入水平越高，其消费水平越高，这意味着随着农村居民收入水平的提升，农村居民从基本生活、低档品的消费逐渐转向奢侈、高档品的消费。同期，农村居民人均实际消费支出极差由 2493.7 元逐步扩大到 6348.16 元，扩大了 1.55 倍，说明随着时间的推进，各收入组农村居民人均消费支出之间的差异在逐年扩大，低收入户的消费还是维持基本生活的所需品，而高收入户的消费已经转向了奢侈、高档品的消费，从而农村居民之间的消费层次越拉越大。从东、中、西部三大经济地区看，东部地区的农村居民消费支出水平最高，其次是中部地区，西部地区最低。具体而言，2005～2012 年，东部地区农村居民人均实际消费支出由 3408.97 元增加到 7660.48 元，其年均增长率为 12.26%，中部地区由 2276.9 元增加到 5452.99 元，其年均增长率为 13.29%，西部地区由 2022.88 元增加到 4784.32 元，其年均增长率为 13.09%（见表 4 -2），说明东、中、西部地区农村居民人均消费水平逐年提升，且地区之间存在差异性。东部地区经济发展程度相对于中西部地区较高，农村居民的消费理念、消费层次、消费水准相对于中西部地区而言更超前、更高。同期，农村居民人均消费支出地区间的差距整体上呈现出上升趋势，东部和中部、东部和西部、中部和西部地区实际差距分别由 1132.07 元增加到 2207.49 元、由 1386.09 元增加到 2876.17 元、由 254.02 元增加到 668.68 元（见图 4 -5），说明农村居民人均消费支出地区之间的差距逐步扩大，其中，东西部地区之间的差距最大，东中部地区次之，中西部地区最小。

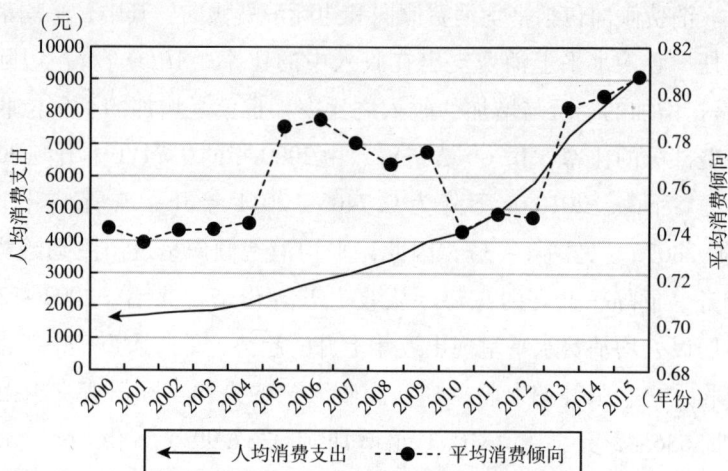

图4-3 农村居民人均消费水平和平均消费倾向演变

注：以2000年作为基期，对农村居民人均消费支出采用农村居民消费价格指数进行了平减。

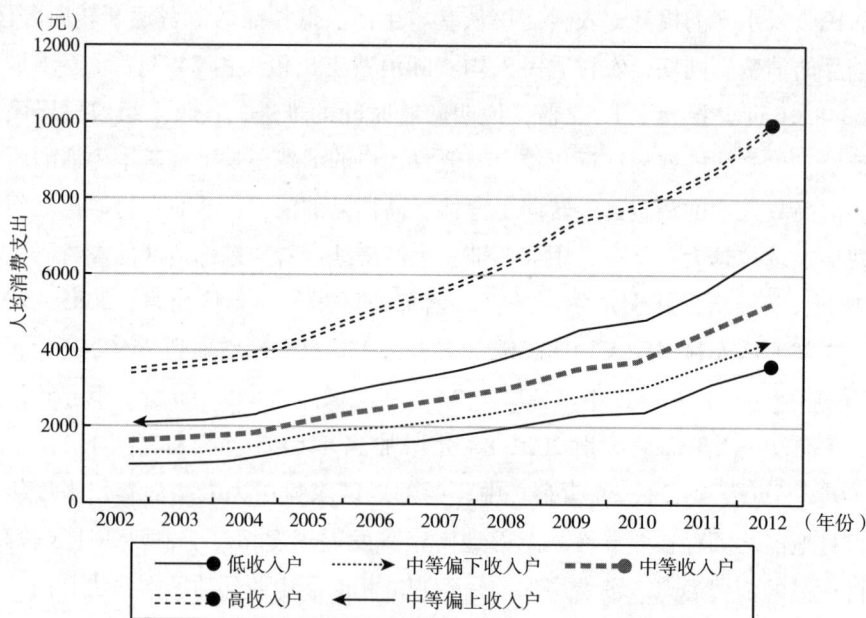

图4-4 收入五等份农村居民人均消费水平演变

注：以2002年作为基期，对各收入组农村居民人均消费支出采用农村居民消费价格指数进行了平减。

表 4 - 2　　　2005~2012 年中国东、中、西部地区农村居民人均消费水平　　单位：元

年份	东部地区	中部地区	西部地区	年份	东部地区	中部地区	西部地区
2005	3408.97	2276.90	2022.88	2009	5277.72	3712.82	3319.90
2006	3832.48	2577.53	2207.20	2010	5657.88	3903.94	3489.68
2007	4150.99	2848.36	2450.15	2011	6623.04	4623.14	4045.44
2008	4608.26	3239.26	2751.38	2012	7660.48	5452.99	4784.32

　　注：在此没有包括辽宁、吉林、黑龙江；以 2005 年作为基期，对东、中、西部地区农村居民人均消费支出采用农村居民消费价格指数进行了平减。图 4 - 5 同，不再赘述。

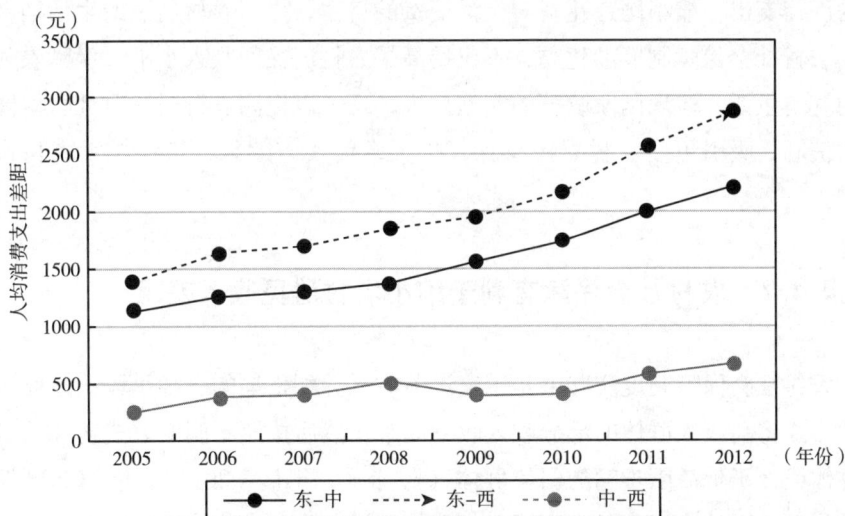

图 4 - 5　农村居民人均消费水平地区差距演变

4.4　农村社会保障影响农村居民消费的作用机理

4.4.1　农村社会保障提升农村整体消费水平

　　在中国经济社会转型过程中，农村经济迅猛发展，但是中国农村居民面临较大的不确定性，如未来收入、未来支出、未来环境与制度的不确定性等，正是由于这种不确定性使得中国农村居民承担的社会责任与风险较大，从而对农

村居民的消费水准产生了重要影响。中国农村社会保障制度的改革（如新型农村医疗合作制度、新型农村养老保险制度、农村社会救助体系等）及其不断地完善与健全，能较大程度的降低农村居民未来面临的不确定性，从而减少居民的预防性储蓄动机，即减少居民的储蓄，扩大农村居民消费需求，促进农村整体消费水平的提升。农村最低生活保障制度，作为一种收入再分配制度，可以保障经济贫困户的最低生活水平，直接提高农村经济贫困户的收入，弱化农村居民对未来不确定性的心理，在一定程度上能稳定其消费支出。新型农村养老保险制度增加了农村老年人口的转移性收入，保障农村老年人的基本生活，在一定程度上能稳定其消费水平。新型农村医疗合作制度可以降低农村居民的医疗支出，缩小医疗花费对生活消费的挤占，提高农村居民的生活消费水平。农村社会保障制度的建立，不仅提高了农村居民的收入水平，保障农村居民的基本生活，体现国家政策的实施效果，还可以提高农村居民对社会保障制度的信心，吸引更多农村居民参保，扩大政策实施效果，最终扩大农村市场内需。

4.4.2　农村社会保障有利于缩小农村居民收入差距

农村社会保障制度实际上是国家调节收入分配格局的一种手段，政府以税收的形式将高收入群体的部分收入收缴起来，然后按照不同的方式转移给低收入群体或处于生活困难期的弱势群体（陈赤平，丰倩，2014），能够起到缩小居民收入差距的作用。对于不同收入群体而言，高收入群体的边际消费倾向较低，低收入群体的边际消费倾向较高，而中国收入差距不断扩大的现实，造成低收入群体"想消费，而不敢消费"的局面，高收入群体的消费基本稳定，最终形成了全社会消费需求的萎缩，于是，收入差距的扩大，使得中国居民的消费水准下降、内需乏力。中国农村社会保障制度的建立，保障了农村居民的基本生活，提高了农村居民的收入水平，进而促使农村居民消费理念、消费层次发生了较大的转变，即生存型消费支出比重不断下降，享受型消费、发展型消费支出比重呈上升态势。因此，农村社会保障制度有助于农村居民消费需求质量的提升，有利于为促使农村居民消费需求高级化创造条件，不断推动农村消费需求扩大。

4.5　农村社会保障供给消费效应实证分析

4.5.1　模型设定

对于消费函数，最具代表性的是由莫迪利安尼提出的生命周期消费理论模型，于是，本研究以生命周期消费理论模型作为基础，其基本形式如下：

$$C_{it} = \beta_1 WR_{it} + \beta_2 YL_{it} (i = 1, 2, \cdots, n; t = 1, 2, \cdots, T) \qquad (4-1)$$

式（4-1）中，C_{it} 代表第 i 个省份第 t 年农村居民人均消费支出；WR_{it} 代表第 i 个省份第 t 年农村居民储蓄率；YL_{it} 代表第 i 个省份第 t 年农村居民人均可支配收入；α、β 为待估参数，分别表示财富和人均可支配收入的边际消费倾向。

为了衡量农村社会保障对农村居民消费的影响，现将农村社会保障变量引入式（4-1），构建农村社会保障消费效应模型，其形式如下：

$$C_{it} = \alpha + \beta_1 WR_{it} + \beta_2 YL_{it} + \beta_3 SCE_{it} + \varepsilon_{it} \qquad (4-2)$$

式（4-2）中，SCE_{it} 代表第 i 个省份第 t 年农村居民人均社会保障收入；ε_{it} 为随机扰动项，且 $\varepsilon_{it} \sim iid(0, \sigma^2)$。

同时，为了衡量中国转型时期经济与社会发展方式转型效果对农村居民消费的影响，因此，在此将转型效果即产业升级、城市化水平、收入分配作为控制性变量引入式（4-2），式（4-2）转变为：

$$C_{it} = \alpha + \beta_1 WR_{it} + \beta_2 YL_{it} + \beta_3 SCE_{it} + \beta_4 AGDP_{it} + \beta_5 UR_{it} + \beta_6 GINI_{it} + \varepsilon_{it}$$

$$(4-3)$$

式（4-3）中，$AGDP_{it}$ 代表第 i 个省份第 t 年人均 GDP，主要用来衡量产业升级效果；UR_{it} 代表第 i 个省份第 t 年城市化水平，主要用来衡量城市化进程对农村居民消费的影响；$GINI_{it}$ 代表第 i 个省份第 t 年农村基尼系数，主要用来衡量农村居民的收入分配情况。

此外，考虑到农村居民当年消费水平还受到上一年消费水平和收入水平的影响，于是将农村居民上一年消费水平和收入水平引入式（4-3），式

(4 - 3) 转变为：

$$C_{it} = \alpha + \beta_1 WR_{it} + \beta_2 YL_{it} + \beta_3 SCE_{it} + \beta_4 AGDP_{it} + \beta_5 UR_{it} + \beta_6 GINI_{it} +$$
$$\beta_7 C_{it-1} + \beta_8 YL_{it-1} + \varepsilon_{it} \qquad (4 - 4)$$

式 (4 - 4) 中，C_{it-1} 代表第 i 个省份第 $t - 1$ 年农村居民人均消费支出；YL_{it-1} 代表第 i 个省份第 $t - 1$ 年农村居民人均可支配收入。

4.5.2 数据来源

本书所选用指标数据均来自 2001 ~ 2016 年《中国统计年鉴》《中国农村统计年鉴》及其 Wind 咨询数据库。

在此，对个别变量和数据的选取作出说明：农村居民储蓄率用人均纯收入扣除人均消费支出后的余额与人均纯收入的比值来代表；农村居民人均可支配收入用农村居民人均纯收入剔除转移性收入后的余额来代表；对于农村居民人均社会保障收入用农村居民人均纯收入中的转移性收入来代表。2001 ~ 2003 年城镇人口由年末总人口减去乡村人口计算得到；2003 年西藏自治区农村居民人均转移性收入按全国平均水平计算而得。以 2000 年作为基期，对所有的消费支出和收入项（如农村居民人均消费支出、人均纯收入、人均 GDP、人均社会保障收入等）均采用农村居民消费价格指数进行了平减。

4.5.3 模型估计与分析

为了消除各变量在量纲上的差异性及其数据的非平滑性，对式 (4 - 4) 中的各变量取自然对数（为了使各变量取自然对数有意义，对个别数据作了如下处理，2007 年云南、2014 年和 2015 年青海的储蓄率取其绝对值），式 (4 - 4) 转变为如下形式：

$$LnC_{it} = \alpha + \beta_1 LnWR_{it} + \beta_2 LnYL_{it} + \beta_3 LnSCE_{it} + \beta_4 LnAGDP_{it} + \beta_5 LnUR_{it} +$$
$$\beta_6 LnGINI_{it} + \beta_7 LnC_{it-1} + \beta_8 LnYL_{it-1} + \varepsilon_{it} \qquad (4 - 5)$$

首先通过检验选择面板数据模型的具体形式，以得出准确的回归分析结果，通过检验之后，得出中国整体、东、中、西部三大地区农村社会保障供给消费效应模型均采用固定效应模型。中国整体及东、中、西部三大地区消费效应模型的 F 值均较高，其相对应的 P 值均为 0.0000（见表 4 – 3 和表 4 – 4），同时，rho 均较高，表明中国整体及东、中、西部三大地区消费效应模型的整体拟合效果较为理想。

表 4 – 3　　　　　　全国农村社会保障供给消费效应估计结果

解释变量	Coef.	Std. Err.	t	P > |t|
常数项	− 0.5172	0.1109	− 4.66	0.000
储蓄率	− 0.0464	0.0056	− 8.36	0.000
人均可支配收入	0.4252	0.0690	6.16	0.000
人均社会保障收入	0.0288	0.0083	3.46	0.001
人均 GDP	0.0790	0.0233	3.39	0.001
城市化水平	0.0195	0.0132	1.48	0.140
农村基尼系数	− 0.1764	0.0469	− 3.77	0.000
上一年人均消费支出	0.5154	0.0347	14.86	0.000
上一年人均可支配收入	0.0192	0.0680	0.28	0.778
F 值	7458.20（0.0000）			
Hausman 值	114.73（0.0000）			
sigma_u	0.0415			
sigma_e	0.0515			
rho	0.3938			
F test	2.67（0.0000）			
模型	固定效应模型			

注：①$sigma\_u$ 表示固定效应模型中个体效应的方差估计值；$sigma\_e$ 表示固定效应模型中随机干扰项的方差估计值；rho 值表示固定效应模型的个体效应的方差（即组间方差）占总方差的比例。②F 值和 $Hausman$ 值后的括号内为相对应的 P 值。表 4 – 4 同，不再赘述。

表 4 - 4　东、中、西部地区农村社会保障供给消费效应估计结果

指标	东部地区				中部地区				西部地区			
	Coef.	Std. Err.	t	P > |t|	Coef.	Std. Err.	t	P > |t|	Coef.	Std. Err.	t	P > |t|
常数项	0.4911	0.1589	3.09	0.002	-0.3280	0.1712	-1.92	0.058	-1.1447	0.2547	-4.49	0.000
储蓄率	-0.2608	0.0249	-10.46	0.000	-0.2438	0.0223	-10.9	0.000	-0.0350	0.0064	-5.52	0.000
人均可支配收入	0.4264	0.1210	3.53	0.001	0.8092	0.1035	7.82	0.000	0.9023	0.1057	8.53	0.000
人均社会保障收入	0.0558	0.0121	4.6	0.000	0.0470	0.0105	4.48	0.000	0.0404	0.0153	2.64	0.009
人均 GDP	-0.0371	0.0349	-1.06	0.289	0.0480	0.0345	1.39	0.167	0.1131	0.0383	2.95	0.004
城市化水平	0.0091	0.0184	0.49	0.621	0.0180	0.0192	0.94	0.348	0.0125	0.0215	0.58	0.560
农村基尼系数	-0.0820	0.0526	-1.56	0.121	-0.3797	0.0777	-4.88	0.000	-0.4594	0.1036	-4.44	0.000
上一年人均消费支出	0.2409	0.0656	3.67	0.000	0.1611	0.0605	2.67	0.009	0.3998	0.0569	7.03	0.000
上一年人均可支配收入	0.0569	0.1164	0.49	0.626	0.0220	0.0870	0.25	0.801	0.1309	0.0997	1.31	0.191
F 值	3861.72 (0.0000)				4537.15 (0.0000)				2668.23 (0.0000)			
Hausman 值	26.02 (0.0010)				16.79 (0.0323)				37.42 (0.0000)			
sigma_u	0.0243				0.0256				0.0558			
sigma_e	0.0402				0.0342				0.0557			
rho	0.2667				0.3589				0.5006			
F test	1.71 (0.0834)				3.21 (0.0038)				3.08 (0.0008)			
模型	固定效应模型				固定效应模型				固定效应模型			

4.5.3.1　农村社会保障供给对农村居民消费的整体效应

由表 4-3 可知，除了城市化水平和上一年人均可支配收入之外，其余 6 个变量均通过了 1% 显著性水平的检验，说明农村居民储蓄率、人均可支配收入、人均社会保障收入、人均 GDP、农村基尼系数、上一年人均消费支出对中国农村居民消费支出产生了重要的影响。农村人均社会保障系数为 0.0288，说明农村居民人均社会保障每增加 100%，农村居民消费支出将增加 2.88%。因此，农村社会保障制度的建立，增加了农村居民收入，间接地提高了农村居民消费支出水平，即农村社会保障对农村居民消费支出具有引致效应或挤入效应；农村居民储蓄率系数为 -0.0464，说明农村居民储蓄率每增加 100%，则会使农村居民当期消费支出减少 4.64%，农村居民储蓄的增加会抑制农村居民当期的消费支出；农村居民人均可支配收入系数为 0.4252，说明农村居民人均可支配收入每增加 100%，则会使农村居民消费支出增加 42.52%，表明农村居民人均收入水平的提高，会直接促进农村居民消费水平的提升；农村人均 GDP 系数为 0.0790，说明人均 GDP 每增加 100%，农村居民消费支出将提高 7.90%，表明经济发展水平对农村居民消费支出的影响不容忽视；农村基尼系数为 -0.1764，说明不均等的农村居民收入对农村居民消费支出产生了显著的负向影响；农村居民上一年人均消费支出系数为 0.5154，说明上一年人均消费支出每增加 100%，农村居民的当期消费支出将提高 51.54%，表明农村居民的消费行为在很大程度上受到以往消费习惯的影响，农村居民一般不会在前期消费支出基础上降低当期消费水平，会提高当期的消费水平；城市化水平系数为 0.0195，但统计上不显著，表明随着城市化进程的不断推进，农村居民消费支出水平虽有提升，但提升幅度不是很大，即城市化进程的推进对农村居民消费支出水平的提升力度比较有限；农村居民上一年人均可支配收入变量没有对农村居民消费支出变动产生显著的影响，表明农村居民当期消费支出受到上一期人均可支配收入的影响，但作用有限。

4.5.3.2　农村社会保障供给对农村居民消费的地区效应

表 4-4 的回归结果显示，东、中、西部三大地区农村居民储蓄率、人均可支配收入、人均社会保障收入、上一年人均消费支出四个变量均通过了 1% 显著性水平的检验，说明其对东、中、西部地区农村居民消费支出产生了重要

的影响；西部地区人均 GDP 通过了 1% 显著性水平的检验，说明其对西部地区农村居民消费支出产生了重要的影响；中、西部地区农村基尼系数通过了 1% 显著性水平的检验，说明其对中、西部地区农村居民消费支出产生了重要的影响。

（1）农村社会保障。东部地区农村社会保障系数为 0.0558，说明农村居民人均社会保障每增加 100%，东部地区农村居民消费支出将增加 5.58%，东部地区农村社会保障对其农村居民消费支出具有引致效应或挤入效应；中部地区农村社会保障系数为 0.0470，说明农村居民人均社会保障每增加 100%，中部地区农村居民消费支出将增加 4.70%，中部地区农村社会保障对其农村居民消费支出具有引致效应或挤入效应；西部地区农村社会保障系数为 0.0404，说明农村居民人均社会保障每增加 100%，西部地区农村居民消费支出将增加 4.04%，西部地区农村社会保障对其农村居民消费支出具有引致效应或挤入效应。由此可见，东部地区农村社会保障对其农村居民消费支出的影响最大，中部地区次之，西部地区最小，这说明经济发达地区农村社会保障对农村居民消费支出的影响比经济欠发达地区显著。究其原因，主要是因为东、中部地区经济发展水平、农村居民收入水平及其消费水平均高于西部地区，东、中地区的农村社会保障制度相对于西部地区更健全和完善，于是，东、中部地区农村居民的消费支出增加幅度将高于西部地区。这表明，中国农村社会保障对农村居民消费支出的影响存在明显的地区差异。

（2）农村居民储蓄率。东、中、西部地区农村居民储蓄率系数分别为 -0.2608、-0.2438、-0.0350，说明农村居民储蓄率每增加 100%，则会使东、中、西部地区农村居民当期消费支出分别减少 26.08%、24.38%、3.50%，表明农村居民储蓄的增加会抑制农村居民当期的消费支出，其中对东部地区的抑制作用最明显，中部地区次之，西部地区最小。究其原因，对于东、中、西部三大经济地区，经济发展水平、农村社会保障水平均是东中部地区高于西部地区，西部地区农村居民收入中的大部分甚至全部被用于满足其基本生活需求，而东中部地区农村居民在消费之后一般还有剩余用于储蓄，于是，从储蓄的角度来看，东中部地区农村居民如果增加储蓄，则会使其消费水平下降较多，而西部地区用于储蓄的部分很少，对消费的影响很小，因此，西部地区农村居民储蓄率对其当期消费支出的抑制作用要小于东中部地区。

（3）农村居民人均可支配收入。东、中、西部地区农村居民人均可支配收入系数分别为 0.4264、0.8092、0.9023，说明农村居民人均可支配收入每增加 100%，则会使东、中、西部地区农村居民消费支出分别增加 42.64%、80.92%、90.23%，表明东、中、西部地区农村居民人均收入水平的提高，会直接促进其农村居民消费水平的提升，因此，地区之间农村居民收入水平的差异性导致了其消费支出的差异性。其中，人均可支配收入对西部地区农村居民居民消费水平提升的作用最显著，中部地区次之，东部地区最小，究其原因，可能是因为东部地区农村居民本身的消费水平已经很高，在收入水平提升的过程中，消费支出的增加非常的有限，而西部地区由于其收入水平较低或者消费水准较低，其消费基本上是满足日常生活所需，在收入水平提升的情况下，农村居民在满足基本生活的基础上会增加对高档品、奢侈品、精神层面等的追求，或者说是提高他们的消费水准，于是其消费支出增加的幅度就会较大。

（4）农村居民上一年人均消费支出。东、中、西部地区农村居民上一年人均消费支出系数分别为 0.2409、0.1611、0.3998，说明农村居民上一年人均消费支出每增加 100%，则会使东、中、西部地区农村居民消费支出分别提高 24.09%、16.11%、39.98%，表明东、中、西部地区农村居民在决定当期消费时，不能摆脱过去的消费习惯，即消费行为受到过去消费习惯的影响，农村居民很难在以往消费水准的基础上，降低当期消费水准，一般情况下，会提高当期消费水平。

（5）农村基尼系数。东、中、西部地区农村基尼系数分别为 -0.0820、-0.3797、-0.4594，中、西部地区具有统计上的显著性，而东部地区不具有统计上的显著性，说明不均等的农村居民收入对中、西部地区农村居民消费支出产生了显著的负向影响，而对东部地区的负向影响不显著，即中、西部地区不均等的农村居民收入对其农村居民消费支出均产生了显著的抑制作用，而东部地区的抑制作用不明显。

（6）人均 GDP。东、中、西部地区人均 GDP 的系数分别为 -0.0371、0.0480、0.1131，说明西部地区人均 GDP 对其农村居民消费支出具有显著的正向影响，东中部地区人均 GDP 未对其农村居民消费支出产生显著影响。东中部地区经济发展水平较高，相应地农村居民的消费水平也较高，经济的发展不会带来其消费支出的大幅度增加，其消费支出相对是比较稳定的；西部地区经济发展水平较低，农村居民的消费水平也较低，经济的发展将会带来其农村居民消费支出的快速增长。可见，各地区经济发展水平不同，对农村居民消费支出的影响不一样。

（7）城市化水平。东、中、西部地区城市化水平的系数分别为 0.0091、0.0180、0.0125，说明东、中、西部地区城市化水平对其农村居民消费支出的影响不显著。在城市化进程中，随着城市化水平的提升，农村居民不断地涌入城市打工，相对于农业收益而言，能够获取较高的经济收入，相应地农村居民的消费支出就会有所增加，但增加的支出有限，可能是受以往消费习惯、周围消费群体等影响，而使其消费支出增加幅度不大。

（8）农村居民上一年人均可支配收入。东、中、西部地区农村居民上一年人均可支配收入变量没有对东、中、西部地区农村居民消费支出变动产生显著的影响，表明东、中、西部地区农村居民当期消费支出受到上一期人均可支配收入的影响，但作用有限。

4.6　本章小结

本章研究在分析农村社会保障供给与农村居民消费相关关系的基础上，阐述了农村社会保障影响农村居民消费的作用机理，并利用 2000~2015 农村社会保障和消费等统计数据，以生命周期消费理论模型为基础，通过构建农村社会保障消费效应模型，实证分析了中国及东部、中部、西部地区农村社会保障供给的消费效应。通过实证研究，主要得出了以下几点结论：

（1）2000~2015 年，中国农村社会保障收入水平逐年呈现出较快的增长，但各地区之间存在明显的差异，东部地区高于西部地区，西部地区又高于中部地区；农村社会保障地区之间的差距有逐步扩大的趋势，其地区差距大小顺序依次是东—中部、东—西部、西—中部。

（2）2000~2015 年，中国农村居民消费水平以较快速度逐年提升，但各地区之间存在明显的差异，东部地区高于中部地区，中部地区高于西部地区；农村居民消费支出地区之间的差距逐步扩大，其地区差距大小顺序依次是东—西部、东—中部、中—西部。

（3）从全国整体来看，农村社会保障收入对农村居民人均消费支出的弹性系数为 0.0288，说明农村居民人均社会保障水平每增加 100%，农村居民消费支出将增加 2.88%，农村社会保障对农村居民消费支出具有引致效应或挤入效应；基于东、中、西部三大经济地区，东、中、西部地区农村社会保障收入对农村居民人均消费支出的弹性系数分别为 0.0558、0.0470、0.0404，即农村居民人均社会保障水平每增加 100%，东、中、西部地区农村居民消费支出将分别增加 5.58%、4.70%、4.04%，表明东、中、西部地区农村社会保障对其农村居民消费支出有不同的引致效应或挤入效应，其中，东部地区最大，中部地区次之，西部地区最小。

（4）从全国整体来看，农村居民储蓄率、人均可支配收入、人均 GDP、农村基尼系数和上一年人均消费支出对中国农村居民消费支出产生了显著影响；基于东、中、西部三大经济地区，农村居民储蓄率、人均可支配收入和上一年人均消费支出对东、中、西部地区农村居民消费支出均产生了重要的影响，基尼系数仅对中、西部地区农村居民消费支出产生了显著影响。

通过上述的分析，可以得到以下启示：首先，根据农村社会保障发展的不同阶段合理配置资源，不断提高农村社会保障水平。强化政府的主体责任，加大政府财政对农村社会保障的投入力度，特别是加大对西部地区农村社会保障的财政支出力度；拓宽农村社会保障的筹资渠道，保障中国农村社会保障制度的健康运行。其次，鉴于中国农村社会保障整体水平较低、区域差异显著，需不断健全和完善多元社会保障体系，扩大农村社会保障覆盖范围。再次，中国地区经济发展水平差距较大，农村社会保障对农村居民消费影响的地区差异显著，于是需加强对农村社会保障水平较低的西部地区的支持，弱化对经济发达地区的财政支持力度，因地制宜，逐步缩小地区农村社会保障差距，切实通过农村社会保障水平的提高来推动农村居民消费水平的提升。最后，鉴于城乡社会保障之间的差距，构建与城镇对接的农村社会保障制度，将城乡统筹的社会保障制度的构建作为中国社会保障制度发展的长远目标。

第 5 章

基于政府（宏观）层面农村
社会保障供给绩效评价

5.1　问题的提出

改革开放 40 多年来，我国经济实现了突飞猛进的发展，取得了举世瞩目的辉煌成绩，我国的国内生产总值从 1978 年的 3678.7 亿元增加到 2018 年的 900309 亿元，相应地，人均 GDP 从 385 元增加到 64644 元，我国的综合国力得到了显著提升。随着经济的快速发展，农村居民在基本生活需求得到满足之后，其需求在逐渐的扩展，比如农村居民对社会保障（养老、医疗等）的需求在逐渐增长，但各级政府并不能很好地满足农村居民这种日益增长的需求，于是，落后的社会保障制度与农村居民对其不断增长的需求之间的矛盾更加突出。

中国农村社会保障是在党的十六大召开以后才逐渐得到了政府的重视，相继出台多项政策措施，建立了新型农村合作医疗、新型农村养老、农村最低生活保障等制度，并且政府也逐年加大了对农村社会保障的财政投入力度，也正因如此农村社会保障事业得到了较大的改观。但是从我国的实际情况看，农村社会保障支出比例较小、覆盖面窄、受益率低、地区差异显著等问题，严重影响了农村社会保障的供给效率，并造成了地区、城乡之间的非均衡化发展，这种非均衡化的发展必然导致农村社会保障供给效率的低下。同时，随着农村经济的迅速发展，农村居民的生活水平不断提高，农村居民对农村社会保障的需求在不断地增长，而现有的农村社会保障状况并不能满足农村居民日益增长的需求，造成两者之间矛盾的尖锐化。究其原因，主要是由于受到城乡二元经济结构体制的影响，造成了公共服务非均等化的现实状况（司俊霄，2016），进而使得政府对于农村社会保障并未给予足够的重视，对其财政投入不足所造成的。

以 2014 年为例，按当年价格计算，全国财政支出总额为 151785.56 亿元，其中农村社会保障①支出总额为 1216.82 亿元，其占财政支出总额的比重仅为 0.8%。从全国 31 个省份的农村社会保障财政支出总额看，四川省 2014 年的这一指标数值为 92.12 亿元，位居全国之首，而上海市的支出总额仅为 1.69 亿元，居于全国之尾。从人均支出看，全国 31 个省份中，2014 年农村社会保障人均财政支出最高的是青海省，为 411.23 元，支出最少的是上海市，仅为 67.24 元；全国农村社会保障人均财政支出水平为 196.69 元，位于全国人均财政支出水平之上的有青海、甘肃、贵州、内蒙古、云南、陕西、宁夏、天津、新疆、广西、四川、西藏、山西 13 个省份。由此可见，中国各省市农村社会保障财政支出水平之间存在较大的差异，即存在一定程度的非均衡现象，这种农村社会保障财政支出非均衡化现象必然也会导致我国各地区农村社会保障水平的非均衡化发展。那么，这种非均衡化发展是由什么原因所导致的呢？究竟是由政府财政支出不足造成的，还是由公共资源配置不合理所导致的？进而，这会对农村社会保障供给绩效产生什么影响呢？因此，在公共资源和政府财政资金有限的情况下，如何评价农村社会保障供给资金的使用效率及其政策实施的绩效是很有必要的，这也已成为政界和学术界关注的热点问题，以期全面落实基本公共服务均等化，提高公共服务需求的瞄准度（邱航帆，卢海阳，2017）。

5.2 以往文献回顾

从国内外关于社会保障发展研究现状来看，对于社会保障供给绩效的研究可以归纳为以下几个方面：

一是关于社会保障适度水平的相关研究。穆怀中（1997）运用人口结构理论，通过构建柯布道格拉斯生产函数模型，测算了社会保障负担系数与劳动生产要素投入系数，由此建立了中国社会保障的模型，并据此可以确定出一个地区社会保障适度水平的上下限。周宏斌（2014）利用修正恩格尔系数和扩

---

① 受数据的限制，在此仅核算了农村社会救济费和自然灾害救济费两项支出。

展线性支出模型，对农村养老保险保障水平的下限与上限进行了测算。研究得出，37.77%～45%的保障水平是合适的，但目前我国农保的保障水平过低、农村社会养老保险保障水平处在适度区间之外，而近年来，农保的保障水平逐渐向适度保障水平靠拢，适度个人账户和农村社会养老金年均提升全国社会保障水平的幅度分别为1.48%和3.81%（穆怀中等，2013）。由此可见，要实现缩小城乡差距和提高社会保障水平的目标，需要不断促进农村养老保险适度水平发展，因此，还需政府大幅增加农保财政投入力度，提高农保基金的保值增值能力（张祖平，马碧莹，2014）。

二是社会保障与经济发展关系研究。我国对于社会保障与经济发展关系的研究比西方国家要晚一些，但实证研究相对较多。如杨翠迎和何文炯（2004）研究认为，社会保障水平与经济发展水平的关系经历了三个阶段，即低水平适应到不适应、再到高水平适应。有学者通过运用协整检验发现，中国社会保障支出与经济增长之间的长期稳定均衡关系存在（朱孔来等，2015），一方面，经济增长有助于提高社会保障水平，即人均GDP每增加1%，社会保障支出比重就会增加16.5%（郭光芝，杨翠迎，2010）；另一方面，反过来，社会保障水平的提高又会促进经济增长，即社会保障水平每提高1%，经济发展水平就提高0.87%（朱孔来等，2015）。然而，也有学者通过实证研究得出了相反的结论，认为中国社会保障和经济发展水平不相适应（杨翠迎，何文炯，2004）。贾俊雪等（2018）研究认为，社会保障制度显著地制约了经济增长，导致实际人均GDP增长率下降了2.5957个百分点。

三是社会保障对收入不平等、贫困及分配关系的研究。一方面，社会保障有助于减缓贫困、缩小收入分配不平等。农村社会保障制度在减缓农村贫困方面具有不可或缺作用，即基本保障了低保户的生存权、有效缓解了农村居民支出性贫困和收入性贫困、大幅减少了农村居民医疗保健开支、弱化了"贫困"和"疾病"的循环作用（黄万庭，2015），因此，社会保障既被列为反贫困的重要目标和主要路径（左停等，2018）。养老金等社会保障制度能够有效缓解老年人贫困，进而缓解居民收入分配的不平等（Smeeding Timothym，2004）。科皮和帕尔梅（Korpi，Palme，1998）通过对不同类型福利国家的实证研究得出，面向贫困者的社会保障转移支付水平在缩小收入不平等方面发挥了重要作用。李实等（2017）实证研究了中国社会保障制度对收入再分配的影响效果。研究认为，社会保障制度在调节收入分配方面发挥了一定的作用。另一方面，社会保障加剧了收入分配的不平等性。社会保障不仅未能在一定程度上缩小居民收入分配的不平等性，反而拉大了居民收入之间的差距。肯沃西和蓬图松（Kenworthy，Pontusson，2005）认为，1980~1990年，在一定程度上，社会福利政策加剧了OECD国家的收入不平等，甚至社会保障制度成为推动居民收入不平等的"加速器"（李亚青，2014）。社会保障转移性收入加剧了我国城乡居民收入分配差距（黄祖辉等，2003），与此同时，社会保障也加剧了城镇和农村居民内部的收入不平等，即具有一定程度的"逆向调节"（王茂福，谢勇才，2012），其主要原因是社会保障目标瞄准存在偏差、财政投入短缺、覆盖面偏低（谢勇才，杨斌，2015）、户籍制度阻隔、社会保障区域发展不平衡等（孙建娥，周媛也，2017）。

四是财政支出效率的相关研究。中国社会保障支出的均等化程度决定了其资源在地区间配置是否均衡。目前，我国社会保障存在地区、城乡差距，且呈扩大化趋势特别是城乡差距（李雪萍，刘志昌，2008），同时，区域不均等已成为农村社会保障支出非均等的主要矛盾（仇晓洁等，2013）。在财政支出效率评价方法上，王宁和姜凡（2007）采用数据包络分析法，综合评价了我国28个省份的城市最低生活保障制度的有效性。仇晓洁和温振华（2012）运用DEA方法，实证分析了中国农村社会保障支出效率。研究表明，农村社会保障财政支出有效率的省份有9个，主要分布在西部地区，无效率省份主要是由于规模效率和纯技术效率低下，但东、中、西部地区皆处于规模收益递增阶段。唐娟莉（2014）运用DEA-Tobit模型，对我国31个省份的农村公共服务投资技术效率进行了测算。王增文和邓大松（2012）采用因子分析法定量分析了农村低保制度及配套政策发展水平的地区性差异。何植民和熊小刚（2015）采用因子分析法和均方差赋权法，综合评价了我国20个县的农村低保政策的实施绩效。丁煜和柏雪（2012）采用同样的方法，综合评估了我国城市最低生活保障水平。何晖和邓大松（2010）采用层次分析方法（AHP），在构建农村低保制度运行绩效评价指标体系的基础上，综合评价了2007~2008年中国31个省份的农村最低生活保障制度的运行绩效。梁雅莉和张开云（2014）通过构建BWT模型与评估维度，测算了我国31个省份农村低保制度的实施绩效。

纵观国内外研究现状，这些研究成果为本章研究提供了启发和借鉴，奠定了本章的研究基础。然而，现有的多数研究没有将环境因素和随机因素纳入社会保障财政制度实施效果或支出效率评价中，鉴于此，本章研究利用2009~

2014 年中国 30 个省份的面板数据，运用以产出为导向的三阶段 DEA 模型，综合评价农村社会保障供给绩效，探究农村社会保障适度水平低下、供给水平不均衡、供给绩效水平低下等问题的症结所在，以寻找提高农村社会保障供给水平的有效路径，为提高中国农村社会保障供给绩效提供参考，为我国农村居民提供完善的保障制度，从而促进农村经济发展。

5.3 模型选取

在绩效或者效率评价方面，DEA 无疑是一种非常有效的非参数评价方法，但是一阶段 DEA 方法，无法准确衡量各决策单元之间的效率差异，主要是因为外部环境因素、管理无效率、随机误差项等外生因素都有可能导致决策单元达不到效率前沿（Fried et al. , 2002），因此，运用弗里德（Fried, 2002）等提出的三阶段 DEA 方法（即将非参数的 DEA 与参数的 SFA 方法相结合），以剔除环境和随机误差的影响，从而更精确地估计我国各省域农村社会保障供给绩效。

第一阶段：传统的 DEA 模型（BC^2）。

在此阶段主要是利用规模报酬可变的 BC^2 模型对中国 30 个省份农村社会保障供给效率进行测算，并得到各决策单元的效率值和投入产出松弛值。

设有 n 个决策单元 $DMU_k(k = 1, 2, \cdots, n)$。$DMU_k$ 输入为 $x_k = (x_{1k}, x_{2k}, \cdots, x_{mk})^T$，输出为 $y_k = (y_{1k}, y_{2k}, \cdots, y_{sk})^T$。$m$ 为输入指标数目，s 为输出指标数目，构建基于产出导向的 BC^2 模型为：

$$\min\left[\theta_k - \varepsilon(e^T s^- + e^T s^+)\right]$$

$$\text{s. t}\begin{cases} \sum_{k=1}^{n} \lambda_k x_{rk} + s^- = x_{0r} \\ \sum_{k=1}^{n} \lambda_k x_{ik} - s^+ = \theta_k y_{0i} \\ \sum_{k=1}^{n} \lambda_k = 1 \\ \lambda_k \geq 0; s^- \geq 0; s^+ \geq 0 \\ r = 1, 2, \cdots, m; i = 1, 2, \cdots, s \end{cases}$$

其中，x_{rk} 代表第 k 个决策单元第 r 项投入量，y_{ik} 代表第 k 个决策单元第 i 项产出量；λ_k 代表各决策单元组合系数；ε 是非阿基米德无穷小量；e^T 代表单元行向量；θ_k 代表第 k 个决策单元的效率值，也通常被称作效率系数，介于 $0 \sim 1$ 之间，$\theta_k \to 1$ 表示效率越高，是一种相对效率；s^-、s^+ 是输入和输出松弛变量，分别代表投入冗余和产出不足。若 $\theta_k = 1$，且 $s^- = 0$、$s^+ = 0$，则 DMU_k 为 DEA 有效；若 $\theta_k = 1$，但 $s^- \neq 0$ 或 $s^+ \neq 0$，则 DMU_k 至少为弱 DEA 有效；若 $\theta < 1$，但 s^-、s^+ 不全为 0，则 DMU_k 为 DEA 非有效。

第二阶段：随机前沿分析（SFA）模型。

在第一阶段中计算的效率值，并未将环境因素、管理效率、随机因素这三个因素的影响加以区分，于是，在此阶段通过构建相似 SFA 模型，将环境变量和随机误差对农村社会保障供给效率的影响予以剔除，只将由管理无效率所导致的产出松弛予以保留。

假设有 p 个可观测的环境变量，以第一阶段得到的产出松弛为因变量，以环境因素为自变量，构建如下相似 SFA 回归模型：

$$s_{ik}^+ = f^i(z_k;\beta^i) + v_{ik} - u_{ik}, i = 1,2,\cdots,s; k = 1,2,\cdots,n$$

其中，s_{ik}^+ 代表第 k 个决策单元第 i 项产出松弛变量；随机前沿函数用 $f^i(z_k,\beta^i)$ 代表，其一般形式可表示为 $f^i(z_k;\beta^i) = z_k\beta^i$；$z_k = (z_{1k},z_{2k},\cdots,z_{pk})$ 代表 p 个环境变量，β^i 为待估参数。$v_{ik} - u_{ik}$ 为混合误差项，假设随机误差项 $v_{ik} \sim N(0,\sigma_{vi}^2)$，管理无效率 $u_{ik} \sim N^+(u^i,\sigma_{ui}^2)$；$v_{ik}$ 和 u_{ik} 相互独立，并且与 p 个环境变量也相互独立。当 $\gamma = \dfrac{\sigma_{ui}^2}{\sigma_{ui}^2 + \sigma_{vi}^2} \to 1$ 时，管理因素的影响占主导地位；$\gamma = \dfrac{\sigma_{ui}^2}{\sigma_{ui}^2 + \sigma_{vi}^2} \to 0$，随机误差的影响占主导地位。

进一步，对 SFA 模型进行回归，得到估计值 $(\hat{\beta}^i,\ \hat{\sigma}_{vi}^2,\ \hat{u}^i,\ \hat{\sigma}_{ui}^2)$（回归结果）和 $\hat{E}[u_{ik}/(v_{ik}+u_{ik})]$（管理无效率），以衡量随机误差的影响。在此借鉴容德罗等（Jondrow et al.，1982）的方法，估计随机干扰项的估计值。

$$\hat{E}[v_{ik}/(v_{ik}+u_{ik})] = s_{ik}^+ - f^i(z_k;\hat{\beta}^i) - \hat{E}[u_{ik}/(v_{ik}+u_{ik})]$$

在产出导向下，对各决策单元的产出项进行调整，以消除环境因素和随机因素的影响，使下一步效率计算基于同质性的环境，准确反映各决策单元的真实效率水平。本书选择最有效的决策单元调整其产出，调整的方法如下：

$$y_{ik}^A = y_{ik} + [\max_k\{z_k\hat{\beta}^i\} - z_k\hat{\beta}^i] + [\max_k\{\hat{v}_{ik}\} - \hat{v}_{ik}]$$
$$i = 1, 2, \cdots, s; k = 1, 2, \cdots, n$$

其中，y_{ik}^A 与 y_{ik} 分别表示调整后和原始的产出值；$\hat{\beta}^i$ 与 $\hat{v}_{ik}$ 分别为环境变量参数和随机误差项的估计值。上式中 $[\max_k\{z_k\hat{\beta}^i\} - z_k\hat{\beta}^i]$ 和 $[\max_k\{\hat{v}_{ik}\} - \hat{v}_{ik}]$ 分别代表将所有决策单元调整至相同环境与相同的自然状态。

第三阶段：调整的 DEA 模型。

在此阶段将调整后的产出值 y_{ik}^A 和原始投入 x_{rk} 重新代入 BC^2 模型，再次计算各决策单元的效率值，此时环境因素和随机误差的影响已被剔除，仅受到管理无效率的影响，可以真实地反映中国农村社会保障供给的实际效率水平。

5.4　指标选取与数据来源

5.4.1　投入与产出变量选取

从中国农村社会保障运行机制来看，主要包括农村医疗保障、农村养老保障、农村社会救助和农村抚恤四方面，农村福利基本没有。要测算农村社会保障供给绩效，严格地说，应该将农村社会保障的各项内容的投入产出数据都纳入其核算体系，但是根据我国目前新型农村医疗、新型农村养老、农村社会救助等保障制度的运行情况及其数据的可获取性，并在借鉴相关研究成果的基础上，在此主要选取农村社会保障中的两个典型保障项目作为衡量指标：新农合和政府财政救济（包括农村社会救济和自然灾害救济），于是用各地区农村新农合人均筹资额、农村社会救济费①、自然灾害救济费作为投入指标。对于产出指标，相应地选择各地区新农合受益人次、各地区农村社会救济人数两个指标；此外，为了直观的观测农村社会保障在贫困地区所产生的效果，也选用各地区农村居民生活改善度作为其产出指标。对于农村居民生活改善度指标的具体核算如下：

---

① 农村社会救济费包括农村低保、其他农村社会救济和农村医疗救助费用。

$$QL_t = \frac{Expenditure_t - Expenditure_{t-1}}{Expenditure_{t-1}}$$

其中，QL_t 代表第 t 年农村居民生活改善度；$Expenditure_t$ 和 $Expenditure_{t-1}$ 分别代表第 t 年和第 $t-1$ 年农村居民家庭平均每人生活消费现金支出。

5.4.2　环境变量的选取

在借鉴相关研究成果的基础上，本书主要选用以下五个环境变量：

人均 GDP——相关研究及其实践证明，社会保障水平提高的关键在于经济发展水平，经济发展水平越高，农村社会保障财政支出比重越大，有利于农村社会保障供给绩效的提升；同时，农村社会保障水平的提升反过来也会促进经济增长。

财政分权度——财政分权在一定程度上会影响到各地区农村社会保障财政支出的规模及其效率。本书将财政分权度定义为地方财政支出占全国财政总支出的比重。

人口密度——农村人口规模在很大程度会对农村社会保障财政支出金额大小产生较大影响，地区农村人口越多，财政支出规模效应越明显，有助于提高农村社会保障财政支出绩效。于是，本书将人口密度定义为每一乡村人口占有的耕地面积。

城市化水平——随着城市化进程的加快，外出务工人员持续增长，那么，如何保障外出务工人员的社会保障的需求就成为一个很现实的问题。本书将城市化水平定义为各地区年末城市人口数/总人口数。

地区虚拟变量——地区经济发展水平、人口规模等对农村社会保障会产生较大影响，而各地区在经济发展水平、人口规模等方面差异显著，那么各地区农村社会保障供给绩效是否也存在显著差异。于是，为了检验各地区农村社会保障供给绩效在统计上是否存在显著差异，以中部地区为基准，引入东部地区和西部地区虚拟变量。

5.4.3　数据来源

本章的研究对象是基于政府层面的中国省际农村社会保障供给绩效，包括我国 30 个省份，时间跨度为 2009 ~ 2014 年，由于天津相关数据的缺失，将其剔除。同时，为了区分地区差异，将我国 30 个省份划分为东、中、西部三大经济地区，其中，东部地区包括北京、河北、上海、江苏、浙江、山东、福建、广东、海南、辽宁 10 个省份；中部地区包括山西、吉林、安徽、黑龙江、江西、湖北、河南、湖南 8 个省份；西部地区包括内蒙古、广西、四川、重庆、贵州、云南、陕西、甘肃、青海、宁夏、新疆、西藏 12 个省份。

以上所选用的 30 个省份的投入产出、环境变量数据来自《中国农村统计年鉴》（2010 ~ 2015）和《中国统计年鉴》（2010 ~ 2015）。由于 2016 年和 2017 年统计年鉴中未统计农村社会救济费、自然灾害救济费等关键指标，所以本章的研究期限就限定为 2009 ~ 2014 年。同时，对个别指标和个别数据的获取作出如下解释：农村社会救济人数用农村最低生活保障人数表示；2013 年广东新农合受益人次按照全国新农合受益人次扣除其余省份总和之后的余额表示；2014 年除山东、广东外其余省份新农合受益人次之和与全国水平相持平，于是，2014 年山东、广东这项指标以 0 表示；2014 年山东新农合人均筹资额按照 2009 ~ 2013 年的年均增长速度测算；2013 年和 2014 年广东新农合人均筹资额按照 2009 ~ 2012 年的年均增长速度测算；将 2006 ~ 2013 年各地区耕地面积的平均值近似地用来表示 2014 年各地区耕地面积。表 5 - 1 给出了以上选用的投入产出变量及环境变量的描述性统计结果。

表 5 - 1　　　　　　各投入产出变量和影响因素的描述性统计结果

指标类别	具体指标	观测值	平均值	标准差	最小值	最大值
投入变量	新农合人均筹资额（元）	180	314.6759	225.1836	101.4	1710.05
	农村社会救济费（万元）	180	28.0133	19.2351	1.5	76.2
	自然灾害救济费（万元）	180	6.2988	13.9272	0.1	137.77
产出变量	新农合受益人次（亿人）	180	0.4723	0.5378	0	2.71
	农村社会救济人数（万人）	180	173.1267	131.6375	3	534.7
	农村居民生活改善度（%）	180	0.0914	0.0941	- 0.2388	0.324
环境变量	人均GDP（元/人）	180	17488.43	14241.14	441.36	67809.85
	财政分权度（%）	180	2.7374	1.2916	0.57	6.14
	人口密度（公顷/人）	180	0.2338	0.185	0.073	0.959
	城市化水平（%）	180	51.7046	13.4763	22.3	89.61

5.5 实证分析

5.5.1 第一阶段 DEA 结果分析

在第一阶段，利用原始投入和产出数据，采用 BC^2 模型，测算 2009～2014 年我国及东、中、西部三大经济地区的技术效率值（见表 5-2），但此阶段测算的效率水平受到环境因素、管理效率、随机因素这三个因素的影响；同时，通过综合技术效率、纯技术效率、规模效率对中国 30 个省份的农村社会保障供给效率地区差异作出详细分析，在此阶段作出解释，在第三阶段不再赘述。

表 5-2 2009～2014 年全国及东、中、西部第一阶段农村社会保障供给效率水平

地区	2009 年	2010 年	2011 年	2012 年	2013 年	2014 年	平均值
东部地区	0.869	0.805	0.936	0.882	0.899	0.833	0.871
中部地区	0.814	0.715	0.915	0.853	0.861	0.814	0.829
西部地区	0.938	0.832	0.938	0.913	0.842	0.840	0.884
全国均值	0.882	0.792	0.931	0.887	0.866	0.831	0.865

5.5.1.1 整体结果分析

由表 5-2 可知，2009～2014 年，中国农村社会保障供给平均效率水平为 0.865，说明中国农村社会保障供给效率水平还有待于进一步提升，表明中国需要合理配置并优化农村社会保障资源结构、加大其财政投入、合理有效利用财政资金以提高资金使用效率。东、中、西部三大经济地区农村社会保障供给平均效率水平分别为 0.871、0.829、0.884，即各地区平均效率水平高低顺序依次是西部地区、东部地区、中部地区，说明各地区农村社会保障供给效率水平之间存在地区差异。同期，从整体上看，全国及东、中、西部三大经济地区农村社会保障供给平均效率水平呈现出下降—上升—下降的变化态势，同时，西部地区技术效率水平高于全国平均效率水平，中部地区低于全国平均水平，东部地区大多数年份高于全国平均水平。东部地区经济发展水平较高，财政实力雄厚，农村居民收入水平较高，其本身的独有优势

占有较多的农村社会保障资源且本身保障水平就较高，加之农村人口较少，所以其效率提升空间很有限；中部地区经济发展处于中游水平，多数属于农业大省，农村人口较多，且国家给予的重视程度较低、财政投入较少，甚至财政资金在使用过程中因缺乏有效的监督机制使得资金存在浪费或挪用等现象，造成财政资金未能充分发挥其效益、使用效率低下，于是，其技术效率水平相对较低；西部地区虽然经济发展水平较低，财政实力有限，但是受国家政策影响，进入 21 世纪，特别是 2003 年以来，国家给予了高度重视，加大了其财政倾斜力度，先后建立了新型农村合作医疗保险、农村最低生活保障、新型农村养老保险等制度，推动了其农村社会保障事业的快速发展，于是，技术效率水平提升较快。

5.5.1.2 综合技术效率分析

从中国农村社会保障供给综合技术效率情况看，2009～2014 年整体上呈现出下降趋势，2009 年综合技术效率为 0.882，2010 年下降为 0.792，2011 年转为大幅上升，达到 0.931，之后一直下降，2014 年回落到 0.831（见表 5－3）。从东、中、西部三大经济地区看，其综合技术效率也呈现出波动化的趋势，西部地区的变化趋势和全国的变化趋势完全一致，东、中部地区的变化趋势和全国不一致的主要是 2013 年出现了稍微的上升，其他年份均与全国一致。分地区来看，2009～2014 年，东、西部地区农村社会保障供给综合技术效率水平均高于全国平均水平，其中，除了 2013 年，其余年份西部地区综合技术效率均高于东部地区；中部地区综合技术效率水平低于全国水平。由此看出，中国农村社会保障供给综合技术效率水平的变化呈现出梯度变化特征，即西部地区＞东部地区＞中部地区。这表明，中国农村社会保障供给综合技术效率呈现出区域差异，其中西部地区和中部地区的差异最为显著。西部地区农村社会保障技术效率水平最高，主要是因为国家对于西部地区农村社会保障给予了高度重视，且政府不断加大其财政倾斜力度，其效率提升很快；东部地区虽然国家财政投入相对较少，但是由于其经济发展水平、农村居民收入水平高，农村社会保障本身完善程度高于中西部地区，所以其效率提升空间很有限；而中部地区处于夹心层，国家给予的关注程度、财政投入小于西部地区，同时经济发展水平、农村居民收入水平低于东部地区，所以中部地区的技术效率水平最低。

表 5 – 3　　2009 ~ 2014 年各年各省份农村社会保障供给综合技术效率（TE）状况

地　区		2009 年	2010 年	2011 年	2012 年	2013 年	2014 年
东部地区	北京	1.000	0.771	1.000	0.872	1.000	1.000
	河北	0.747	1.000	1.000	0.910	1.000	0.832
	辽宁	0.827	0.505	0.780	0.687	1.000	1.000
	上海	1.000	1.000	1.000	1.000	1.000	1.000
	江苏	1.000	1.000	1.000	0.880	0.757	0.968
	浙江	0.672	1.000	0.884	1.000	1.000	0.743
	福建	0.916	0.563	0.841	0.792	0.609	0.596
	山东	1.000	1.000	1.000	1.000	1.000	1.000
	广东	0.668	0.579	0.856	0.681	0.628	0.620
	海南	0.859	0.629	1.000	1.000	1.000	0.572
中部地区	山西	0.707	0.727	0.954	1.000	0.720	0.725
	吉林	1.000	0.584	1.000	0.948	0.971	0.979
	黑龙江	0.808	0.536	0.834	0.694	1.000	0.735
	安徽	0.903	0.682	0.981	0.725	0.727	0.674
	江西	0.577	0.568	0.741	0.661	0.752	0.701
	河南	1.000	0.985	0.978	1.000	1.000	1.000
	湖北	0.662	0.964	0.993	1.000	0.973	0.871
	湖南	0.857	0.677	0.836	0.797	0.742	0.824
西部地区	内蒙古	0.776	0.597	0.803	0.719	0.625	0.512
	广西	1.000	0.714	0.942	0.997	0.964	0.992
	重庆	0.952	0.862	0.911	0.628	0.459	0.424
	四川	1.000	0.797	1.000	1.000	0.983	0.942
	贵州	1.000	1.000	1.000	1.000	1.000	1.000
	云南	1.000	1.000	0.917	0.961	0.991	1.000
	西藏	0.959	1.000	1.000	1.000	1.000	1.000
	陕西	0.797	0.681	0.727	0.702	0.641	0.648
	甘肃	1.000	0.730	0.991	0.988	1.000	1.000
	青海	1.000	0.782	1.000	0.958	0.687	0.928
	宁夏	1.000	1.000	1.000	1.000	1.000	0.813
	新疆	0.767	0.817	0.964	1.000	0.759	0.815
全国均值		0.882	0.792	0.931	0.887	0.866	0.831

2009～2014 年，全国农村社会保障供给平均技术效率水平为 0.865，高于平均技术效率水平的省份有 17 个，分别是上海、山东、贵州、河南、西藏、云南、宁夏、四川、甘肃、北京、广西、江苏、河北、吉林、湖北、青海、浙江，其余 13 个省份均低于平均技术效率水平。因此，中国有 43.3% 的省份技术效率比较低下，并且各地区之间的差距相对较大，呈现出西部地区高于东中部地区的态势。全国农村社会保障供给平均技术效率水平为 0.865，说明我国在农村社会保障资源配置、利用及其农村社会保障财政投入上还具有较大的潜力，这应该是中国进一步提高农村社会保障供给效率的努力方向。

2009～2014 年，中国各省份农村社会保障供给技术效率呈现出波动化的变化趋势，且波动幅度较大，比如辽宁、福建、海南、吉林、黑龙江、重庆等省份（见图 5－1），说明这些省份的农村社会保障资源配置处于不利位置，投入产出比未达到最优，这可能与地区经济发展水平、财政投入、农村人口数等因素有关。

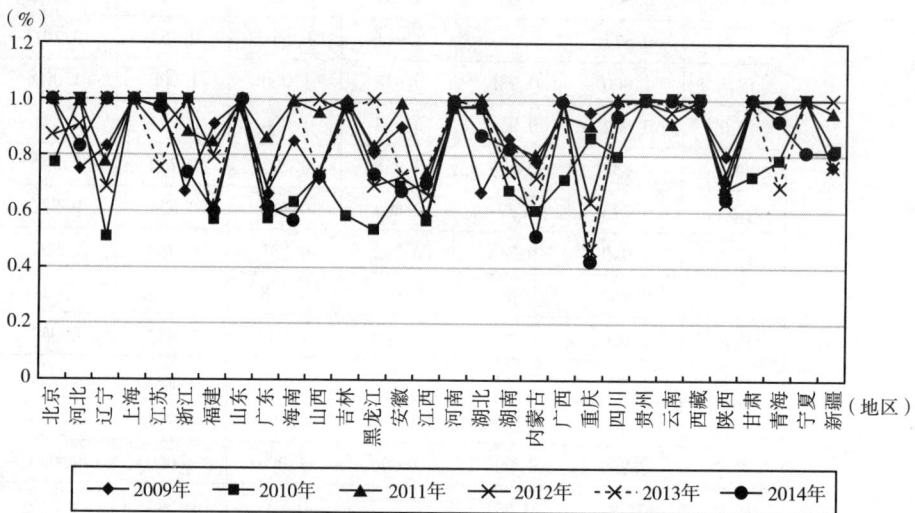

图 5－1　2009～2014 年中国农村社会保障供给综合技术效率变化趋势

就东部地区而言，只有上海和山东处于技术效率前沿，其投入产出比达到最优，不存在投入冗余或产出不足。北京、河北、辽宁、江苏、浙江、海南等省份，部分年份的技术效率值为 1，其余年份的效率值均没有达到 1。福建、广东 2 个省份各年的技术效率值均不为 1，这两个省份的技术效率波动幅度较大，并且处于相对不利的地位，这与这两个省份的现实情况似乎不太相符。这两个省份经济发展水平较高，对于农村社会保障的资金投入较多，但是技术效率水平却较低，可能是因为农村社会保障财政资金没有发挥其应用的效用，也有可能是其财政资金存在浪费现象，甚至有可能被挪作他用。与东部地区相比，中部地区所有的省份均未处于技术效率前沿；山西、吉林、黑龙江、河南、湖北 5 个省份个别年份的技术效率值为 1，其余年份均小于 1，安徽、江西、湖南 3 个省份的技术效率值均小于 1，其中江西省的技术效率处于全国最低水平，这可能与其农村社会保障资源配置状况、人口等有关。对于西部地区而言，只有贵州在 2009 ~ 2014 年达到技术有效状态，但这与贵州的经济发展水平并不相符。虽然贵州经济发展水平较低，农村社会保障财政投入落后经济发达地区，但其投入产出实现了最优匹配，财政资金发挥了最大效用，于是同等的投入产出效率并没有带来经济的显著增长。广西、四川、云南、西藏、甘肃、青海、宁夏、新疆 8 个省份部分年份的技术效率值达到 1，内蒙古、重庆、陕西三省份的技术效率值均小于 1。

5.5.1.3　纯技术效率分析

从中国农村社会保障供给纯技术效率情况看，与综合技术效率的变化趋势基本一致。2009 ~ 2014 年，纯技术效率整体上呈现出下降趋势，2009 年纯技术效率为 0.905，2010 年下降为 0.836，2011 年转为大幅上升，达到 0.946，之后一直下降，2014 年回落到 0.888（见表 5 – 4）。从东、中、西部三大经济地区看，其纯技术效率也呈现出波动化的变化趋势，东部地区纯技术效率的变化趋势和全国的变化趋势完全一致。分地区来看，2009 ~ 2014 年，东部地区在 2010 年、2012 ~ 2014 年纯技术效率水平高于全国平均水平，2009 年低于全国平均水平；中部地区纯技术效率水平低于全国水平；西部地区在 2009 ~ 2012 年纯技术效率水平高于全国平均水平，2013 ~ 2014 年低于全国平均水平。由此看出，中国农村社会保障供给纯技术效率水平的变化呈现出梯度变化特征，总体上看，东部地区 > 西部地区 > 中部地区。这表明，中国农村社会保障供给纯技术效率呈现出区域差异。

表 5-4   2009~2014 年各年各省份农村社会保障供给纯技术效率（PTE）状况

地　区		2009 年	2010 年	2011 年	2012 年	2013 年	2014 年
东部地区	北京	1.000	1.000	1.000	1.000	1.000	1.000
	河北	0.763	1.000	1.000	0.998	1.000	0.834
	辽宁	0.863	0.513	0.826	0.707	1.000	1.000
	上海	1.000	1.000	1.000	1.000	1.000	1.000
	江苏	1.000	1.000	1.000	0.916	0.781	1.000
	浙江	0.721	1.000	0.928	1.000	1.000	0.852
	福建	1.000	0.568	0.843	0.792	0.646	0.645
	山东	1.000	1.000	1.000	1.000	1.000	1.000
	广东	0.693	0.590	0.865	1.000	1.000	1.000
	海南	1.000	1.000	1.000	1.000	1.000	1.000
中部地区	山西	0.838	0.758	0.955	1.000	0.743	0.801
	吉林	1.000	0.609	1.000	1.000	1.000	1.000
	黑龙江	0.810	0.569	1.000	0.762	1.000	1.000
	安徽	1.000	0.691	1.000	0.725	0.727	0.675
	江西	0.593	0.588	0.741	0.675	1.000	0.731
	河南	1.000	1.000	1.000	1.000	1.000	1.000
	湖北	0.669	0.966	1.000	1.000	0.973	0.871
	湖南	0.858	0.859	0.836	0.813	0.742	0.843
西部地区	内蒙古	0.782	0.644	0.858	0.754	0.626	0.515
	广西	1.000	0.716	0.943	1.000	0.975	1.000
	重庆	0.966	0.963	0.916	0.635	0.476	0.425
	四川	1.000	0.809	1.000	1.000	0.996	0.974
	贵州	1.000	1.000	1.000	1.000	1.000	1.000
	云南	1.000	1.000	0.919	0.970	1.000	1.000
	西藏	1.000	1.000	1.000	1.000	1.000	1.000
	陕西	0.808	0.725	0.749	0.745	0.676	0.654
	甘肃	1.000	0.734	1.000	1.000	1.000	1.000
	青海	1.000	0.888	1.000	1.000	0.821	1.000
	宁夏	1.000	1.000	1.000	1.000	1.000	1.000
	新疆	0.772	0.887	0.993	1.000	0.769	0.815
全国均值		0.905	0.836	0.946	0.916	0.898	0.888

2009～2014 年，全国农村社会保障供给平均纯技术效率水平为 0.898，低于全国平均纯技术效率水平的省份有 12 个，分别是新疆、广东、黑龙江、山西、湖南、辽宁、安徽、福建、重庆、陕西、江西、内蒙古，其余 18 个省份均高于全国平均纯技术效率水平。因此，中国有 40% 的省份纯技术效率比较低下，并且各地区之间的差距相对较大，呈现出东部地区高于中西部地区的态势。

2009～2014 年，中国各省份农村社会保障供给纯技术效率呈现出波动化的变化趋势，且波动幅度较大，比如辽宁、福建、广东、黑龙江、江西、内蒙古、重庆等省份（见图 5 - 2），说明这些省份的农村社会保障资源配置和支出结构不合理，可能与地区财政实力、财政资金使用效率、农村人口等有关。

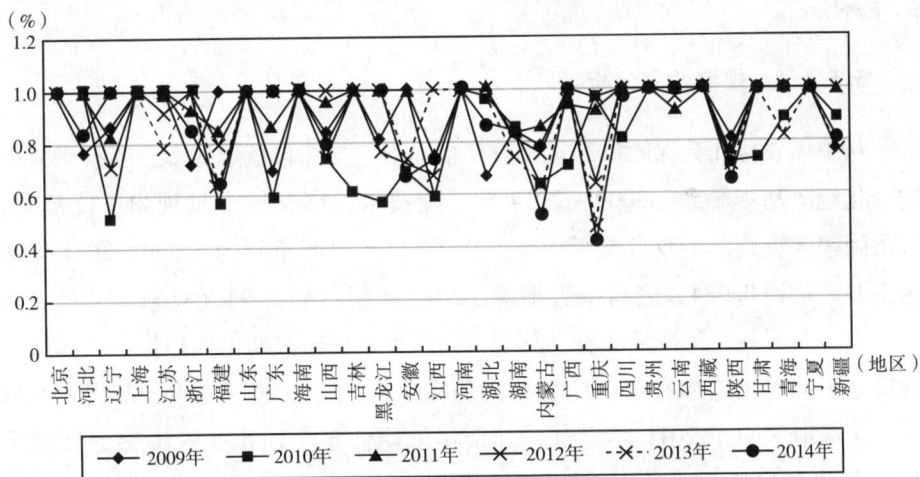

图 5 - 2　2009～2014 年中国农村社会保障供给纯技术效率变化趋势

2009～2014 年，东部地区的 10 个省份中，北京、上海、山东、海南 4 个省份的纯技术效率水平达到最佳，其纯技术效率值均为 1，不存在投入冗余或产出不足；其余省份的纯技术效率在部分年份也达到了有效，其中，福建的纯技术效率水平处于相对不利的地位，其平均纯技术效率值为 0.749，位于全国的后列。福建属于经济比较发达的省份，而纯技术效率水平较低，这似乎与其实际不相符，可能是由于政府给予的重视程度不够，财政资金投入短缺，资源配置不合理，导致低的投入产出效率带来低水平的经济增长。对于中部地区来说，只有河南省的纯技术效率值达到 1，湖南省的技术效率值均小于 1，其余省份个别年份的纯技术效率值为 1，其余年份均小于 1。就西部地区而言，贵州、西藏、宁夏3个省份的纯技术效率水平均达到了有效状态，但是这似乎不太符合常理。贵州、西藏、宁夏地处西部地区，经济发展水平较低，农村居民收入水平和生活水平均较低，而其纯技术效率水平均达到了1，可能主要是因为进入21世纪后，国家对西部地区给予了高度关注，投入了大量财政资金、人力和物力，加快推进了农村社会保障事业的发展，使得资源配置结构合理，财政资金发挥了其应有的效益，且资金使用效率较高，于是，这3个省份的农村社会保障供给纯技术效率达到了有效状态。内蒙古、重庆、陕西3个省份的纯技术效率值均小于1，其中，内蒙古的纯技术效率水平处于全国最低水平，这可能与其经济发展水平、农村社会保障供求等方面有关，也可能是以前农村社会保障财政资金投入较少，并未能充分发挥其应有的效益，也未能带来经济的显著增长。

5.5.1.4 规模效率分析

从中国农村社会保障供给规模效率情况看，与综合技术效率、纯技术效率的变化趋势基本一致。2009～2014年，纯技术效率整体上呈现出下降趋势，且下降幅度较大，2009年规模效率为0.974，2010年下降为0.949，2011年转为上升，达到0.984，之后一直下降，2014年回落到0.94（见表5-5）。从东、中、西部三大经济地区看，其规模效率也呈现出波动化的趋势，西部地区规模效率的变化趋势和全国的变化趋势完全一致。分地区来看，2009～2014年，东部地区除了2011年之外，其余年份均低于全国水平；中部地区除了2012年和2014年外，其余年份均低于全国水平；西部地区规模效率水平高于全国水平。由此看出，中国农村社会保障供给规模效率水平的变化呈现出梯度变化特征，总体上看，西部地区>中部地区>东部地区。这表明，中国农村社会保障财政供给规模效率呈现出区域差异，但差异相对较小。西部地区农村社会保障供给规模效率水平最高，主要是因为国家对于西部地区在政策上给予了很大倾斜，进入21世纪，特别是2003年以来，国家加大了对西部地区农村社会保障的投入力度，导致其规模效率水平较高。中部地区大多数省份属于农业大省，农村人口规模较大，而农村社会保障各项支出都与农村人口规模相挂钩，于是，支出规模相对较大，其规模效率也较高。东部地区经济发展水平较高，农村社会保障基础较高，但是农村人口偏少导致农村社会保障支出占比较小，故其规模效率较低。

表 5 – 5　　2009 ~ 2014 年各年各省份农村社会保障供给规模效率（SE）状况

地　区		2009 年	2010 年	2011 年	2012 年	2013 年	2014 年
东部地区	北京	1.000	0.771	1.000	0.872	1.000	1.000
	河北	0.979	1.000	1.000	0.912	1.000	0.998
	辽宁	0.959	0.984	0.944	0.971	1.000	1.000
	上海	1.000	1.000	1.000	1.000	1.000	1.000
	江苏	1.000	1.000	1.000	0.961	0.970	0.968
	浙江	0.933	1.000	0.952	1.000	1.000	0.872
	福建	0.916	0.991	0.998	1.000	0.942	0.924
	山东	1.000	1.000	1.000	1.000	1.000	1.000
	广东	0.963	0.983	0.990	0.681	0.628	0.620
	海南	0.859	0.629	1.000	1.000	1.000	0.572
中部地区	山西	0.843	0.959	0.998	1.000	0.969	0.905
	吉林	1.000	0.960	1.000	0.948	0.971	0.979
	黑龙江	0.998	0.941	0.834	0.910	1.000	0.735
	安徽	0.903	0.986	0.981	0.999	1.000	0.999
	江西	0.973	0.966	1.000	0.980	0.752	0.959
	河南	1.000	0.985	0.978	1.000	1.000	1.000
	湖北	0.989	0.998	0.993	1.000	1.000	1.000
	湖南	1.000	0.788	1.000	0.980	1.000	0.978
西部地区	内蒙古	0.992	0.926	0.937	0.954	0.999	0.994
	广西	1.000	0.997	0.999	0.997	0.989	0.992
	重庆	0.985	0.895	0.994	0.989	0.965	0.997
	四川	1.000	0.986	1.000	1.000	0.987	0.967
	贵州	1.000	1.000	1.000	1.000	1.000	1.000
	云南	1.000	1.000	0.999	0.991	0.991	1.000
	西藏	0.959	1.000	1.000	1.000	1.000	1.000
	陕西	0.987	0.940	0.970	0.943	0.949	0.991
	甘肃	1.000	0.994	0.991	0.988	1.000	1.000
	青海	1.000	0.880	1.000	0.958	0.837	0.928
	宁夏	1.000	1.000	1.000	1.000	1.000	0.813
	新疆	0.994	0.921	0.970	1.000	0.986	1.000
全国均值		0.974	0.949	0.984	0.968	0.964	0.940

2009~2014年，全国农村社会保障供给平均规模效率水平为0.963，低于全国平均规模效率水平的省份有10个，分别是福建、浙江、湖南、山西、北京、江西、青海、黑龙江、海南、广东，其余20个省份均高于全国平均规模效率水平。因此，中国有33.3%的省份规模效率比较低下，但各地区之间的差距相对较小，呈现出西高东低的态势。

2009~2014年，中国各省份农村社会保障供给规模效率呈现出波动化的变化趋势，但波动幅度较小，除了广东、海南等省份（见图5-3）。

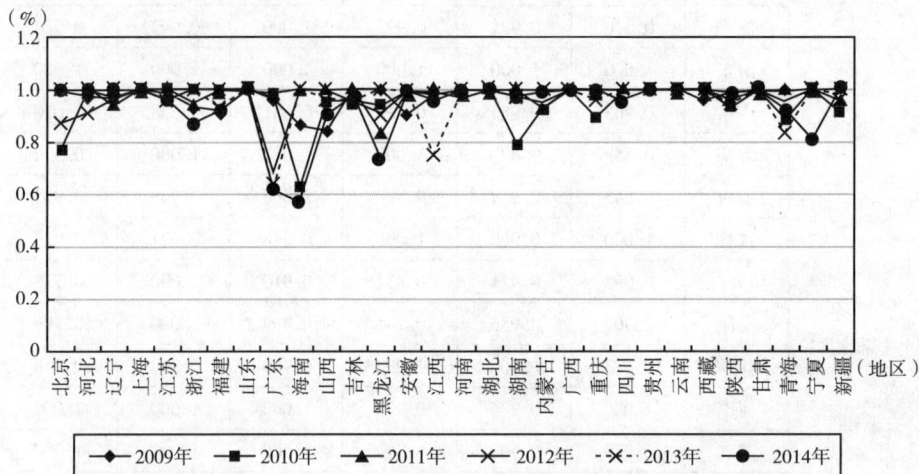

图5-3 2009~2014年中国农村社会保障供给规模效率变化趋势

从2009~2014年各省份农村社会保障供给规模效率情况来看，东部地区的上海、山东和西部地区的贵州3个省份的规模效率值为1，其处于规模效率有效状态。东部地区的其余省份主要以规模报酬不变和规模报酬递增为主，中部地区主要以规模报酬递增为主，西部地区主要以规模报酬不变和规模报酬递减为主。以2012年为例，东部地区的上海、浙江、福建、山东、海南，中部地区的山西、河南、湖北，西部地区的四川、贵州、西藏、宁夏、新疆13个省份处于规模收益不变阶段，其投入产出比已达到最优状态，表明2012年这13个省份的财政资金投入、资源配置和利用等方面均达到最佳状态。北京、河北、辽宁、江苏、广东、吉林、黑龙江、江西、湖南、广西、重庆、甘肃12个省份处于规模收益递增阶段，表明这12个省份的农村社会保障供给规模还较小，需进一步加大对其的财政投入力度，合理安排资源和资金的投向及其分配比例，这样其收益会以高于投入的速度增加。安徽、内蒙古、云南、陕西、青海 5 个省份处于规模收益递减阶段，表明这 5 个省份的农村社会保障资源未得到充分有效的利用，在一定程度上存在着浪费现象，其建设任务还比较艰巨。此外，2009～2014 年，西部地区的内蒙古、广西、重庆、四川、云南、陕西、甘肃、新疆 8 个省份的规模效率高于技术效率，这意味着这 8 个省份在资源和资金有限的情况下，面临着技术效率和规模效率"两难选择"的困境局面。

5.5.1.5 供给效率地区差异分析

2009～2014 年，中国农村社会保障供给的综合技术效率、纯技术效率、规模效率的变异系数分别为 0.177、0.159、0.078，可见，中国农村社会保障供给的综合技术效率的变异系数大于纯技术效率的变异系数，纯技术效率水平的变异系数又大于规模效率的变异系数，说明，中国农村社会保障供给的综合技术效率区域差异大于纯技术效率的区域差异，纯技术效率的区域差异又大于规模效率的区域差异，这与上述关于三类效率的测度结果是一致的。2009～2014 年，2010 年农村社会保障供给的综合技术效率和纯技术效率的变异系数最大，说明 2010 年各省份之间的差异最大；对于规模效率而言，2014 年的变异系数最大，说明 2014 年中国农村社会保障供给的规模效率区域差异最大（见表 5－6）。

表 5－6　　　　　2009～2014 年中国农村社会保障供给效率变异系数

指标	2009 年	2010 年	2011 年	2012 年	2013 年	2014 年
TE	0.149	0.221	0.093	0.150	0.190	0.207
PTE	0.138	0.205	0.083	0.135	0.167	0.181
SE	0.043	0.088	0.033	0.064	0.085	0.117

注：在计算变异系数时保留了三位小数。

为了更加明确地说明中国农村社会保障供给效率的区域差异，以各个省份 2009～2014 年效率均值为基础，分别以前沿面值和全国效率均值为参照，计算 2009～2104 年中国各省份农村社会保障供给效率的变异系数，具体结果见表 5－7。

表 5-7　　　 2009~2014 年我国各省份农村社会保障供给效率变异系数

地　区		TE		PTE		SE	
		前沿值	全国均值	前沿值	全国均值	前沿值	全国均值
东部地区	北京	0.031	0.042	0.000	0.054	0.031	0.012
	河北	0.044	0.028	0.035	0.019	0.009	0.009
	辽宁	0.111	0.039	0.100	0.047	0.012	0.007
	上海	0.000	0.072	0.000	0.054	0.000	0.019
	江苏	0.034	0.038	0.026	0.028	0.008	0.010
	浙江	0.062	0.010	0.043	0.010	0.021	0.002
	福建	0.163	0.092	0.144	0.091	0.019	0.001
	山东	0.000	0.072	0.000	0.054	0.000	0.019
	广东	0.196	0.126	0.076	0.023	0.104	0.086
	海南	0.085	0.013	0.000	0.054	0.085	0.066
中部地区	山西	0.108	0.036	0.082	0.028	0.028	0.009
	吉林	0.045	0.027	0.034	0.020	0.012	0.007
	黑龙江	0.131	0.060	0.077	0.024	0.051	0.032
	安徽	0.122	0.050	0.109	0.056	0.011	0.008
	江西	0.200	0.129	0.162	0.109	0.032	0.013
	河南	0.003	0.069	0.000	0.054	0.003	0.016
	湖北	0.047	0.026	0.045	0.008	0.002	0.017
	湖南	0.118	0.046	0.096	0.042	0.022	0.003
西部地区	内蒙古	0.196	0.126	0.179	0.126	0.017	0.002
	广西	0.034	0.039	0.031	0.022	0.002	0.017
	重庆	0.172	0.101	0.156	0.103	0.015	0.004
	四川	0.024	0.049	0.019	0.035	0.005	0.014
	贵州	0.000	0.072	0.000	0.054	0.000	0.019
	云南	0.011	0.061	0.009	0.044	0.002	0.017
	西藏	0.003	0.069	0.000	0.054	0.003	0.015
	陕西	0.177	0.106	0.159	0.106	0.019	0.000
	甘肃	0.025	0.048	0.023	0.031	0.002	0.017
	青海	0.057	0.016	0.025	0.029	0.034	0.015
	宁夏	0.016	0.057	0.000	0.054	0.016	0.003
	新疆	0.079	0.007	0.068	0.014	0.011	0.008

以前沿面值为参照，中国农村社会保障供给综合技术效率变异系数较大的省份有辽宁、福建、广东、山西、黑龙江、安徽、江西、湖南、内蒙古、重庆、陕西，其综合技术效率变异系数均大于 0.1（其中江西的变异系数最大，为 0.2），不能忽视，其余省份技术效率的变异系数均小于 0.1，说明辽宁、福建等省份的综合技术效率离前沿面的距离较远，表明中国各省份农村社会保障供给综合技术效率差异较大。主要是因为这些省份的综合技术效率水平相对较低，其中江西省的综合技术效率水平处于全国最低水平（见表 5-3），这可能与地方经济体制、经济发展状况、农村社会保障资源配置状况、人口等有很大关系。对于纯技术效率，变异系数较大的省份主要有辽宁、福建、安徽、江西、内蒙古、重庆、陕西，其纯技术效率变异系数大于 0.1（其中内蒙古的变异系数最大，为 0.179），其余省份的均小于 0.1，说明中国农村社会保障纯技术效率的区域差异显著。对于规模效率而言，广东、海南、黑龙江 3 个省份的规模效率的变异系数分别为 0.104、0.085、0.051，其余省份的变异系数均小于 0.035，说明中国各省份农村社会保障供给规模效率的差异相对较小。

以全国均值为参照，中国农村社会保障供给综合技术效率变异系数较大的省份有上海、福建、山东、广东、黑龙江、江西、河南、内蒙古、重庆、贵州、云南、西藏、陕西等，其综合技术效率变异系数均大于 0.06，其中广东、江西、内蒙古、重庆、陕西的变异系数大于 0.1，说明这些省份的综合技术效率与全国平均效率水平之间存在较大的差距，表明中国农村社会保障供给综合技术效率区域差异显著。福建、江西、内蒙古、重庆、陕西等省份的纯技术效率的变异系数分别为 0.091、0.109、0.126、0.103、0.106，说明中国各省份之间农村社会保障供给的纯技术效率差异较大。对于规模效率而言，广东、海南的变异系数分别为 0.086、0.066，其余省份的均小于 0.033，说明中国各省份农村社会保障供给规模效率的差异相对较小。

通过计算 2009~2014 年东、中、西三大地区农村社会保障供给技术效率的变异系数：$CV_{PTE东部} = 0.091$，$CV_{PTE中部} = 0.093$，$CV_{PTE西部} = 0.124$，有 $CV_{PTE东部} < CV_{PTE中部} < CV_{PTE西部}$，表明东部地区农村社会保障供给技术扩散的差异程度要低于中西部地区，换句话说，就是东部地区农村社会保障供给技术扩散效果要强于中西部地区。东部地区原有的技术水平和效率水平起点本身就较高，其较高的技术潜力已得到了较为充分的发挥；而中西部地区落后省份起始的社会保障水平与效率水平往往较低，这就意味着这些省份社会保障供给效率

水平有很大的提升空间。再计算规模效率的变异系数，$CV_{SE东部} = 0.066$，$CV_{SE中部} = 0.031$，$CV_{SE西部} = 0.019$，很明显 $CV_{SE东部} > CV_{SE中部} > CV_{SE西部}$，表明由于农村社会保障资源、资金等投入要素变动所引起的投资规模的变化幅度，东部地区要高于中西部地区，意味着同等比例的要素投入，东部地区农村社会保障供给规模的变化幅度并不弱于中西部地区。西部地区原有的经济发展水平和农村社会保障供给总体规模水平较低，且明显弱于东、中部地区，又由于西部地区的经济支柱是农业，所以西部地区的农村社会保障供给规模相对来说较小，而正是这样，近年来，国家财政大幅度提高了对西部地区农村社会保障的投入力度，促使西部地区农村社会保障供给规模在一定程度上得到了扩大，正由于其经济发展水平较低及其规模扩大空间的有限性，使得西部地区农村社会保障供给规模扩大的空间相对较小，也就是说西部地区农村社会保障供给规模一旦扩大，很容易达到最优状态；东部地区由于其经济发展水平较高，在农村社会保障供给方面，国家只给予政策性引导，资金全部由地方财政负担，可能正是因为这样，地方财政对于农村社会保障的投入比例相对会低一些，导致农村社会保障供给规模有一定的缩小，效率下降，所以，综合东西部情况和各方面的因素来看，东部地区农村社会保障供给的规模还有一定的扩大空间。因此，若能适当加强我国各地区区域内农村社会保障供给之间的相互竞争，合理安排农村社会保障供给资源和资金的投向与投入比例，必能带来我国各地区农村社会保障供给规模的适度增长，提高农村社会保障供给效率，促进区域经济与农村社会保障供给规模的协调发展。

通过上述 2009~2014 年中国 30 个省份的农村社会保障总体以及分地区供给效率情况来看，中国各地区农村社会保障供给技术效率、规模效率及其投入产出效果存在着较大的问题，并结合中国农村各地区社会保障发展的现状（农村社会保障供给不足、投资资金匮乏、城乡与地区差距明显等），本章研究认为主要有以下三个方面的突出问题：第一，农村社会保障供给技术效率最优而缺乏规模效率，或者规模效率最优而缺乏技术效率，表明中国在加快发展农村社会保障方面存在资源和资金未得到充分有效的利用或者投入产出不足等问题；第二，部分省（自治区、直辖市）的农村社会保障供给规模过小，难以与其经济增长水平和技术水平同步变动，难以获得规模效益；第三，农村社会保障供给投入产出难以在总体上产生理想的效果。

5.5.1.6　供给模式分析

从上述分析可知，农村社会保障供给效率高的省份并不代表其投入高，而投入低的省份并不意味着其供给效率就低，因此，为了直观清晰的辨别各省份农村社会保障供给情况，将坐标平面划分为"高投入高效率""高投入低效率""低投入高效率""低投入低效率"四个象限。对于农村社会保障供给效率，按照其均值作为划分农村社会保障供给效率高低的标准，即高于农村社会保障供给效率均值的为高效率，低于农村社会保障供给效率均值的为低效率；对于农村社会保障投入，采用因子分析法将投入指标（即农村新农合人均筹资额、农村社会救济费、自然灾害救济费）进行降维，综合为一个因子，计算其综合得分，并以综合得分的均值作为衡量农村社会保障投入高低的标准，即高于其均值的为高投入，低于其均值的为低投入。以农村社会保障供给效率均值为纵轴，以综合得分均值为横轴，将2014年中国30个省份的农村社会保障供给情况按上述类型进行分类①，其结果见图5-4。

高投入	广东、安徽、江西、湖南、内蒙古、陕西	河北、山东、河南、湖北、广西、四川、贵州、云南、甘肃
低投入	浙江、福建、海南、山西、黑龙江、重庆、宁夏、新疆	北京、辽宁、上海、江苏、吉林、西藏、青海
	低效率	高效率

图5-4　中国社会保障供给模式

从图5-4可以看出，处于第一、第三象限的省份相对较多。位于第一象限的省份最多，第一象限属于农村社会保障供给效率呈现"高投入高效率"集聚的区域，有河北、山东、河南、湖北、广西、四川、贵州、云南、甘肃9个省份，大部分位于西部地区。西部地区的广西、四川、贵州、云南、甘肃等省份虽然经济发展水平较低，但国家给予了高度关注，投入的财政资金、人力和物力较多，加快推进了农村社会保障事业发展，资源配置结构合理，财政资金发挥效益良好，资金使用效率较高，导致了较高的供给效率；东部地区的河北、山东和中部地区的河南、湖北经济发展基础较好、经济发展水平较高，为

---

①　本章研究的时间期限为2009~2014年，为了更明确地说明这一问题和直观表示，在此以2014年为例，对中国农村社会保障供给投入和效率情况作出说明。

社会保障的供给提供了良好的基础条件和保障，社会保障投入处于全国前列，供给效率值均在0.8以上，总体而言，社会保障投入高，供给水平普遍较高，产出效率较高，属于一种比较有效的农村社会保障供给模式。

第二象限属于农村社会保障供给效率呈现"高投入低效率"集聚的区域，有广东、安徽、江西、湖南、内蒙古、陕西6个省份，表明这些省份具有较高的社会保障投入，但是其产出效果却与其投入的预期目标相差甚远，即高投入低产出形成的投入产出不匹配，因此，应适当控制社会保障财政投入规模，合理配置社会保障资源，优化并调整公共资源和公共服务结构，严格管理社会保障财政资金的使用，提高公共资源和社会保障财政资金的利用效率，逐步提升其效率水平。

第三象限属于农村社会保障供给效率呈现"低投入低效率"集聚的区域，有浙江、福建、海南、山西、黑龙江、重庆、宁夏、新疆8个省份。这一供给模式具有投入少，其效率也较低的特征。表明这些省份的社会保障投入较低，并且社会保障资源配置不合理，社会保障财政资金使用效率低下，导致了较低的供给效率。因此，应适当加大对这一类区域的社会保障投入力度，同时，这些地区也应将其有限的社会保障资源重新合理配置并优化，不断提升其供给效率水平。

第四象限属于农村社会保障供给效率呈现"低投入高效率"集聚的区域，有北京、辽宁、上海、江苏、吉林、西藏、青海7个省份，大部分位于东部地区。这一农村社会保障供给模式具有投入少而效率高的特征，表明这些省份在较低的社会保障投入下，实现了高效率，应是大力提倡发展的一类供给模式。东部地区本身的社会保障较为完善，较低的投入实现了较高的效率，实现了投入产出比的最优匹配，社会保障财政资金发挥了最大效用，于是同等的投入产出效率带来了经济的显著增长；对于西部地区的西藏和青海，虽然其经济发展水平较低，农村社会保障财政投入落后经济发达地区，但其投入产出实现了最优匹配，财政资金发挥了最大效用，于是同等的投入产出效率并没有带来经济的显著增长。因此，应加大对这一类区域的农村社会保障投入力度，使其效率优势得以充分发挥，带动经济的同步增长，与此同时，应积极引导其充分发挥辐射带动效应，即在自身效率得以提升的同时，能带动周边地区农村社会保障供给效率的提升。

5.5.2　第二阶段 SFA 结果分析

中国幅员辽阔，资源丰富，地域差异较大，于是各地区所处的外部环境差异显著，这会影响到第一阶段 DEA 效率值，所以，需要剔除对第一阶段 DEA 效率值产生影响的环境因素和随机因素，在此以第一阶段各产出变量的松弛值为因变量，以环境变量（取自然对数）为自变量，进行 SFA 分析，具体结果见表 5 - 8。由表 5 - 8 可知，三个产出的松弛变量的 γ 值均比较高，在 10% 的水平通过显著性检验，表明环境变量对农村社会保障供给绩效产生了一定的影响。

表 5 - 8　　　　　　　2009 ~ 2014 年农村社会保障供给的 SFA 回归结果

变量	新农合受益人次	农村社会救济人数	农村居民生活改善度
常数项	- 1. 1727 ***	0. 5125 ***	0. 1018 ***
人均 GDP	0. 1115 **	0. 092 **	- 0. 0108 **
财政分权度	- 0. 1465 **	0. 0798 **	0. 0177 **
人口密度	- 0. 0058	0. 0366 *	0. 0064 **
城市化水平	0. 0532	- 0. 0148	0. 001
东部	0. 0804 *	0. 2362 **	0. 0005
西部	0. 137 ***	0. 1777 **	- 0. 0102 **
σ^2	0. 0628 ***	0. 0436 ***	0. 0398 ***
γ	0. 2801 *	0. 2039 *	0. 854 ***

注：***、**、*分别代表 1%、5% 和 10% 的显著性水平。

人均 GDP。由三组回归模型的结果可知，人均 GDP 对新农合受益人次和农村社会救济人数两个松弛变量产生了正向影响，对农村居民生活改善度产生了负向影响，且三个产出的松弛变量均通过了 5% 显著性水平的检验。这说明，人均 GDP 对新农合受益人次和农村社会救济人数具有正向的促进作用，对农村居民生活改善度具有负向的制约作用，影响程度的大小决定其对各地区农村社会保障供给绩效的影响，意味着经济发展水平的提升，有助于推动农村社会保障的发展，促使其绩效水平的提升。

财政分权度。财政分权度对新农合受益人次松弛变量产生了消极的影响，且通过5%显著性水平的检验，说明财政分权度的高低与新农合受益人次松弛变量之间形成了反向关系，这对于农村社会保障供给绩效水平的提升形成了不利影响；对农村社会救济人数和农村居民生活改善度松弛变量产生了正效应，且在5%的水平上通过显著性检验，说明财政分权度与农村社会救济人数和农村居民生活改善度之间具有正向关系，有助于农村社会保障供给绩效水平的提升。这说明，农村社会保障供给绩效水平是与财政分权度的高低相关的，一方面，财政支出规模的高低代表了地方政府对财政资源的支配权及其资源的配置灵活程度，地方政府能否很好地满足农村居民对社会保障的实际需求，在很大程度上体现出政府的职能及其职责，对推进农村社会保障发展具有积极的作用，有利于农村社会保障供给绩效水平的提升；另一方面，农村社会保障财政资源更多地来源于中央财政资源，但是中央财政资源往往具有很强的专项性，这使得地方政府对财政资源没有很大的自主权，然而各地区差异较大，造成财政资源未得到有效充分利用或配置不合理现象，进而导致农村社会保障供给绩效水平偏低。

人口密度。人口密度与农村社会救济人数和农村居民生活改善度两个松弛变量之间具有正相关关系，且分别通过10%和5%的显著性水平检验；对新农合受益人次虽然产生了负向影响，但影响不显著。这说明，人口密度对各地区农村社会保障供给绩效的影响取决于其影响程度的大小。一方面，农村社会保障财政支出规模与农村人口数量是直接挂钩的，地区农村人口越多，地方政府需要支出更多的财政资源，即财政支出规模效应越明显，就越有利于农村社会保障财政支出绩效水平的提升；另一方面，随着城市化和工业化进程的不断推进，越来越多的农村剩余劳动力涌向了城市，这部分人群部分参与了城镇社会保障，这样就会导致农村社会保障需求有缩小趋势，造成其绩效水平偏低。

城市化水平。城市化水平与新农合受益人次和农村居民生活改善度两个松弛变量之间正相关，而与农村社会救济人数松弛变量之间负相关，且影响均不显著。这说明，城市化水平对农村社会保障供给绩效水平的影响不显著。随着城市化进程的加快，外出务工人员持续增长，那么，如何保障外出务工人员的社会保障的需求就成为一个很现实的问题。

地区虚拟变量。东部地区虚拟变量对三个产出松弛变量均产生了正向影响，且新农合受益人次和农村社会救济人数两个松弛变量分别在10%和5%的水平上通过显著性检验；西部地区虚拟变量对新农合受益人次和农村社会救济人数松弛变量产生了显著的正向影响，而对农村居民生活改善度却产生了显著的负向影响。这说明，在一定程度上，中国农村社会保障供给绩效受到了地理区位的影响；同时，中部地区各省份的农村社会保障供给绩效水平低于东、西部地区的省份。

5.5.3　第三阶段调整的 DEA 结果分析

在第二阶段 SFA 分析的基础之上，第三阶段将利用调整后的产出与原始投入数据，采用 BC^2 模型，测算得到 2009～2014 年我国及东中西部三大经济地区调整之后的技术效率值（见表 5 - 9），但此阶段测算的效率已剔除环境因素和随机误差的影响。

表 5 - 9　　2009～2014 年全国及东中西部第三阶段农村社会保障供给效率水平

地　区	2009 年	2010 年	2011 年	2012 年	2013 年	2014 年	平均值
东部地区	0.893	0.810	0.946	0.893	0.903	0.838	0.881
中部地区	0.840	0.790	0.915	0.864	0.860	0.819	0.848
西部地区	0.938	0.855	0.939	0.920	0.858	0.841	0.892
全国均值	0.897	0.823	0.935	0.896	0.874	0.834	0.877

由表 5 - 9 可知，经调整之后，2009～2014 年，中国农村社会保障供给平均效率水平为 0.877，说明经过调整之后，中国农村社会保障供给效率水平虽然略显提升，但仍有进一步提升的空间，表明中国还需进一步调整并优化农村社会保障资源结构、杜绝财政资金的浪费甚至挪用现象、充分发挥财政资金的使用效益，带动经济的快速增长。三大经济地区农村社会保障供给平均效率水平分别为 0.881、0.848、0.892，说明在剔除环境因素和随机误差的影响之后，其效率水平也有些许提升，且呈现出西部地区高于东部地区、东部地区又高于中部地区的格局。同期，全国平均技术效率水平呈现出波动化的变化趋势，2009～2010 年下降，2010～2011 年转为上升，2011～2014 年转为逐年下降。分地区看，东、中地区呈现出下降—上升的循环趋势，西部地区的变化趋势与全国一致。与第一阶段的效率值相比，第三阶段各省之间的效率值更加集中，呈逐渐收敛趋势。

为了更清晰地观测历年各省份农村社会保障供给效率水平的变化趋势，在此将第三阶段经调整之后的效率值划分为高、中、低三个层次，分析 2009 ~ 2014 年中国农村社会保障供给技术效率、纯技术效率和规模效率的变化情况。由三种效率的变化趋势可知，三种效率值呈现不同的变化趋势，变化趋势不一，其中，三大经济地区技术效率呈现下降态势；西部地区纯技术效率呈下降趋势，东、中部地区纯技术效率呈上升趋势；东、西部地区规模效率呈现下降态势，中部地区呈现先上升后下降的趋势。同时，西部地区的技术效率、规模效率值较高，东部地区的纯技术效率值较高，规模效率值较低；中部地区的技术效率、纯技术效率值较低。

5.5.4 调整前后的比较分析

为了对第一阶段和第三阶段各省份的效率变化情况作出对比分析，在此给出各省份农村社会保障供给的三种效率值及其排序情况（见表 5 - 10）。

表 5 - 10　　　　第一、第三阶段各省份三类效率均值比较及其排序

地区		第一阶段效率值			第一阶段排序			第三阶段效率值			第三阶段排序		
		TE	PTE	SE	TE	PTE	SE	TE	PTE	SE	TE	PTE	SE
东部地区	北京	0.941	1.000	0.941	10	1	25	0.941	1.000	0.941	12	1	26
	河北	0.915	0.933	0.982	13	16	12	0.923	0.933	0.989	15	17	13
	辽宁	0.800	0.818	0.976	21	24	15	0.813	0.830	0.976	23	24	20
	上海	1.000	1.000	1.000	1	2	1	1.000	1.000	1.000	1	2	1
	江苏	0.934	0.950	0.983	12	13	11	0.951	0.958	0.993	10	12	10
	浙江	0.883	0.917	0.960	17	17	22	0.923	0.947	0.973	14	16	21
	福建	0.720	0.749	0.962	25	26	21	0.735	0.761	0.969	25	26	23
	山东	1.000	1.000	1.000	2	3	2	1.000	1.000	1.000	2	3	2
	广东	0.672	0.858	0.811	28	20	30	0.679	0.862	0.815	29	21	30
	海南	0.843	1.000	0.843	19	4	29	0.843	1.000	0.843	19	4	29
	均值	0.871	0.922	0.946				0.881	0.929	0.950			

续表

地区		第一阶段效率值			第一阶段排序			第三阶段效率值			第三阶段排序		
		TE	PTE	SE	TE	PTE	SE	TE	PTE	SE	TE	PTE	SE
中部地区	山西	0.806	0.849	0.946	20	22	24	0.838	0.854	0.980	20	22	15
	吉林	0.914	0.935	0.976	14	15	16	0.936	0.958	0.977	13	13	18
	黑龙江	0.768	0.857	0.903	24	21	28	0.817	0.895	0.920	22	19	28
	安徽	0.782	0.803	0.978	23	25	14	0.786	0.806	0.979	24	25	17
	江西	0.667	0.721	0.938	30	29	26	0.670	0.722	0.942	30	29	25
	河南	0.994	1.000	0.994	4	5	8	0.994	1.000	0.994	4	5	8
	湖北	0.911	0.913	0.997	15	18	5	0.917	0.918	0.999	16	18	4
	湖南	0.789	0.825	0.958	22	23	23	0.827	0.830	0.996	21	23	7
	均值	0.829	0.863	0.961				0.848	0.873	0.973			
西部地区	内蒙古	0.672	0.697	0.967	29	30	19	0.690	0.714	0.966	28	30	24
	广西	0.935	0.939	0.996	11	14	6	0.945	0.952	0.992	11	14	11
	重庆	0.706	0.730	0.971	26	27	17	0.728	0.735	0.988	26	28	14
	四川	0.954	0.963	0.990	8	10	10	0.954	0.963	0.990	9	11	12
	贵州	1.000	1.000	1.000	3	6	3	1.000	1.000	1.000	3	6	3
	云南	0.978	0.982	0.997	6	9	4	0.979	0.982	0.997	6	9	5
	西藏	0.993	1.000	0.993	5	7	9	0.993	1.000	0.993	5	7	9
	陕西	0.699	0.726	0.963	27	28	20	0.720	0.737	0.977	27	27	19
	甘肃	0.952	0.956	0.996	9	11	7	0.973	0.977	0.996	7	10	6
	青海	0.893	0.952	0.934	16	12	27	0.896	0.952	0.938	17	15	27
	宁夏	0.969	1.000	0.969	7	8	18	0.969	1.000	0.969	8	8	22
	新疆	0.854	0.873	0.979	18	19	13	0.855	0.873	0.979	18	20	16
	均值	0.884	0.901	0.980				0.892	0.907	0.982			
全国均值		0.865	0.898	0.963				0.877	0.905	0.969			

对比第一阶段和第三阶段的 DEA 结果，中国 30 个省份中，调整前后，均只有东部地区的上海、山东和西部地区的贵州 3 个省份处于技术效率前沿面上，其余 27 个省份均离生产前沿面还有一定距离。调整前后，均是东部地区的北京、上海、河北、山东，江苏、浙江，中部地区的湖北、吉林、河南，西部地区的广西、四川、贵州、云南、西藏、甘肃、青海、宁夏 17 个省份的农村社会保障供给效率高于全国平均效率水平，其余 13 个省份的农村社会保障供给效率低于全国平均水平。可能主要是因为各地区财政投入水平、原有的农

村社会保障水平、财政资金使用效率、资源配置结构等的差异，导致各地区农村社会保障供给效率呈现地区差异。

从各省份的情况看，各省份农村社会保障供给三种效率值在剔除了环境因素和随机误差的影响后，均有变化，呈现不同的变化趋势，但变化趋势不一。与调整前相比，技术效率、纯技术效率、规模效率均在调整后有所提升。表明纯技术效率和规模效率的共同变化导致中国各省份的技术效率整体水平在调整后有所提升。对比调整前后，相比与第一阶段 DEA 分析结果，对于技术效率，中国 30 个省份中，河北、辽宁等 21 个省份的技术效率均出现了上升，北京、海南、四川、河南、西藏、宁夏 6 个省份的技术效率水平不变，东部地区的上海、山东和西部地区的贵州 3 个省份达到技术有效状态；就纯技术效率而言，辽宁、江苏、浙江等 17 个省份的纯技术效率均有不同程度的上升，河北、四川、云南、青海、新疆 5 个省份的纯技术效率水平不变，西部地区的贵州、西藏、宁夏，东部地区的山东、北京、上海、海南，中部地区的河南等 8 个省份达到纯技术有效状态；对于规模效率而言，河北、江苏等 15 个省份的规模效率水平均有不同程度的上升，北京、辽宁等 10 个省份的规模效率水平不变，内蒙古和广西 2 个省份的规模效率下降，东部地区的上海、山东和西部地区的贵州 3 个省份达到规模有效状态。从东、中、西部三大经济地区来看，经过第二阶段的调整之后，三大经济地区的三类效率值均有所上升，其中西部地区三类效率的提升最小，中部地区三类效率的提升最大。

对比两个阶段的 DEA 分析结果，在不考虑环境变量和随机因素的情况下，2009~2014 年，中国农村社会保障供给技术效率、纯技术效率和规模效率均值分别为 0.865、0.898、0.963，东部地区三类效率值分别为 0.871、0.922、0.946，中部地区为 0.829、0.863、0.961，西部地区为 0.884、0.901、0.980；在剔除环境变量和随机因素影响后，2009~2014 年中国农村社会保障供给三类效率值分别为 0.877、0.905、0.969，西部地区为 0.892、0.907、0.982，中部地区为 0.848、0.873、0.973，东部地区为 0.881、0.929、0.950。从三大地区看，三大经济地区的农村社会保障供给效率由于环境因素和随机因素的存在均被低估。就各地区效率变化情况而言，第一，西部地区技术效率从 0.884 上升到 0.892，纯技术效率和规模效率整体上有所提升，分别由 0.901、0.980 增加到 0.907、0.982。可见，由于环境和随机因素的存在，西部地区的纯技术效率和规模效率均被低估，导致其技术效率被低估。第二，东部地区技术效率从 0.871 增加到 0.881, 纯技术效率由 0.922 上升到 0.929, 规模效率由 0.946 上升到 0.950。这表明, 东部地区纯技术效率与规模效率被低估, 导致其技术效率被低估。第三, 中部地区技术效率从 0.829 上升到 0.848, 纯技术效率和规模效率分别由 0.863、0.961 增加到 0.873、0.973。可见, 中部地区的纯技术效率和规模效率均被低估, 导致其技术效率被低估。第四, 全国技术效率由 0.865 上升到 0.877, 三大地区的技术效率、纯技术效率和规模效率均是增加的, 但增加幅度有所不同, 三类效率均是东、西部地区的增加幅度小于中部地区, 说明环境变量对东、西部地区的影响程度小于中部地区。

5.6　本章小结

本章研究立足于政府 (宏观) 层面, 利用 2009～2014 年中国 30 个省份的面板数据, 运用以产出为导向的三阶段 DEA 模型, 测算和分析了各省份农村社会保障供给的技术效率、纯技术效率、规模效率, 并对中国 30 个省份的农村社会保障供给效率地区差异进行了详细分析。主要得到如下几点研究结论:

第一, 在未剔除环境因素和随机误差的影响前, 2009～2014 年, 我国农村社会保障供给效率在整体上呈现出下降趋势, 在一定程度上说明我国农村社会保障供给增长与失衡并存的局面; 我国农村社会保障供给效率水平的变化呈现出梯度变化特征, 这说明经济发展水平高的地区并不一定其农村社会保障供给效率水平就高; 我国农村社会保障供给效率存在着明显的地区差异, 一方面, 上海、山东、贵州属丁 DEA 有效, 处于技术效率前沿面上, 说明其投入产出比达到最优, 资源得到充分利用, 同时处于规模收益不变阶段; 其余省份均存在不同程度的资源浪费, 造成其效率的低下; 另一方面, 江西、广东、内蒙古、陕西等省份技术效率的变异系数较大, 表明这些省份的农村社会保障资源配置处于不利位置, 这可能与地区经济发展水平、财政投入、农村人口数等因素有关; 西部地区的内蒙古、广西、重庆、四川、云南、陕西、甘肃、新疆 8 个省份的规模效率高于技术效率, 这意味着这 8 个省份在资源和资金有限的情况下, 面临着技术效率和规模效率 "两难选择" 的困境局面。

第二, 环境因素和随机因素对中国各省份农村社会保障供给绩效产生影响, 在剔除其影响后, 中国各省份农村社会保障供给的技术效率、纯技术效率、规模效率均有所提升，但变化趋势不一。说明中国各省份的技术效率整体水平的提升是由纯技术效率和规模效率的共同变化所导致。这表明，在一定程度上，中国农村社会保障供给绩效受环境因素和随机因素的影响有可能被低估。

第三，2009~2014年，中国农村社会保障供给绩效水平为0.877，总体水平仍显偏低，且呈现波动变化趋势，即呈现下降—上升—下降的态势，说明剔除环境因素和随机误差影响后，中国农村社会保障供给效率水平虽然略显提升，但仍有进一步提升的空间，表明中国还需进一步调整并优化农村社会保障资源结构、杜绝财政资金的浪费甚至挪用现象、充分发挥财政资金的使用效益，带动经济的快速增长。

第四，从区域角度看，东、中、西部地区农村社会保障供给绩效水平在剔除了环境因素和随机误差的影响后有所上升，呈波动化趋势，且波动幅度有缩小趋势；农村社会保障供给绩效水平呈明显的区域差异，即西部地区高于东部地区、东部地区又高于中部地区的格局，说明中、西部地区差异较东、中部地区或东、西部地区差异明显。

第五，从区域角度看，由于环境因素和随机因素的存在，东、中、西部的农村社会保障供给效率均被低估。在剔除环境因素和随机误差影响后，三大经济地区农村社会保障供给的技术效率、纯技术效率和规模效率均有所提升，其中中部地区三类效率的提升最大，而西部地区提升最小。对比调整前后，东、中、西部地区三类效率均是增加的，但增加幅度不同，东、西部地区的增加幅度小于中部地区，说明环境变量对东、西部地区的影响程度小于中部地区。

第六，人均GDP、财政分权度、人口密度、地理区位等因素对中国农村社会保障供给绩效产生了不同程度的影响。

通过上述的分析，可以得到以下启示：第一，加大中央对农村社会保障财政投入，缩小地区差异。中央财政应加大对中西部地区特别是经济欠发达地区的农村社会保障资金投入力度，保障制度的公平性，逐步提高农村社会保障水平，分类分地区投入，实现各地区社会保障水平的平衡（戴建兵，2012），不断缩小地区差异。第二，合理配置资源，提高资源的利用效率。在投入资源和资金有限的情况下，各省份特别是无效率的省份更应合理配置有效的资源，提高资源的利用效率，尽可能使有限的资源和资金能够给农村居民带来更大的受益，保证农村居民特别是贫困地区农村居民的基本生活。第三，东中西部地区应采取差异化的提升策略。东部地区经济社会发展程度较高，地方财政实力较强，应以地方政府的财政支持为主，或者创造更多的就业机会，保障农村居民贫困群体的基本生活；而对于中西部地区，其经济社会发展程度较低，地方政府财政实力也较弱，可将经济增长和社会保障相结合，进一步提升农村社会保障的供给绩效，确保其对农村居民的保障作用。

第6章

农村社会保障供给农户需求意愿分析

　　根据第 2 章的理论，我国农村社会保障制度主要包括四个方面的内容，即农村社会保险、农村社会救助、农村社会福利和农村社会优抚。从中国农村社会保障运行机制来看，农村社会保险特别是农村医疗保险制度相对已比较完善，已实现了全面覆盖，农村福利基本没有，而农村社会养老保障制度建设还不健全，并加之伴随的老龄化问题越来越严重，单独研究农村社会养老服务更具有意义和针对性。此外，考虑从整体上来分析农村社会保障供给需求意愿可能会有偏差并且缺乏针对性，因此，本章主要以农村社会养老服务为例，来分析农村社会保障供给农户需求意愿及其影响因素。

6.1　问题的提出

　　进入 21 世纪，我国就已进入了人口老龄化阶段，且呈现出快速的发展态势，并伴随着高龄化、失能化、空巢化、少子化特征（吴玉韶，2015）。据国家统计局数据显示，截至 2018 年底，中国老年人口规模已相当庞大，年龄 60 周岁及以上人口数达到 24949 万人，占总人口的比重为 17.9%，其中 65 周岁及以上人口数达到 16658 万人，占总人口的比重 11.9%。据预测，中国老年人口在 2020 年达到 2.55 亿元（民政部，2017），2023 年将达到 2.7 亿元，2037 年将超过 4 亿元（全国老龄委，2007），2050 年将高达 4.8 亿元，预示着老年人口规模将达 1/3，高龄老人将突破 9500 万元（马凤领，邹华，2013）。中国是典型的"未富先老"和"未备先老"的国家，中国进入老龄化社会时人均 GDP 只有 947 美元，与发达国家的 5000～10000 美元相差甚远，同时，中国从

"轻度老龄化"（65 周岁及以上人口占总人口的比重为 7%）向"深度老龄化"（65 周岁及以上人口占总人口的比重为 14%）的转变时间大约是 15 年，远远快于发达国家平均经历的 60 年左右的时间（吕雪枫等，2018）。由此可见，中国的人口老龄化问题已相当严重，进而由此所衍生的养老问题将面临严峻的考验，特别是农村老年人养老问题将更加突出和严峻。农村老年人养老将面临三大挑战：一是中国作为一个人口大国，农村人口占了绝大多数，并且农村人口老龄化程度高于城市，据中国第六次全国人口普查数据显示，中国老龄化率为 13.26%，而农村为 15.4%，比全国高出 2.14 个百分点，农村老年人口比例将持续扩大；二是随着工业化和城镇化的不断推进，大量农村劳动力向城市迁移，尤其是农村青壮年劳动力就业流动性的增强，加之长期以来，计划生育政策的实施与经济社会的转型发展，家庭结构迅速转变，"4－2－1"家庭结构日趋常态化，导致农村"空心化"、老年人"空巢化"问题比较严重，传统的家庭养老模式受到严重冲击（洪海红，2019；王嘉鑫，2019），农村家庭养老已经全面弱化，特别是精神慰藉方面弱化程度最高（于长永等，2017），家庭养老将难以为继；三是中国政府 2009 年开始实行新型农村社会养老保险制度，对农村老年人养老具有一定的保障作用，但受农村居民的有限理性和经济条件的限制，农村居民在参保中选择了较低的缴费档次，决定了其在制度上难以得到保障，保障水平较低，根本无法有效解决农村老年人的养老问题。于是，在农村老年人口规模不断扩大、家庭养老功能弱化、养老保障水平低下的情况下，如何缓解农村老年人养老问题就成为一个值得关注的问题，因为中国农村老年人养老现状堪忧，如果老年人养老问题得不到有效解决，必将严重影响中国快速推进的工业化和城镇化的发展。在这样的背景下，加之农村"未富先老"和"未备先老"的紧迫现实，农村老年人的健康和日常生活照料问题显得愈发突出，社会养老服务需求迅速膨胀。据民政部在《社会养老服务体系建设"十二五"规划（征求意见稿）》中显示，2020 年中国老年人生活照料与护理服务方面的潜在市场规模将超过 5000 亿元。因此，研究农村社会养老服务需求意愿与影响因素，对于因地制宜的构建健全的"以居家为基础、社区为依托、机构为补充、医养相结合"的社会养老服务体系，适应传统家庭养老模式的转变，应对严峻的养老形势和挑战，保障和改善民生，满足农村老年人的养老服务需求，具有重要的理论意义和现实意义。

　　本章将重点研究农村社会养老服务需求意愿，而不仅仅局限于单一养老服务需求，比如机构养老、社区养老、居家养老等，同时检验个体特征、家庭保障、独立保障、社会保障、社会评价因素对农村社会养老服务需求意愿的影响方向和影响程度。

6.2 以往文献回顾

纵观国内外学者的研究成果，本章主要从农村社会养老保险农户参保行为和农村社会养老服务需求意愿两个方面来归纳国内外研究现状。

一方面，关于农村社会养老保险农户参保意愿及其影响因素的研究。

从我国农村社会养老保险制度的实际运行和农村的实际情况看，我国农村居民对社会养老保险的呼声比较大，愿望急切（王锋等，2014），说明农村居民对社会养老保险的需求程度较高（张红梅等，2009），然而欠发达地区农村居民参与农村社会养老保险的整体意愿不强，参与意愿和参与行为相差甚远（谭静，江涛，2007），同时，随着新农保制度实施时间的推移，农户参保意愿随之下降，并且这一时间效应对于"捆绑"地区和高收入群体更加显著（洪灏琪等，2019）。学者们在调查分析农村居民参与农村社会养老保险意愿的基础上，采用 Logistic 回归模型对其影响因素进行了实证分析。张红梅等（2009）研究认为，农村居民收入水平、筹资期望、运作方式与对养老保险的了解程度等是影响农村社会养老保险制度发展的主要因素，另外，农村居民的婚姻状况、农村居民对政府补贴标准和养老金领取标准的认知程度、农村居民对农村养老保险政策的满意度对农村居民参保行为具有显著影响（龙腾鑫，2014）。张红梅和马强（2012）运用 Logistic 回归模型实证分析了湖北省农村社会养老保险制度试点发展的影响因素，研究结果显示，家庭收入水平、务工务农类型、耕地利用情况、养老方式、筹资方式选择、农保基金运作方式对其具有显著影响。杨丽和王明钢（2012）运用 Logistic 回归模型实证分析了新型农村社会养老保险参保的影响因素，研究发现，对农村居民参加新型农村社会养老保险的重要因素有农村居民文化程度、家庭纯收入、对新农保的了解程度、对政府工作的满意度等。然而也有学者得到了与之不一致的结论，高文书（2012）研究认为，家庭人均收入、婚姻状况、受教育程度等对农户参保意愿的影响并不显著。此外，也有学者研究了宗教信仰对农村社会养老保险参与行为的影响。阮荣平等（2015）采用 Probit 模型以及工具变量法，实证研究了宗教信仰对农村社会养老保险参与行为的影响。研究表明，有宗教信仰的农村居民参与农村社会养老保险的概率要比无宗教信仰者低6%；宗教信仰主要是对"老农保"参与行为产生了负向影响，而"新农保"的公共福利性质是吸引农户参与的重要原因之一。

另一方面，关于农村社会养老需求意愿及其影响因素的研究。

第一，农村社会养老整体需求意愿及其影响因素分析。黄俊辉等（2014）研究发现，22.2%的农村老人对社会养老服务存有需求意愿，并具有一定的差异性，其需求意愿主要集中在生活照料、精神慰藉、医疗护理、文化娱乐等四个方面（黄俊辉等，2015），其中，农村老年人服务需求最为强烈的是医疗护理和临终照料（王振军，2016）。自评健康和生活自理能力对农村老年人养老服务需求意愿具有显著影响（Melanie，2011），此外，家庭收入、居住方式、儿子数量也是影响农村老年人养老服务购买意愿的主要因素（王嘉鑫，2019）。

第二，不同对象农村社会养老服务需求意愿研究。对于中老年城市居民来说，更倾向于居住在离子女较近的地方（Meng et al.，2017）。对于农村第一代已婚独生子女父母而言，更希望和子女居住，选择机构养老的比例不高，仅有5.2%，可能会到机构养老的概率为23.6%（唐利平，风笑天，2010）。徐俊（2016）研究表明，子女身份对独生子女父母的居住地点和居住方式安排具有显著影响，而对父母的养老依靠对象、养老经济打算并无显著影响。对于失能老人而言，在家庭照料资源较为丰富的情况下，更愿意选择家庭养老模式；如果失能老人独居或子女数量较少，更愿意选择机构养老；失能老人最需要的养老服务是以生活照料（70.4%）为主，其次是康复护理（46.2%）、精神慰藉（45.7%）等（肖云，随淑敏，2017）。受教育程度、女儿数量、政策了解情况、地区因素显著影响农村老人生活照料服务需求意愿；年龄、政策了解情况、地区因素显著影响农村老人精神慰藉服务需求意愿，而对老人医疗护理服务需求意愿影响较大的因素主要有儿子数目和地区因素（崔香芬等，2019）。

第三，不同养老方式养老需求意愿研究。从我国养老制度的运行情况看，主要有家庭养老、机构养老、互助养老、社区养老、居家养老等方式。老年人在选择养老方式时的关注点有所不同，他们会根据其自身特质、健康状况、家庭环境、社区环境等因素来选择最合适的养老方式。陶涛和丛聪（2014）研究结果显示，北京市中心市区老年人在养老方式选择上更具主动性，选择非家庭养老多关注的是心理感受而非客观身体条件。也有研究表明，老年人会根据其养老支付意愿水平选择养老方式（徐隽倬等，2019），而养老保险与医疗保险是影响老年人养老模式选择的重要因素，其中养老保险的影响更大（Engelhardt et al.，2005）。已有研究表明，在养老服务方式上，农村老年人在子女数量越多、养老风险意识越强、金融资本和人力资本越大的情况下，越愿意选择家庭养老（赵峰，2015），并乐意享受家庭和社区提供的各种养老服务（王振军，2016）。随着我国农村社会养老保险制度的逐渐完善及其人口老龄化程度的逐渐加深，加之农村青壮年劳动力就业流动性的增强，传统的家庭养老模式受到严重冲击，对机构养老、互助养老等模式逐渐呈现出较强的需求意愿。相关研究表明，农村家庭养老已经全面弱化，其中，经济支持、生活照料、精神慰藉分别弱化了 25.0%、5.6%、30.7%（于长永等，2017）。随着家庭养老的逐渐弱化，机构养老逐渐被人们所接受和选择，但是农村老年人选择机构养老的意愿并不高（吕雪枫等，2018），仅有 34.3% 的农村老人愿意选择机构养老（薛景怡，班晓娜，2017），其中中西部地区农村老年人愿意选择机构养老的概率均低于东部地区，分别是东部地区的 0.514 倍和 0.422 倍（吕雪枫等，2018）。张文娟和魏蒙（2014）研究发现，失能老人与非失能老年人愿意选择机构养老的概率分别为 10.5% 和 27.53%，同时，有养老金的老年人选择机构养老的意愿高于没有养老金的老年人（于凌云，廖楚晖，2015）。农村老人选择机构养老的意愿不高，主要是受到家庭经济状况和老年人月收入的重要影响，老年人性别、婚姻状况与自理能力也对其机构养老意愿具有一定的影响（洪海红，2019）。同时，也有学者研究认为，经济负担能力（Heying et al.，2006）、家庭关系、孝道观念和习俗、对养老机构的认知等（Chou，2010）对农村居民选择机构养老的意愿具有显著影响。此外，家庭护理在一定程度上会降低老年人的机构养老意愿（Sarma，Simpson，2007）。从上述分析可看出，农村老年人家庭养老的功能在逐渐弱化，机构养老虽然被农村老年人所选择，但其意愿并不高，并受到多个因素的共同制约，需寻找新的出路，而互助养老正为农村老年人养老提供了重要出路，它突破了农村老年人养老中的资金、服务、资源浪费、被动式养老等困境。目前农村老年人参与互助养老的主要方式有获得经济补偿、获得未来养老照顾服务和志愿照顾三种，其中首选途径是志愿型互助养老（于长永，2019）。目前农村老年人参与互助养老的意愿较低，参与意愿为47.9%，还有待于进一步开发（郝亚亚，毕红霞，2018）。农村老年人的年龄、民族、婚姻状况、健康状况、家庭规模、所在地区、相对收入、代际关系、银行存款对其互助养老意愿产生了重要影响，其中，最关键的因素是健康状况、所在地区、银行存款（于长永，2019）。

综上所述，国内外学者的研究成果为本章实证分析农村社会养老服务需求意愿及其实证检验其影响因素奠定了基础，并提供了经验借鉴。但已有研究成果更多局限于单一养老服务需求，比如机构养老、社区养老、居家养老等，以机构养老意愿研究居多，并未能同时考虑农村老年人对各类社会养老服务的需求意愿，有失整体性和系统性。鉴于此，本章将同时考虑农村老年人对各类社会养老服务的需求意愿，即农村社会养老服务需求意愿，以期客观合理的评判社会养老服务和家庭养老服务之间的关系，准确定位各类养老服务在社会养老服务体系中的地位和作用；同时，采用二元 Logit 模型，探索影响农村社会养老服务需求意愿的重要因子，以寻求有效提供社会养老保障的合理路径，为制定合理的供给目标提供理论和政策依据。

6.3　研究设计

6.3.1　数据来源

本书研究数据来源于2019年8月在陕西省所组织实施的"农村老年人社会养老服务现状与需求"问卷调查。此次实地调查采取分层抽样和随机抽样相结合的方式，根据被调查区域的社会经济发展、人口老龄化程度等情况，自南向北分为陕南、关中、陕北三个区域。受人员、经费等的限制，此次调查在三个区域中分别抽取具有代表性的2个县区，再在每个县区中抽取2个具有代表性的乡镇，然后在每个乡镇中再抽取3个代表性的自然村，最后按照随机抽样的方式在每个自然村选择8~12个老年人作为调查对象，共抽取了360个调查对象。在此次实地调查中，采取一对一的方式对意识清晰、表达顺畅的农村老年人进行访问，试图使老年人的回答更符合实际。调查问卷的内容主要包括农村老年人的基本情况及其健康状况、农村社会养老服务现状、农村社会养老服务需求、农村社会养老服务评价等。根据研究的需要和目的，剔除数据缺失、回答前后不一致等无效问卷后，最终获得有效问卷331份，问卷有效率为91.9%。调查样本的基本情况见表6-1。

表6-1　　　　　　　　　　　　调查样本基本情况

项目	类别	频数（个）	百分比（%）	项目	类别	频数（个）	百分比（%）
年龄	60~65岁	101	30.5	文化程度	未上过学	83	25.1
	66~70岁	88	26.6		小学	91	27.5
	71~75岁	68	20.5		初中	82	24.8
	76~80岁	40	12.1		高中/中专	54	16.3
	80岁以上	34	10.3		本科/大专以上	21	6.3
健康状况	很差	66	19.9	经济收入	500元以下	37	11.2
	较差	82	24.8		500~1500元	57	17.2
	一般	76	23.0		1500~3000元	85	25.7
	较好	61	18.4		3000~4500元	88	26.6
	很好	46	13.9		4500元以上	64	19.3
婚姻状况	已婚	234	70.7	居住情况	自己单住	23	6.9
	未婚	14	4.2		夫妻同住	86	26.0
	离异	9	2.7		和子女及成年孙辈一起住	122	36.9
	丧偶	74	22.4		和子女及未成年孙辈一起住	100	30.2
子女数	无	8	2.4	性别	男	180	54.4
	一个	91	27.5		女	151	45.6
	两个	144	43.5				
	三个及以上	88	26.6				

6.3.2　分析框架与变量选择

经济学研究把社会人看作是"理性人"，于是本章研究借助于经济学"理性人"假设，将农村老年人置于理性人分析框架下，大量研究也表明，农村老年人是理性的（Ellis，1988）。作为理性人，农村老年人会基于养老模式的可得性、可及性和可靠性去对养老模式作出选择，并考虑养老模式能否为其带来好处。现在，农村老年人之所以选择社会养老，主要是由于农村家庭规模逐渐缩小、农村社会养老保险制度的建立和健全、农村老年人养老观念逐渐转变、代际空间距离拉大等导致农村家庭养老模式已全面弱化，农村家庭养老模式已难以为继。那么，农村老年人在无法应对生活中的各种问题或困难时，就会向社会寻求帮助。农村老年人基于个人特征、经济收入、居住方式、自身身体健康等的考虑，对社会养老服务表现出不同的需求意愿。如果农村老年人能够自我照顾，并可以自己应对生活中的各种问题和困难，则农村老年人就不会向他人寻求帮助，于是对社会养老服务表现出较低的需求意愿；如果农村老年人不能自我照顾，无法自己应对生活中的各种问题和困难，并在家人也无法给予足够帮助时，则农村老年人就会向社会寻求帮助，就会对社会养老服务表现出较高的需求意愿。不同地区由于经济发展水平、财政实力等不同，加之各地区农村社会养老服务体系建设进程不一致，导致各地区农村老年人可能在获取社会养老服务资源的可得性和便利性等方面存在差异，进而造成不同地区的老年人对社会养老服务需求意愿也有所差异。

根据前述的文献回顾与上述的分析框架，本章选择的变量如下：

因变量。主要是在分析农村社会养老服务需求意愿的基础上，检验各个因素对农村社会养老服务需求意愿的影响方向和影响程度。"是否有农村社会养老服务需求意愿"属于一个二分变量，将其属性结果设定为"有意愿 = 1""无意愿 = 0"。

自变量。自变量是本章的核心解释变量，主要从家庭保障、独立保障、社会保障、社会评价四个方面体现。其中，家庭保障因素可由子女数、家庭规模和代际关系三个指标来反映；独立保障因素可由经济收入和健康状况两个指标来反映；社会保障因素可由所在地区、邻里互助关系、政策重视和宣传力度、政策法规完善程度四个指标来反映；社会评价因素可由生活照料服务满意度评价、医疗保健服务满意度评价、精神慰藉满意度评价、文化娱乐服务满意度评价四个指标来反映。

控制变量。不同人口学特征的农村老年人的需求能力是具有差异性的（Jianjun，Amy，2014；吕雪枫等，2018），于是，将性别、年龄、文化程度、婚姻状况四个方面的人口学特征，作为控制变量纳入模型。上述所选择变量的定义及其描述性统计结果见表6-2。

表6-2 变量定义及其描述性统计

变量分类	变量名称	变量含义与赋值	最大值	最小值	均值	标准差
因变量	社会养老意愿	是否有农村社会养老服务需求意愿:有意愿=1;无意愿=0	0	1	0.828	0.378
个体特征变量	性别	被调查者性别:男=1;女=0	0	1	0.544	0.499
	年龄	被调查者年龄:60~65岁=1;66~70岁=2;71~75岁=3;76~80岁=4;80岁以上=5	1	5	2.450	1.312
	文化程度	被调查者受教育程度:未上过学=1;小学=2;初中=3;高中/中专=4;大专/本科以上=5	1	5	2.514	1.209
	婚姻状况	被调查者婚姻状况:已婚=1;其他=0	0	1	0.707	0.456
家庭保障因素	子女数	被调查者女儿和儿子的数量总和:无=1;一个=2;两个=3;三个及以上=4	1	4	2.943	0.798
	家庭规模	与被调查者吃住在一起的家庭成员类型:自己单住=1;夫妻同住=2;和子女及成年孙辈一起住=3;和子女及未成年孙辈一起住=4	1	4	2.903	0.913
	代际关系[①]	被调查者与子女的关系:很不和谐=1;不和谐=2;一般=3;较和谐=4;很和谐=5	1	5	3.353	1.075
独立保障因素	经济收入	被调查者收入:500元以下=1;500~1500元=2;1500~3000元=3;3000~4500元=4;4500元以上=5	1	5	3.257	1.264
	健康状况	被调查者健康自评:很差=1;较差=2;一般=3;较好=4;很好=5	1	5	2.816	1.325
社会保障因素	陕南	被调查者所在地区:陕南=1;其他=0	0	1	0.341	0.475
	陕北	被调查者所在地区:陕北=1;其他=0	0	1	0.350	0.478
	邻里互助关系[②]	被调查者与邻居之间的关系:很不好=1;不太好=2;一般=3;比较好=4;很好=5	1	5	2.912	1.277
	政策重视和宣传力度	国家和政府对养老服务的重视和宣传力度:非常不重视,没有看到任何的宣传=1;不重视,宣传很少=2;一般=3;重视,宣传较多=4;非常重视,经常宣传=5	1	5	2.958	1.264
	政策法规完善程度	养老服务业政策法规完善程度:非常不完善=1;不完善=2;一般=3;完善=4;非常完善=5	1	5	2.411	1.147

续表

变量分类	变量名称	变量含义与赋值	最大值	最小值	均值	标准差
社会评价因素	生活照料评价	生活照料服务满意度评价：非常不满意=1；不满意=2；一般=3；比较满意=4；非常满意=5	1	5	2.595	1.312
	医疗保健评价	医疗保健服务满意度评价：非常不满意=1；不满意=2；一般=3；比较满意=4；非常满意=5	1	5	2.704	0.998
	精神慰藉评价	精神慰藉满意度评价：非常不满意=1；不满意=2；一般=3；比较满意=4；非常满意=5	1	4	2.492	1.013
	文化娱乐评价	文化娱乐服务满意度评价：非常不满意=1；不满意=2；一般=3；比较满意=4；非常满意=5	1	5	2.344	1.083

注：①子女回家探望老年人的时间在一定程度上可以反映家庭关系的和谐程度，于是，本章在此用子女回家看望老年人时间的长短来表示老年人家庭关系的和谐程度，即每天、一周、一个月、一年、从不分别代表关系很和谐、较和谐、一般、不和谐、很不和谐。

②经常见面或联系的朋友数量在一定程度上能够反映邻里互助关系，于是，本章在此用经常见面或联系的朋友数量来表示老年人邻里互助情况，即无、比较少、一般、比较多、非常多分别表示邻里互助关系很不好、不太好、一般、比较好、很好。

6.3.3　模型构建

农户对农村社会养老服务的需求意愿有两种结果，即有意愿和无意愿。这一结果属于二项分布，意味着被解释变量具有 0－1 分布特点，如果直接进行线性模型的 OLS 估计，会产生一系列问题，比如异方差、边际影响为常数、概率预测值不处于［0，1］区间等，因此，舍弃此方法，选用二元 Logit 模型来进行估计农户对农村社会养老服务需求意愿的影响因素。

假设 y_i^* 为潜变量，y_i 为实际观察变量，则：

$$y_i^* = x_i\beta + \mu_i, \mu_i \sim N(0,1) \qquad (6-1)$$

当 $y_i^* > 0$ 时，$y_i = 1$；当 $y_i^* < 0$ 时，$y_i = 0$。

其中，$x_i\beta$ 称作潜变量反映函数或指数函数；$x_i(i=1,2,\cdots,n)$ 表示 n 个影响农户对农村社会养老服务需求意愿的因素，即包括核心解释变量，如健康状况、经济收入、子女数、代际关系等，也包括控制变量，如性别、年龄、文化程度、婚姻状况等，β 是待估系数，μ_i 是随机误差项，且服从 Logistic 分布。

基于式（6-1）构建的无条件概率模型如下：

$$p(y_i = 1 \mid x) = p(y_i^* > 0 \mid x) = p(\mu_i > -x_i\beta) = 1 - p(\mu_i \leqslant -x_i\beta)$$
$$= 1 - F(-x_i\beta) = F(x_i\beta) \qquad (6-2)$$

其中，$F(x)$ 是 μ_i 的累积概率函数。

在此基础上，构建的用于实证分析的二元 Logit 模型如下：

$$p(y_i = 1 \mid x) = E(y_i \mid x) = F(x_i\beta) = \frac{e^{x\beta}}{1 + e^{x\beta}} = \frac{1}{1 + e^{-x\beta}} \qquad (6-3)$$

所构建的二元 Logit 模型的边际效应如下：

$$\frac{\partial p(y_i = 1 \mid x)}{\partial x} = F(x_i\beta)(1 - F(x_i\beta))\beta \qquad (6-4)$$

采用极大似然估计法对二元 Logit 模型的参数进行估计，基于式（6-2）所构建的似然函数为：

$$p(y_1, y_2, \cdots, y_n) = \prod_{y_i = 0} (1 - F(x_i\beta)) \prod_{y_i = 1} F(x_i\beta) \qquad (6-5)$$

式（6-5）可以等价变换为式（6-6）所示的似然函数形式：

$$L = \prod_{i=1}^{n} (F(x_i\beta))^{y_i} (1 - F(x_i\beta))^{1-y_i} \qquad (6-6)$$

进一步，将式（6-6）等价变换为式（6-7）所示的对数似然函数形式：

$$\ln L = \sum_{i=1}^{n} (y_i \ln F(x_i\beta) + (1 - y_i) \ln(1 - F(x_i\beta))) \qquad (6-7)$$

对式（6-7）求 1 阶极值：

$$\frac{\partial \ln L}{\partial \beta} = \sum_{i=1}^{n} \left[\frac{y_i f_i}{F_i} + (1 - y_i) \frac{-f_i}{1 - F_i} \right] x_i = 0 \qquad (6-8)$$

其中，f_i 是 $F(x)$ 相对应的密度函数。

据此可以求得模型相应的参数估计量及检验统计量。

6.3.4　社会养老服务方式的划分

为了研究的明确性，我们首先对社会养老服务的研究范畴进行界定。社会养老服务主要包括三种形式，即居家养老服务、社区养老服务和机构养老服务，与家庭养老服务是相对的。根据《社会养老服务体系建设规划（2011～2015）》，居家养老服务涵盖生活照料、家政服务、康复护理、医疗保健和精神慰藉等，以上门服务为主要形式；社区养老服务是居家养老服务的重要支撑，具有社区日间照料和居家养老支持两类功能，主要面向家庭日间暂时无人或者无力照护的社区老年人提供服务；机构养老服务主要是指社区老年人住养老院或专业性的养老机构，主要为失能、半失能的老年人提供专门服务。

6.4　实证结果分析

6.4.1　农村社会养老服务需求意愿分析

6.4.1.1　农村老年人对养老服务方式的意愿分析

由表6-3可知，当前农村老年人选择社会养老服务方式已成为主流。从实地调查结果看，农村老年人的养老服务需求已呈分散化趋势，对社会养老服务具有需求意愿的农村老年人有274人，占样本总量的比例为82.8%。这表明伴随着家庭规模的萎缩、社会养老保障制度的逐渐完善、城镇化的快速发展、代际关系的弱化，农村老年人对社会养老服务的看法、认知和需求意愿在逐渐发生着变化，对其存在一定程度的需求愿望，并将呈现上升趋势，社会养老服务市场需求潜力巨大，以在养老服务供给中作为介入和补充。此外，选择传统的家庭养老服务方式的农村老年人有57人，占样本总量的比例为17.2%。这表明农村老年人逐渐意识到传统家庭养老服务功能的弱化，传统的"养儿防老"观念在逐渐发生变化，传统的家庭养老模式将逐渐被社会养老模式所替代。

在农村社会养老服务中，目前农村老年人养老的主要愿望是居家养老服务。在对社会养老服务具有需求意愿的274位农村老年人中，愿意选择居家养老服务方式的农村老年人有245人，占样本总量的比例高达74%。陕西地处西北地区，农村经济发展水平较低，农村居民收入水平低下，农村老年人的受教育水平偏低，受浓厚的传统思想文化的影响，农村老年人不管是否有子女、子女是否在身边，更愿意选择居家养老服务模式，更希望由子女、孙辈、亲属等来照顾自己的晚年生活，不愿意选择其他养老服务方式。在机构养老服务方面，有24位农村老年人表示有需求意愿，占样本总量的比例为7.3%。与唐利平和风笑天（2010）、王振军（2016）的调查研究相比，农村老年人对机构养老服务需求意愿有所提升。这24位愿意选择机构养老的农村老年人，以男性为主，年龄相对较高（80岁以上占21%），近30%的处于丧偶或离异状态，缺少贴身照料和亲情陪伴，近一半身体健康状况较差，他们的生活常年需要有人照料。因此，在家庭规模不断缩小、城镇化快速发展、代际关系逐渐弱化的情况下，他们依靠自己生活难以为继，而子女、亲属、邻里等在紧急特殊情况下才可以给予暂时性照顾，因而他们对机构养老服务表现出较高的需求意愿。在社区养老服务方面，仅有5位农村老年人表示有需求意愿，占样本总量的比例仅为1.5%，在所有养老服务需求意愿中是最低的。这5位农村老年人以女性为主，年龄均处于60~65岁，都只有一个子女，身体健康状况相对较差，60%的与子女分开住，也不愿意去机构养老（很多是怕被别人取笑，影响子女名声，也有的是因为所在地养老机构还很不完善，无法提供完善的养老服务）。这部分农村老年人正常的生活基本上能自主维持（以女性为主），在遇紧急特殊情况下，如果子女、亲属、邻里等无法给予照顾时，他们希望可以得到社区在生活照料、医疗保健、精神慰藉等方面提供的服务，因此，对其表现一定的需求意愿。

表6-3 农村老年人对不同养老服务方式的需求意愿

养老服务方式		人数（人）	百分比（%）
社会养老服务	居家养老服务	245	74
	社区养老服务	5	1.5
	机构养老服务	24	7.3
家庭养老服务		57	17.2

表6-4提供和比较了陕南、关中、陕北三个地区农村老年人对社会养老服务的需求意愿。由表6-4可知，陕南、关中、陕北三个地区农村老年人对社会养老服务的需求意愿分别为82.3%、82.4%和83.6%。从不同养老服务方式上看，陕南、关中、陕北三个地区农村老年人均以居家养老服务方式作为首要选择，其居家养老服务需求意愿分别为76.1%、75.5%和70.7%。由此可见，陕南、关中、陕北三个地区农村老年人对社会养老服务需求意愿的差异性似乎不大。但是陕西的域差

异非常明显，社会经济环境差异显著，不同地区农村老年人的社会养老服务需求意愿很可能存在差异，于是地区特征是否会对需求意愿产生影响，还有待于进一步检验。

表6-4   不同地区农村老年人社会养老服务需求意愿

地区	社会养老服务需求意愿			不同养老服务方式需求意愿		
	无	有	合计	居家养老服务	社区养老服务	机构养老服务
陕南	20	93	113	86	1	6
关中	18	84	102	77	1	6
陕北	19	97	116	82	3	12
合计	57	274	331	245	5	24

6.4.1.2 农村老年人对养老服务需求内容的意愿分析

养老服务内容主要有对老年人的经济支持、生活照料、医疗保健、精神慰藉、文化娱乐等，本章在此分别考察农村老年人对居家养老服务、社区养老服务和机构养老服务三种养老模式服务内容的需求意愿。由于人口学特征的差异性，农村老年人对养老服务内容的需求能力也具有差异性，同时同一农村老年人对养老服务内容的需求可能也是多样化的。

在对居家养老服务具有需求意愿的245位被调查的农村老年人中，其对养老服务内容需求意愿最为强烈的是经济支持、生活照料和医疗保健，其中经济支持的需求意愿最高（见表6-5）。一方面，由于农村老年人大部分已经丧失了劳动能力，没有经济来源，平常日常开销、疾病的诊治等都需要一定的经济支持，而目前老年人的经济能力可能已无法支持这些开销；另一方面，在比较收益的驱使下，年轻子女更多的进城务工和在城镇定居购房，在养育和养老问题上，更倾向于把有限的资源用于"养小"而非"养老"（范成杰，2013）；城镇化的快速发展导致养育成本和婚嫁成本的快速增加，使得子女也没有更多的经济收入来支持老年人的日常开销和医疗保健服务等，降低了更多资金用于养老支出的可能性。随着家庭规模的缩小及其城镇化的快速发展，子女、孙子女更多的进城务工或在城市上班、上学，加之代际空间距离的拉大，在老年人

表6-5   农村老年人对社会养老服务内容的需求意愿

养老方式	经济支持	生活照料	医疗保健	精神慰藉	文化娱乐	其他
居家养老服务	82	51	51	44	19	16
社区养老服务	2	2	1	3	1	1
机构养老服务	7	6	7	5	1	4

患病或者临终时，子女、孙辈或亲属很难长时间对老人的生活给予照料。

在对机构养老服务具有需求意愿的24位被调查的农村老年人中，其对养老服务内容需求意愿最为强烈的是经济支持、医疗保健和生活照料（见表6-5），这与居家养老服务需求内容基本一致，同样以经济支持的需求意愿最高，同时医疗保健的需求也最为突出。究其原因，可能主要是因为农村老年人（尤其是失能老人与独居老人）在子女、亲属等无法给予生活照料时，想通过入住养老机构来改变当前的生活窘境和解决日常生活中难以应对的各种问题和困难。农村老年人通过选择机构来养老，一方面，养老机构可以为老年人提供日常的生活照料，也可以为老年人提供专业的医疗护理技术或专业的医疗保健服务；另一方面，老年人可以和更多的同龄人居住在一起，进行接触和交流，提高生活质量（黄俊辉等，2015）。

在社区养老服务需求内容方面，农村老年人对养老服务内容需求意愿最为强烈的是精神慰藉、经济支持和生活照料，其中精神慰藉最为突出，这与居家养老服务和机构养老服务需求均有所差异。在子女数量较少和代际关系逐渐弱化的情况下，城镇化的快速发展，使得子女更多的进城务工，以获取更多的经济收入而改善生活状态，导致农村空心化问题越来越严重，老年人在生活照料、精神方面很难得到子女的关怀，因而需要一定的精神慰藉服务。

从以上分析可看出，农村老年人对社会养老服务需求意愿最为强烈的是经济支持、生活照料和医疗保健，说明在陕西甚至整个西部地区，由于农村经济发展水平和农村居民收入水平较低，农村老年人更是希望通过获得经济支持的方式来参与社会养老。

6.4.2 农村社会养老服务需求意愿影响因素分析

本章主要是从农村老年人的个体特征、家庭保障、独立保障、社会保障、社会评价五个层面对影响农村社会养老需求意愿的因素进行实证分析，包括18个具体指标，属于多变量分析，可能会存在多重共线性问题，因此，本章首先计算了各变量之间的相关系数，结果显示，大多数指标的相关系数值均小于0.3（见表6-6），意味着各变量之间的相关性较弱，可以认为变量之间不存在较严重的多重共线性问题①。

① 米切尔·凯特（Mitchell H. Kate，2000）研究显示，相关系数在0.8~0.9之间可能会引起问题，低于0.8时不大会出现问题。摘引自 Mitchell H Kate. 多变量分析［M］. 北京：中国科学技术出版社，2000.

各变量的相关系数

表6-6

序号	1	2	3	4	5	6	7	8	9	10	11	12	13	14	15	16	17	18
1	1.000																	
2	0.055	1.000																
3	0.334	-0.020	1.000															
4	0.210	-0.169	0.219	1.000														
5	-0.020	0.242	0.031	0.037	1.000													
6	-0.011	-0.072	0.026	0.128	0.076	1.000												
7	-0.098	-0.074	-0.175	0.169	0.158	0.165	1.000											
8	0.028	0.005	0.130	-0.132	-0.178	-0.265	-0.212	1.000										
9	0.051	0.008	0.033	0.201	0.194	0.256	0.237	-0.355	1.000									
10	-0.031	0.088	-0.106	-0.054	-0.180	0.041	0.036	-0.152	0.014	1.000								
11	-0.052	-0.078	-0.008	-0.028	0.029	-0.103	-0.077	0.086	-0.027	-0.529	1.000							
12	0.027	-0.002	0.139	0.237	0.111	0.258	0.268	-0.198	0.289	0.124	-0.029	1.000						
13	0.046	0.019	0.034	0.089	0.169	0.214	0.114	-0.382	0.330	0.155	-0.056	0.253	1.000					
14	-0.026	-0.007	-0.059	-0.012	0.079	-0.049	0.069	-0.098	-0.012	-0.036	0.135	0.039	0.140	1.000				
15	0.074	0.052	0.181	0.222	0.189	0.218	0.259	-0.330	0.400	-0.152	0.140	0.275	0.306	0.016	1.000			
16	0.063	0.040	0.044	0.135	0.116	0.148	0.118	-0.213	0.279	-0.074	0.161	0.203	0.235	-0.044	0.512	1.000		
17	0.050	0.068	0.003	0.051	0.058	0.157	0.143	-0.298	0.307	0.109	0.074	0.183	0.215	0.008	0.383	0.336	1.000	
18	0.000	0.038	0.054	0.082	0.104	0.209	0.194	-0.193	0.260	0.012	-0.017	0.199	0.208	-0.068	0.382	0.280	0.295	1.000

进一步，为了避免解释变量较多时可能存在的多重共线性，也为了检验模型估计结果的稳健性，同时为了更加清晰地反映不同层面解释变量对农村社会养老服务需求意愿影响的差异性，本章采用逐步回归方法，分别分析农村老年人的个体特征变量（模型1）、家庭保障因素（模型2）、独立保障因素（模型3）、社会保障因素（模型4）、社会评价因素（模型5）对农村社会养老服务需求意愿的影响，具体结果如表6-7所示。由表6-7可知，五个模型的卡方值均大于133（除了模型1），显著性水平均为0.0000，对数似然比统计量均小于-31，表明五个模型的整体拟合效果较为理想。

表6-7中的统计结果显示，个体特征、家庭保障、独立保障、社会保障、社会评价因素是影响农村社会养老需求意愿的重要因素，且对农村社会养老需求意愿表现出不同程度的显著影响。具体来看：

第一，个体特征变量对农村社会养老服务需求意愿的影响。在个体特征变量中，只有婚姻状况对农村社会养老服务需求意愿具有显著的负向影响。这说明，在农村养老问题上，配偶在老年人物质供给和精神支持方面发挥了重要作用。性别、年龄和文化程度对农村社会养老服务需求意愿的影响均未通过显著性检验，不具有统计学意义。这说明性别、年龄和文化程度与农村社会养老服务需求意愿之间并不具有显著相关关系。

第二，家庭保障因素对农村社会养老服务需求意愿的影响。子女数、家庭规模和代际关系均对农村社会养老服务需求意愿产生了显著的负向影响。子女数越多，农村社会养老服务需求意愿越低，子女数多的农村老年人不愿意选择社会养老服务的概率发生比是子女少的农村老年人这一概率发生比的3.5倍。可能的解释是，一方面，中国人普遍讲究"儿孙绕膝"的天伦之乐及其"家人团圆"之美，子女数量多的农村老年人，更容易获取"天伦之乐"，也显得"家人团圆"之美非常热闹；另一方面，子女数多的农村老年人可以从子女那里获得更多的经济支持、生活照料、精神慰藉，从而社会养老服务需求意愿降低。还有可能是因为随着城镇化的快速发展，住房成本、养育成本、婚嫁成本快速上升，往往给子女带来沉重的负担，这也印证了范成杰（2013）的研究结果，在养育和养老问题上，子女更倾向于把有限的资源用于"养小"而非"养老"。责任伦理认为，老年人对子女不计回报地付出，但老年人在条件允许的情况下会尽量生活自立，以减轻子女的负担（杨善华，贺常梅，2004）。家庭规模越大，农村老年人越不愿意选择社会养老服务，即家庭规模小的农村

表 6-7　农村社会养老服务需求意愿影响因素 Logit 回归结果

变量分类	变量名称	模型 1		模型 2		模型 3		模型 4		模型 5	
		β	Exp(β)	β	Exp(β)	β	Exp(β)	β	Exp(β)	β	Exp(β)
个体特征变量	性别	-0.034	0.967	-0.159	0.853	-0.438	0.645	-0.612	0.542	-0.947	0.388
	年龄	-0.118	0.889	0.172	1.188	0.121	1.129	0.413	1.511	0.627*	1.872
	文化程度	-0.073	0.930	-0.001	0.999	-0.581**	0.559	-0.403	0.668	-0.572	0.564
	婚姻状况	-3.42***	0.033	-2.879***	0.056	-2.750***	0.064	-3.348***	0.035	-3.315**	0.036
家庭保障因素	子女数			-1.251***	0.286	-0.930**	0.395	-1.173**	0.309	-1.293**	0.274
	家庭规模			-1.555***	0.211	-1.078***	0.340	-0.972**	0.378	-0.646	0.524
	代际关系			-0.622***	0.537	-0.319	0.727	-0.449	0.638	-0.292	0.747
独立保障因素	经济收入					1.280***	3.597	1.404***	4.071	1.501***	4.486
	健康状况					-1.190***	0.304	-0.985***	0.373	-0.842***	0.431
社会保障因素	陕南							-0.262	0.770	-0.946	0.388
	陕北							0.178	1.195	0.707	2.028
	邻里互助关系							-0.168	0.845	-0.123	0.884
	政策重视和宣传力度							-0.885***	0.413	-0.683*	0.505
	政策法规完善程度							0.707**	2.028	0.713*	2.040
社会评价因素	生活照料评价									-0.973***	0.378
	医疗保健评价									0.609	1.839
	精神慰藉评价									0.251	1.285
	文化娱乐评价									-0.550	0.577
模型拟合效果	$LR\chi^2$	36.95		133.64		214.03		231.20		241.69	
	$Prob\ \chi^2$	0.0000		0.0000		0.0000		0.0000		0.0000	
	$Log\ likelihood$	-133.5738		-85.2320		-45.0376		-36.4494		-31.2049	
	$Pseudo\ R^2$	0.1215		0.4394		0.7038		0.7603		0.7948	

注：***、**、*分别表示 1%、5% 和 10% 的显著性水平。关中地区为所在地区虚拟变量的参照项。自变量对因变量的边际贡献以该变量第一次进入模型时为准。

老年人选择社会养老服务的概率发生比是家庭规模大的农村老年人这一概率发生比的0.21倍。可能的解释是家庭规模越大，说明家庭关系更和谐或和谐度更高，农村老年人所需的生活照料、经济支持、精神慰藉很容易得到满足，因此，家庭规模越大，农村社会养老需求意愿越低。虽然家庭规模与子女数之间并没有必然的联系，可能还会由于分家问题导致矛盾的产生，更有甚者可能会导致农村养老的"公地悲剧"。家庭规模与子女数的相关性表明，两者之间的相关系数仅为0.076，相关性非常微弱，于是很有可能是家庭关系决定了家庭规模的大小。而本章的研究结果正好证实了这一点。代际关系与农村社会养老服务需求意愿之间具有显著的负向相关关系，即家庭代际关系越好，农村老年人越不愿意选择社会养老服务，代际关系质量每上升一个单位，农村老年人不愿意选择社会养老服务的概率发生比将增加86.2%，这正好从侧面证实了家庭规模与农村社会养老服务需求意愿之间负相关的合理性。此外，熊波和石人炳（2016）的研究结果也证实这一点，其研究表明，代际关系越好，老年人获得代际支持的概率越高。

第三，独立保障因素对农村社会养老服务需求意愿的影响。经济收入和健康状况2个变量对农村社会养老服务需求意愿具有显著影响。其中，经济收入对农村社会养老服务需求意愿具有显著正向影响，健康状况对农村社会养老服务需求意愿具有显著负向影响。即农村老年人经济收入越高，选择社会养老服务的需求意愿越高，经济收入高的农村老年人愿意选择社会养老的概率发生比是经济收入低的农村老年人这一概率发生比的3.6倍。进一步解释是经济条件好的农村老年人，经济上更具独立性，不过多依赖子女，同时也会更加关注自己的身体健康状况和生活质量，会通过请人照料、陪聊、外出旅游等方式，以达到生活有人照料、生活不孤独的目的。健康状况越好，农村老年人越不愿意选择社会养老服务，即健康状况差的农村老年人选择社会养老服务的概率发生比是健康状况好的农村老年人这一概率发生比的0.3倍。农村老年人健康状况越好，对代际互动和代际互惠更有利，越有机会获得生活照料和精神慰藉，生活上容易得到满足。

第四，社会保障因素对农村社会养老服务需求意愿的影响。在社会保障因素里，政策重视和宣传力度与政策法规完善程度对农村社会养老服务需求意愿有显著影响，其中政策重视和宣传力度对农村社会养老服务需求意愿有显著负向影响，政策法规完善程度对农村社会养老服务需求意愿有显著正向影响。即国家和政府对养老服务的重视和宣传力度越大，农村老年人选择社会养老服务的意愿越低，国家和政府对养老服务的重视和宣传力度每提高一个档次，农村老年人不愿意选择社会养老服务的概率发生比将增加 142.1%。这与崔香芬等（2019）的研究结果不符，即农村老年人对政策信息了解越充分、全面，越倾向于选择各类居家养老服务。可能的解释是，一方面，虽然农村老年人家庭养老的功能正在逐渐弱化，并随着国家和政府对养老服务的重视和宣传力度越来越大，社会养老逐渐被农村老年人所认识和选择，但受家庭经济状况、生活习惯、传统"养儿防老"思想、担心对子女名声不好等影响，造成农村老年人实际选择社会养老服务的真实意愿并不高；另一方面，从侧面反映了我国农村社会养老保障制度还很不健全和完善，虽然可以在生活照料、医疗服务方面能够满足农村老年人的需求，但是在精神慰藉、社会支持等方面还比较欠缺，不能满足老年人的实际需求。政策法规越完善，农村老年人对社会养老服务的需求意愿越高，政策法规完善程度每上升一个水平，农村老年人愿意选择社会养老服务的概率发生比将增加 102.8%。进一步解释是政策法规越完善，农村老年人才可能获得更好更加精细化的生活照料、专业化的医疗服务等，于是农村老年人对其需求意愿较高。所在地区和邻里互助关系对农村社会养老需求意愿的影响均未通过显著性检验，不具有统计学意义。这说明所在地区、邻里互助关系与农村社会养老服务需求意愿之间并不具有显著相关关系。

第五，社会评价因素对农村社会养老服务需求意愿的影响。在社会评价因素里，只有生活照料评价对农村社会养老服务需求意愿有显著影响，且符号为负。即社会大众对生活照料评价每提升一个层次，农村老年人不愿意选择社会养老服务的概率发生比将增加 164.6%。这似乎与实际不相符。可能的解释是，一方面，实地调查结果表明，绝大多数（82.8%）农村老年人愿意选择社会养老服务，需求意愿较高，但是农村老年人可能短期在思想观念和生活习惯上很难真正改变，因为思想观念和生活习惯是在生活中长期积淀的结果，具有稳定性和路径依赖性；另一方面，社会大众对社会养老服务中的生活照料评价越高，越能够提供精细化的生活照料、专业化的医疗服务等，即意味着社会养老服务的供给价格较高，而农村老年人受较低的收入水平的重要影响，使得农村老年人无力支付高昂的社会养老服务费用，进而造成其对农村社会养老服务的需求意愿较低。医疗保健评价、精神慰藉评价和文化娱乐评价对农村社会养老服务需求意愿的影响没有通过显著性检验，说明医疗保健评价、精神慰藉评价和文化娱乐评价对农村社会养老服务需求意愿的影响不具有统计学意义。

综合以上的计量分析结果，可以发现，个体特征变量中的婚姻状况，家庭保障因素中的子女数、家庭规模和代际关系，独立保障因素中的经济收入和健康状况，社会保障因素中政策重视和宣传力度与政策法规完善程度，社会评价因素中生活照料评价 9 个因素对农村社会养老服务需求意愿有显著影响。其中，经济收入和政策法规完善程度对农村社会养老服务需求意愿有显著正向影响，即农村老年人经济收入越高，越愿意选择社会养老服务；政策法规越完善，农村老年人选择社会养老服务的需求意愿越高。婚姻状况、子女数、家庭规模、代际关系、健康状况、政策重视和宣传力度、生活照料评价对农村社会养老服务需求意愿具有显著的负向影响，即农村老年人婚姻状况越完整、健康状况越好，越不愿意选择社会养老服务；农村老年人拥有的子女数越多，其对社会养老服务的需求意愿越低；家庭规模越大，农村老年人越不愿意选择社会养老服务；家庭代际关系越好，农村老年人越不愿意选择社会养老服务；政策重视和宣传力度越大，农村老年人选择社会养老服务的意愿越低；生活照料评价越高，农村老年人越不愿意选择社会养老服务。此外，性别、年龄、文化程度、所在地区、邻里互助关系、医疗保健评价、精神慰藉评价和文化娱乐评价对农村社会养老服务需求意愿的影响不显著。

6.5　本章小结

本章利用来自 2019 年 8 月陕西省 6 个县区 331 位农村老年人的实地调查数据，在分析农村老年人对社会养老服务需求意愿的基础上，采用二元 Logit 模型，实证分析了农村社会养老服务需求意愿的影响因素。主要得到了如下两点研究结论：

（1）农村老年人对社会养老服务有较高的需求意愿。农村老年人的养老服务需求已呈分散化趋势，农村社会养老服务需求意愿高达 82.8%。具体来看，农村老年人对居家养老服务、机构养老服务、社区养老服务的需求意愿分别是 74%、7.3% 和 1.5%。从地区分布来看，陕南、关中、陕北三个地区农村老年人对社会养老服务的需求意愿分别为 82.3%、82.4% 和 83.6%，其中，三个地区农村老年人均对居家养老服务的需求意愿最高，分别为 76.1%、

75.5%和70.7%，说明三个地区农村老年人对社会养老服务需求意愿的差异不大，这从实证分析中也证实了一点。从社会养老服务需求内容来看，农村老年人需求意愿最为强烈的是经济支持、生活照料和医疗保健，说明农村老年人更希望通过获得经济支持的方式参与社会养老。但是，如果考虑农村老年人的养老能力、生活习惯等，实际真正选择社会养老的老年人可能就会没这么多。

（2）婚姻状况、子女数、家庭规模、代际关系、经济收入、健康状况、政策重视和宣传力度、政策法规完善程度、生活照料评价9个因素是影响农村社会养老服务需求意愿的重要因素。其中，经济收入和政策法规完善程度对农村社会养老服务需求意愿有显著正向影响，婚姻状况、子女数、家庭规模、代际关系、健康状况、政策重视和宣传力度、生活照料评价对农村社会养老服务需求意愿具有显著的负向影响。此外，性别、年龄、文化程度、所在地区、邻里互助关系、医疗保健评价、精神慰藉评价和文化娱乐评价对农村社会养老服务需求意愿的影响不显著。

根据以上分析和研究结论，本章主要得到以下政策启示。

第一，正确处理好家庭养老和社会养老的关系。调查结果显示，农村老年人对社会养老服务的需求意愿较高，且以居家养老服务为主，但仍有17.2%的农村老年人选择传统的家庭养老模式。虽然当前家庭养老的功能正在全面弱化，急需社会养老服务作为支撑，但是社会养老服务的发展，必须以传统家庭养老服务作用的发挥为基础，因为我国的现实国情决定了农村老年人的养老不能完全依靠政府，也不能完全依靠家庭，因此，需关注民生，力求改善民生，就必须处理好家庭养老和社会养老的关系，构建健全的"以居家为基础、社区为依托、机构为补充、医养相结合"多元化的社会养老服务体系，实现家庭养老服务和社会养老服务的相互补充和相互支持，逐步满足"农村居民日益增长的美好生活需要"。

第二，进一步健全农村社会保障制度。农村社会保障制度主要是为农村老年人提供了健康保障，也为农村老年人自立自强提供了重要条件。研究表明，经济收入、健康状况等是影响农村老年人参与社会养老服务的关键因素。在城镇化快速发展和教育、婚姻成本快速上涨的趋势下，农村老年人更愿意生活自立，尽可能地不依赖于子女，一方面可以减轻子女的负担，另一方面在一定程度上有助于缓解代际关系，有利于促进老年人与子女之间的代际互惠，促进家庭的和谐发展与家庭养老的健康发展。因此，应进一步健全农村社会保障制度，为农村老年人构建温馨、舒适的养老生活环境。

第三，以农村老年人需求为导向，合理安排社会养老服务内容，即生活照料、医疗保健、精神慰藉等。调查研究表明，农村老年人对居家养老服务的需求意愿较高（74%），而对机构养老服务、社区养老服务的需求意愿较低（分别为7.3%和1.5%）；农村老年人对养老服务内容需求意愿最为强烈的是经济支持、生活照料和医疗保健。可见，农村老年人对不同方式的社会养老服务的需求不同，同时对养老服务内容的需求也不同。因此，应因地制宜，根据农村老年人对于社会养老服务的实际需求意愿，使社会养老服务的供给更具有针对性，供给质量更高，更好地满足不同农村老年人对社会养老服务的不同需求。

第 7 章

基于农户（微观）层面农村
社会保障供给绩效分析

7.1 问题的提出

中国农村社会保障制度自建立以来已有 60 多年的时间，主要起源于五保供养制度，经过 60 多年的发展，农村社会保障制度逐渐得到了的健全和完善，特别是进入 21 世纪后，农村社会保障制度的建设步伐更快，比如新型农村合作医疗、农村最低生活保障、新型农村社会养老保险等制度的建立，使得农村社会保障在我国社会发展中的作用和地位日益凸显，也使得具有中国特色的农村社会保障体系框架初显端倪（陈佳贵，王延中，2010）。农村社会保障制度在社会发展中发挥着"调节器"与"稳定器"的作用，对于缓解农村贫困、失业、稳定农村发展、促进农村居民增收等具有重要的作用（唐娟莉，2014）。中国已进入了人口老龄化阶段，且呈现出快速的发展态势，并伴随着高龄化、失能化、空巢化、少子化特征（吴玉韶，2015）。目前，中国人口老龄化问题已相当严重，进而由此所衍生的养老问题将面临严峻的考验，特别是农村老年人养老问题将更加突出和严峻。因此，评价农户对农村社会保障供给的满意度，能够客观的反映农村社会保障制度实施的效果，对于更好地实施农村社会保障制度和农村可持续发展具有重大战略意义和实际意义。

7.2 以往文献回顾

纵观国内外学者的研究成果,关于农村社会保障供给绩效的研究主要可以归纳为以下两个方面:

一方面,学者们主要是对农村社会保障整体供给绩效进行了综合评价,并取得了丰硕的成果,如张尧(2015)、杨斌和徐敬凯(2014)从内容体系、结构体系和层次体系分析了农村社会保障制度的发展。赵光和李放(2013)从覆盖面、保障度、持续性三个方面构建农村社会保障发展水平综合评价指标体系,并对其进行了综合评价。彭国甫和鄢洪涛(2008)从经济发展绩效、社会分配绩效、公共服务和公共产品供给绩效、农村居民政治参与和农村社会稳定绩效四个维度对农村社会保障制度的绩效进行了分析。何晖和邓大松(2010)从效率标准、公平标准与人的自由全面发展标准三个层次对农村社会保障制度的运行情况进行了评价,研究结果显示,农村社会保障制度虽取得了一定的成效,但各省区间仍存在明显的差异。另外,农村社会保障供给绩效最为直接的效果就是能在一定程度上减缓贫困、缩小收入分配不平等。穆也(2013)研究发现,农村社会保障对民生指数的贡献率为53.84%,其中医疗保障和养老保障对民生指数的贡献率分别为30.08%和23.76%,可见,农村社会保障的范围明显扩大,保障水平持续提升,城乡间差距也在逐渐减小(杨园争,2019)。从地区分布上看,中西部地区农村社会保障的收入再分配效应大于东部地区(吕承超,邵长花,2019)。从农村社会保障包括的具体范畴来看,农村最低生活保障制度和农村养老保障制度在农村反贫困领域发挥出显著的减贫效应(黄万庭,2015),此外,社会保障还可以通过提升农村居民信贷资质增加其信贷获得,相比于粮食增产,新农合可能更有助于农村居民增收(赵思诚等,2019)。虽然农村社会保障是调节收入分配的重要工具,社会保障制度能够缩小收入差距,但同时也存在一些扩大收入差距的制度安排(王延中等,2016)。叶金国和仇晓洁(2015)研究认为,地区间的农村社会保障财政资源配置差异较大,同时,区域间的不均等已成为农村社会保障支出非均等化的主要矛盾(仇晓洁等,2013)。显而易见,农村社会保障的发展,使得农村居民收入水平随之提高,对于缓解农村地区贫困产生了积极作用。但是，农村社会保障依然存在的覆盖范围有限、城乡差距较大、社会福利与社会救助发展相对滞后、财政投入不足、再分配功能不完善等问题仍然不容忽视（龙玉其，2015）。

另一方面，学者们主要是从农村社会保障所包括具体内容出发，主要是对新型农村合作医疗、新型农村养老保险和农村社会救助制度进行了综合评价。在新型农村合作医疗方面，新农合的发展主要和建立医疗保险专有账户有较大的关联性（曲绍旭，2013）。在新型农村养老保险方面，农村养老保险发展水平的关键影响因素是农村居民的收入能否为养老保险提供可持续的资金来源（邓大松，肖山，2017）。相关研究表明，老年人获得社会保障在整体上能够提高子女对其经济供养水平（胡宏伟等，2012），且未来养老问题对养老金领取年龄的政策规定及其新农保的制度评价具有显著的正向影响（曲绍旭，2013）。也有研究表明，养老金的领取有助于推动土地流转，即正在领取养老金的农户更倾向于转出土地（吕守军等，2019）。然而，从我国农村社会养老保险发展现实情况来看，目前我国农村社会养老保险的保障水平无法满足农村居民的社会养老保险需求，进一步，在导致其保障效果欠佳的所有因素中，起决定性作用的是城乡社会养老保险制度的分割性（蒋军成等，2017）。另外，从社会养老资源分布来看，劳动力流出地的各项保障政策对农村老年人的保障水平也较为有限（张邦辉，杨乐，2017）。在农村社会救助方面，农村居民对农村社会救助有着强烈的现实需求，然而这一需求并没有得到有效满足。其原因主要有两点：一是农村社会救助制度自身发展能力不足，对有劳动能力的贫困者的就业帮扶力度较小（宁亚芳，2016）；二是农村最低生活保障的救助标准较低，专项救助能力有限（刘苏荣，2016）。

综上所述，国内外学者的研究成果为本章从微观层面实证分析农村社会保障供给绩效奠定了基础，并提供了经验借鉴。从已有研究成果来看，学者们主要是对新型农村合作医疗、新型农村社会养老保险供给绩效进行了研究，并取得了丰硕的研究成果。然而，这些研究较少从整体上研究农村社会保障供给绩效，鉴于此，本章主要实证分析农村社会保障供给绩效，而对于农村社会保障供给绩效本章主要用满意度来进行表示。因此，本章基于2019年陕西、甘肃、内蒙古、贵州、四川5个省份12个县848户农户的实地调查数据，在分析农村社会保障供给农户满意度的基础上，采用多元有序Logit模型，实证分析农村社会保障供给农户满意度的影响因素。

7.3 顾客满意度理论与社会保障供给绩效

7.3.1 顾客满意度相关概念

顾客满意（Customer Satisfaction，CS），是指顾客将消费某一产品或服务后可感知的效果或结果和其期望相对比之后，顾客在心理上所形成的一种心理感觉（唐娟莉，2012）。

顾客满意程度简称为顾客满意度，是反馈顾客在消费某一产品或服务之后的满足情况，换句话说，就是顾客客观综合评价其消费某一产品或服务本身以及这种产品或服务性能，为相关机构或单位提供评价特定产品或服务绩效的相关信息。具体而言，顾客满意度是顾客对所消费的某一产品或服务性能的期望、实际感知及其二者比较综合作用的结果（Johnson M.，Fornell C.，1991）。在此将其表达为如下函数关系式：

$$顾客满意度 = f(对性能的期望, 感知到的性能)$$

衡量顾客满意程度的经济指标之一就是顾客满意度指数（Customer Satisfaction Index，CSI），是将顾客消费某一产品或服务后的满意程度和心理感受通过特定的因果关系模型进行测评的结果。

7.3.2 顾客满意度理论的发展

20世纪70年代，顾客满意研究兴起，最早提出顾客满意度理论的文献可追溯到1965年卡多佐（Cardozo）发表的"顾客的投入、期望和满意的实验研究"。早期在满意度方面的研究主要集中在产品方面，而提高顾客满意度，会令顾客产生再次购物的行为，不会转换到其他产品或服务的消费上（Cardozo，1965）。早期顾客满意度理论的研究大量摄取了社会学、心理学方面的理论，于是在消费心理学研究领域，顾客满意度理论应运而生，随后在市场经济快速发展的过程中，"象牙塔"束缚的顾客满意度理论研究时期结束，进入了实用研究阶段，但是大部分的理论仍然是以认知理论作为研究的理论基础。

20 世纪 80 年代初，"顾客满意"逐渐推进。直至 1985 年，美国学者基于企业标识（Corporate Identification，CI）战略，首先正式提出了顾客满意度理论，这一理论在发达国家迅速得到推广和应用，其内容涵盖了消费心理学、消费行为学、市场营销学、经济学、计量经济学等多个学科领域。于是，1989年，美国密歇根大学商学院质量研究中心费耐尔（Fornell）博士构建出了费耐尔模型，这一模型是迄今为止学术界研究最为成熟与最为被广泛应用的研究成果。费耐尔模型由多方面因素综合而成，包括顾客期望、顾客感知、购买质量、购买价格等。顾客满意度指数可以通过对费耐尔模型运用偏微分最小二次方求解得到，这一指数提出后，新公共管理运动的市场导向、顾客导向、结果导向的三大基本特征越来越显著，顾客满意度指数越来越多地被引入政府绩效考核中。

顾客满意度指数模型最早在企业中得以广泛应用，主要是对顾客消费企业提供的产品或服务（质量、价格等）性能的满足程度的测度。20 世纪 80年代中期，美国政府建立了"马尔科姆·鲍德里奇国家质量奖"，主要用于鼓励企业应用"顾客满意"，这对于"顾客满意"的发展起到了极大的推动作用。1989 年，瑞典建立了世界上第一个全国性顾客满意度指数（Sweden Customer Satisfaction Barometer，SCSB）。1992 年，德国和美国也建立起了顾客满意度指数，分别是国家顾客满意度指数（DK）与美国顾客满意度指数（ACSI）。之后，法国、加拿大、韩国、新西兰、意大利及我国台湾等 20 多个国家和地区也不断建立了全国或地区性的顾客满意度指数模型，此外，这方面的研究也逐渐在欧洲一些国家展开（Fornell D.，Larcker F.，1983；Oliver R. L.，1982）。20 世纪 90 年代后，顾客满意度理论日趋成熟，在企业中的应用更加广泛，成为企业经营与产品营销的战略思想。所以，顾客满意度指数理论成为全球工商界盛行的一种新型管理哲学与企业文化。顾客满意度理论的最新发展趋势是顾客忠诚度（Customer Loyalty，CL），其核心思想是：企业的价值目标是顾客的需求和期望，对顾客的抱怨和投诉进行有效的预防与消除，以期不断提高顾客满意度，在企业和顾客之间逐步建立起一种互相信任与互相依赖的"价值链"。在此，本研究对顾客满意度理论的发展历程用图 7 - 1 来呈现。

| 企业形象（CI）
Corporate Identity | → | 顾客满意（CS）
Customer Satisfaction | → | 顾客忠诚（CL）
Customer Loyalty |

图 7 – 1　顾客满意度理论发展历程

我国顾客满意度理论发展起步较晚，20 世纪 90 年代中期，顾客满意度调查在大陆的跨国公司中得到迅速而广泛的应用。国家质量监督检验检疫总局和清华大学合作进行中国用户满意度指数（CCSI）调查，现已取得阶段性研究成果。顾客满意度指数概念首次被引入国内（国家经贸委"领导参阅"）是在1995 年，引入人是清华大学的赵平教授。1997 年，顾客满意度指数逐渐在清华大学、中国人民大学、中国质协、上海质协等高校和机构得到研究和推广应用。受国家质量技术监督局的委托，1998 年开始，"中国顾客满意指数评价方法"在清华大学得以研究。1999 年，国务院颁布的《关于进一步加强产品质量工作若干问题的决定》中明确指出："探索与研究产品质量顾客满意度指数测评方法，以期向消费者提供最完备、最真实可靠的产品质量信息"。受国家科技部的委托，2000 年"中国顾客满意指数"正式列为课题在中国标准研究中心进行研究。2001 年，通过两次全国性试验研究，证实了中国顾客满意指数模型、调查手段、计算与分析软件的可行性。2002 年开始，中国顾客满意指数进入了推广应用阶段。目前，中国顾客满意度模型在多个领域已得到实际应用。

7.3.3　顾客满意度理论应用

近年来，顾客满意度理论得到了广泛应用，被应有到了多个部门和多个学科领域，比如政府部门、企业，质量管理体系，医学、"三农"领域等。顾客满意度理论也被广泛应用到农村公共品供给绩效评价研究中，也有不少学者将顾客满意度理论引入了农村社会保障供给绩效评价中。

刘红玉等（Hong-yu Liu et al. , 2006）在构建电子邮件客户满意度评价指标体系的基础上，通过建立客户满意度评价模型，对电子邮件服务顾客满意度进行了定量的测算和评价。S. -H. Hsu（2008）在对美国客户满意度指标进行改进的基础上，对网上客户的满意度进行了综合评价，并对其主要影响因素进行了分析。伊达·托伦比约克（Ida Torunn Bjørk, 2007）综合评价了挪威四家医院 2095 名护士的工作满意度，并分析了影响护士工作满意度的主要因素。研究表明，工资和自主性是影响挪威护士工作满意度的最重要因素。在危机情况下，客户满意度的 40% 是由客户对工作者的评价来决定（Anne-Marie Baronet and Gary J.，1997）。

在"三农"领域中，顾客满意度理论的应用相对较晚和较为简单，但近年来，顾客满意度理论在农村公共品领域甚至农村社会保障领域逐渐被推广应用。

袁建华等（2010）通过研究农村公共投资满意度发现，农户满意度较高的主要体现在公共品的硬件方面（比如通信状况、供电服务等），而农户满意度相对较低的主要是软件方面（比如图书馆服务、技术服务等）。李强等（2006）利用两次实地调研数据（2003 年和 2005 年），对包括教育、医疗、道路、饮用水、灌溉和生活垃圾处理在内的 6 种公共服务的农村居民满意度进行了实证分析。研究发现，对于环境敏感区和非环境敏感区的农村居民而言，他们在农村公共服务满意度方面存在着较大的差异。何精华等（2006）通过对长江三角洲不同地区农村公共服务满意度存在差异原因的探析，发现最大限度地消除农村不稳定因素需要不断提高农村公共服务农村居民满意度，这也是构建社会主义和谐社会和推进社会主义新农村建设的重大理论与现实课题。樊丽明和骆永民（2009）通过构建结构方程模型，定量化研究了农村基础设施农村居民满意度及其影响因素。研究表明，村庄类型的优越程度、村庄距县城距离的远近、农户家庭结构、农户收入增长速度、农村基础设施供需缺口大小、农村基础设施价格的高低、和其他村的基础设施进行比较而得到的优越感等因素都是与农村居民满意度密切相关的。李燕凌和曾福生（2008）运用 CSI-Probit 回归模型，综合评价了农户对农村公共品供给的"满意度"。研究结果显示，影响农村公共品供给"满意度"的因素主要有农村居民年龄、受教育年限、收入水平、农户距乡镇政府距离、医疗可及性、农户有效灌溉面积率及其农林技术站服务次数等。基础教育、医疗、道路、农田水利设施、饮水设施、政府信用度、村务收支状况、生活垃圾处理等也是影响农村公共服务农村居民满意度的主要因素；且农村居民满意度根据其需求状况具有一定的次序性（唐娟莉等，2010）。

近年来，顾客满意度理论也被广泛应用在了社会保障领域。唐娟莉（2014）利用农户实地调查数据，立足于需求角度，实证分析了我国农户对农村社会保障需求满意度。结果显示，不管是对于整体样本还是收入分组样本而言，农村社会保障状况农户满意度均较高；就参与意愿而言，农户参与新型农村社会养老保险的意愿较低，而参与新型农村合作医疗的意愿较高。而王悦（2015）却得到了与此相反的结论。王悦（2015）研究表明，农村居民对农村社会保障的满意度偏低。从农村社会保障满意度的影响因素来看，不同学者之间的研究有一定的差异性，如杨佳良等（2014）研究认为，影响失地农村居民社会保障满意度的因素主要有家庭人均年纯收入、失地后家庭收入是否减少、失地面积比例、就业是否得到保障、土地补偿补贴金额、自己或在世最亲近老人养老是否得到保障等。也有学者研究认为，年龄、健康状况、新农保基础养老金保障水平、新农保个人账户缴费负担、是否参加新农合是影响农村居民对农村社会保障满意度的重要因素（王悦，2015）。此外，学者还研究了社会保障公平与再分配公平满意度之间的关系。研究结果显示，社会保障公平对再分配公平满意度具有显著影响，社会保险满意度在很大程度上可以扩大体制内与体制外居民之间的再分配公平满意度（孙敬水，吴娉娉，2019）。具体而言，在农村医疗卫生方面，王延中和江翠萍（2010）研究认为，农村居民医疗服务满意度比较低，其影响因素有直接的，也有间接的，医疗机构评价、药品评价、医护人员评价等为直接影响因素，农村居民文化程度、主要患病类型、患病后的主要诊疗方式等为间接影响因素。对于新型农村合作医疗而言，在新农合政策早期，参加新农合能够显著降低农村居民的生育意愿（王天宇，彭晓博，2015），随着近年来新的生育政策出台，政府对新农合进行适度调整来缓解养育成本可达到改善"二胎政策"效果的目标（黄秀女，徐鹏，2019）。因此，农村居民普遍认为新型农村合作医疗的效果较好（陈秋红，2019），且农村居民的医疗卫生满意度高于城镇居民（周绍杰等，2015）。虽然新农合在不同地区之间存在差异，但总体上对改善民生具有积极作用，农村居民对新农合的满意度比较高（于长永，2013）。唐娟莉（2016）也印证了这一点。唐娟莉（2016）基于四川、陕西、宁夏、贵州 4 个省份 375 户农村居民的微观数据，对农村医疗卫生服务农村居民满意度及其影响因素进行了实证研究。结果显示，农村居民对农村医疗卫生服务满意度较高，其主要影响因素有受教育程度、医疗费用、患病后治疗方式、新农合是否减轻医疗负担；具体到富裕和贫困农村居民而言，其共同的关键影响因素是距县医院距离、医疗费用。在新型农村养老保险方面，吕学静和李佳（2012）通过构建二元 Logistic 回归模型，对流动人口养老保险参与意愿的影响因素进行了量化研究。结果显示，其重要因素是流动人口的个人因素和工作状况。柳清瑞和闫琳琳（2012）对全国 20 省市农户的调查表明，政策信任程度、政策了解程度及缴费给付水平是影响新农保政策满意度的主要变量，且它们的影响具有一定的次序性。

上述研究反映了顾客满意度理论在农村社会保障供给绩效研究领域所取得的最新成果，对于深入研究农户层面农村社会保障供给绩效评价具有重要借鉴意义。

7.4　数据来源与样本描述

本章研究数据来源于 2019 年 6 ~ 8 月在西部地区的陕西、甘肃、内蒙古、贵州、四川 5 个省份 12 个县所组织实施的"农村社会保障供给状况与满意度"问卷调查。此次实地调查采取分层抽样和随机抽样相结合的方式，根据被调查区域的社会经济发展、农村社会保障实施等情况，在陕西和贵州分别选择 3 个典型县，甘肃、内蒙古和四川分别选择 2 个典型县，然后按照先乡镇再到自然村的顺序分别抽取 3 个典型的乡镇和自然村，最后在每个典型的自然村按照随机抽样的方式选择 6 ~ 9 个农户作为调查对象，样本分布情况如表 7 - 1 所示。在此次实地调查中，采用一对一的方式对表达清晰农户的基本情况、新农合参与情况、新农保参与情况、社会保障满意度等进行访谈，试图使农户的回答更符合实际。根据研究目的，剔除数据缺失、回答前后不一致等无效和不满足条件的问卷后，最终获得有效问卷 848 份，其中家庭人均年收入水平在 3000 元以下的低收入农户 208 户，家庭人均年收入水平处于 3000 ~ 10000 元的中等收入农户 384 户，家庭人均年收入水平在 10000 元以上的高收入农户 256 户。调查样本的基本情况如表 7 - 2 所示。

表 7 - 1　　　　　　　　　　　　样本分布情况

地　区	陕西	甘肃	内蒙古	贵州	四川
频数（个）	301	117	168	136	126
百分比（%）	35.5	13.8	19.8	16	14.9

7.4.1 农户基本特征

在 848 个被调查农户中,男性和女性农户所占比例分别为 61.67% 和 38.33%,即以男性为主;从年龄分布上来看,呈现倒 U 形态势,以 26 ~ 60 岁为主,占 85.73%,18 ~ 25 岁和 60 岁以上的比例较小,分别仅为 2.71% 和 11.56%;从被调查农户的文化程度来看,以初中文化程度为主,占 52.24%,其次是小学及以下,占 33.61%,而高中及以上的比例较低,为 14.15%,表明农村居民的文化程度普遍偏低;从被调查农户的家庭规模来看,由两代人所组成的 3 ~ 5 人中小型家庭所占比例最高,占比达 70.75%,体现了农村家庭平均人口规模的基本水平,6 ~ 8 人的家庭规模次之,占比为 19.93%,再次是 2 人及独居户,占比为 7.78%,9 人及以上的大家庭结构较少,占比仅为 1.53%;在所调查的农户户主中,70 人是村干部,占比为 8.25%,党员占比为 13.21%,15.33% 的农户未从事农业生产。

表 7 – 2　　　　　　　　　　　调查样本基本情况

项目	类别	频数（个）	百分比（%）	项目	类别	频数（个）	百分比（%）
性别	男	523	61.67	村干部	是	70	8.25
	女	325	38.33		否	778	91.75
文化程度	小学及以下	285	33.61	家庭规模	2 人及以下	66	7.78
	初中	443	52.24		3 ~ 5 人	600	70.75
	高中/中专	91	10.73		6 ~ 8 人	169	19.93
	大专/本科以上	29	3.42		9 人及以上	13	1.53
年龄	18 ~ 25 岁	23	2.71	党员	是	112	13.21
	26 ~ 40 岁	209	24.65		否	736	86.79
	41 ~ 50 岁	293	34.55	务农	是	718	84.67
	51 ~ 60 岁	225	26.53		否	130	15.33
	60 岁以上	98	11.56				

7.4.2 农村社会保障供给农户满意度分析

对于农村社会保障供给农户满意度的测度主要有两种方法:一种方法是综

合测度法，即将农户对农村社会保障供给各个方面的认知和评价进行综合测度，最终得到一个综合满意度指数；另一种方法是借助于调查问卷，设置可操作化的农村社会保障供给农户满意度指标"您对目前农村社会保障供给状况的满意程度如何？"同时，根据李克特量表将可操作化的指标选项设置为一个五分类选项，即非常不满意、不太满意、基本满意、满意、非常满意，并据此进行分析。两种方法各有优劣，第一种方法更客观，但是操作上具有一定的难度；第二种方法虽然简单，但具有心理测量学的充分性，且效度和信度也较为充分（Veenhoven R.，1996）。于是，在此借鉴奇里亚西 - 万楚普（Ciriacy-Wantrup，1947）的研究成果，采用第二种方法即调查问卷的方式对农村社会保障供给农户满意度情况进行揭示，具体满意度情况见表7-3。

表7-3　　　　　　　　　　农户对农村社会保障供给满意度情况

类　别		频数（个）	百分比（%）	类　别		频数（个）	百分比（%）
全部样本	非常不满意	135	15.92	低收入农户	非常不满意	3	1.44
	不太满意	67	7.90		不太满意	13	6.25
	基本满意	128	15.09		基本满意	34	16.35
	比较满意	463	54.60		比较满意	128	61.54
	非常满意	55	6.49		非常满意	30	14.42
中等收入农户	非常不满意	65	16.93	高收入农户	非常不满意	67	26.17
	不太满意	26	6.77		不太满意	28	10.94
	基本满意	67	17.45		基本满意	27	10.55
	比较满意	215	55.99		比较满意	120	46.88
	非常满意	11	2.86		非常满意	14	5.47

实地调查结果显示，在所调查的848户农户中，55人表示对农村社会保障供给非常满意，占比为6.49%；463人表示比较满意，所占比例为54.60%，超过一半，两者合计为61.09%；表示"基本满意""不太满意"和"非常不满意"的概率合计为38.91%。这说明农户对农村社会保障供给的满意度较高，但是农村社会保障制度在运行过程中仍存在着诸多问题，进一步提升的空间还很大，因此，需进一步健全和完善农村社会保障制度，为农村居民基本生活提供可靠保障。具体而言，从不同收入水平来看，低收入农户、中等收入农户和高收入农户表示对农村社会保障供给"比较满意"和"非常满意"的概

率合计分别为75.96%、58.85%、52.34%,其中表示"比较满意"的比例最高,三个收入组分别为61.54%、55.99%和46.88%;三个收入组农户表示"非常不满意""不太满意"和"基本满意"的比例合计分别为24.04%、41.15%和47.66%。这说明随着农户收入水平的提高,农户对农村社会保障供给的满意度逐渐降低,这意味着农户对社会保障提出了更高的要求和具有更高的期望。由此可见,不管是高收入农户、中等收入农户还是低收入农户均对农村社会保障供给的满意度较高,均超过了一半,且低收入农户对农村社会保障供给满意度高于高收入农户和中等收入农户对其的评价。

从不同地区来看,陕西、甘肃、内蒙古、贵州和四川5个省份农户对农村社会保障供给满意度评价结果为"比较满意"的概率最高,分别达到41.53%、56.41%、56.55%、66.91%、68.25%,而"非常满意"的评价结果所占比例较低,分别为5.32%、1.71%、0.60%、6.62%、21.43%,两者概率合计分别为46.85%、58.12%、57.15%、73.53%、89.68%,其中四川省农户的满意度最高,陕西省最低,且只有陕西省农户的满意度未超过50%;五个省份中农户评价结果为"非常不满意""不太满意"和"基本满意"的比例合计分别为53.16%、41.88%、42.85%、26.48%、10.31%(见表7-4)。这说明不同地区农户对农村社会保障供给满意度表现出明显的差异性,这主要是因为西部地区是一个地域差异很明显的地区,也是少数民族集聚的地区,不同区域农户面临的社会经济环境存在巨大差异,加之各个地区农村社会保障制度的运行机制和具体实施力度也有所差异,于是可能会导致不同区域农户对农村社会保障供给满意度的评价具有差异性。

表7-4 不同地区农户对农村社会保障供给满意度情况

地区	类别	非常不满意	不太满意	基本满意	比较满意	非常满意
陕西	频数(个)	35	44	81	125	16
	百分比(%)	11.63	14.62	26.91	41.53	5.32
甘肃	频数(个)	31	5	13	66	2
	百分比(%)	26.50	4.27	11.11	56.41	1.71
内蒙古	频数(个)	41	6	25	95	1
	百分比(%)	24.40	3.57	14.88	56.55	0.60

续表

地区	类别	非常不满意	不太满意	基本满意	比较满意	非常满意
贵州	频数（个）	24	7	5	91	9
	百分比（%）	17.65	5.15	3.68	66.91	6.62
四川	频数（个）	4	5	4	86	27
	百分比（%）	3.17	3.97	3.17	68.25	21.43

不同人口学特征的农户对社会保障供给满意度的评价会产生不同结果。图 7-2、图 7-3 和图 7-4 分别给出了不同性别、年龄和文化程度组农户对农村社会保障供给的满意度①。由图 7-2 可知，男性对农村社会保障供给的满意度（64.63%）高于女性（55.38%），说明男性对社会保障的关注度高于女性，主要是因为在农村，更多的是男性作为一家之主，家庭的支出更多来自男性的收入，于是他们对于社会保障的关注度更高一些。由图 7-3 可知，18~25 岁、26~40 岁、41~50 岁、51~60 岁、60 岁以上年龄组农户对农村社会保障供给的满意度分别为 60.87%、60.29%、65.53%、56.89%、59.18%，说明年龄与农村社会保障供给农户满意度之间的相关关系不明显。由图 7-4 可知，小学及以下、初中、高中/中专、大专/本科以上农户对农村社会保障供给的满意度分别为 56.14%、60.50%、78.02%、65.52%，说明文化程度与农村社会保障供给农户满意度之间呈现倒 U 形关系。

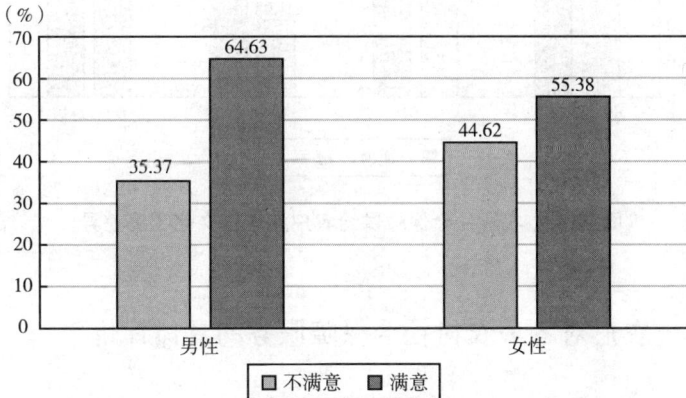

图 7-2 农村社会保障供给农户满意度性别差异

---

① 为了方便分析，在此将农村社会保障供给农户满意度评价结果为"非常不满意""不太满意"和"基本满意"归为一类，称为不满意，将"比较满意"和"非常满意"归为一类，称为满意。

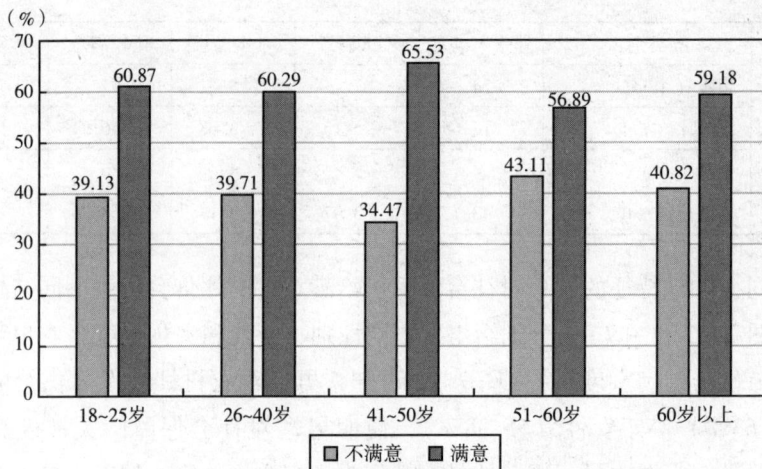

图 7-3　农村社会保障供给农户满意度年龄差异

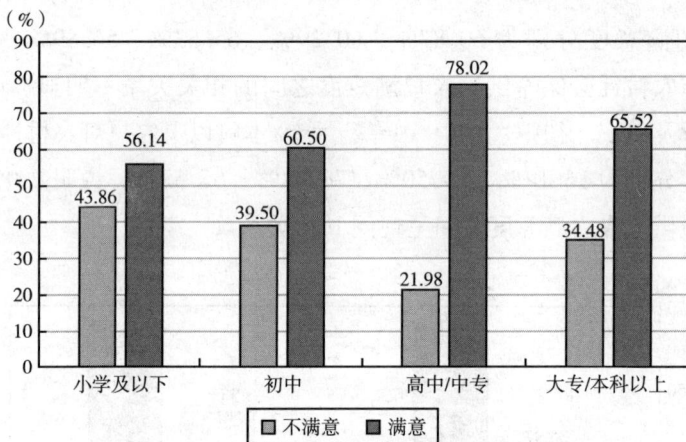

图 7-4　农村社会保障供给农户满意度文化程度差异

7.4.3　农户对各项农村社会保障服务的具体评价

7.4.3.1　新型农村合作医疗情况

新农合制度从 2003 年开始试点，直到 2010 年已基本实现了全覆盖。如表 7-5 所示，实际调查结果显示，新农合参与率为 98.83%，未参与率仅为 1.17%，其中低收入农户的参与率最高，为 99.52%，可见低收入农户想通过参加新农合使基本的医疗能够在一定程度得到保障，以减轻家庭的经济负担。

从我国新农合制度的具体实施情况看，新农合制度逐步得到农村居民的认可。实际调查结果显示，低收入农户、中等收入农户和高收入农户对新农合政策满意度评价结果为"比较满意"的比重最高，分别达到65.87%、62.76%、53.12%，"比较满意"和"非常满意"的概率合计分别为84.14%、75%、64.45%；三个收入组农户表示"非常不满意""不太满意"和"基本满意"的比例合计分别为15.86%、25%和35.55%。这说明随着收入水平的提高，农户对新农合政策的满意度逐渐降低。由此可见，不管是高收入农户、中等收入农户还是低收入农户均对新农合政策的满意度较高，超过了50%，且低收入农户对新农合政策的满意度高于高收入农户和中等收入农户对其的评价。

实践表明，新农合制度的实施在一定程度上能够减轻农村居民的医疗负担，也能够使农村居民从中可以真正地得到实惠。从实际调查情况看，在新农合是否减轻医疗负担问题上，低收入农户、中等收入农户、高收入农户认为新农合减轻了医疗负担的比例分别为96.63%、91.41%、85.55%；三个收入组农户认为从参加新农合可以真正得到实惠的比重分别为98.08%、89.32%、84.77%，由此可见，新农合制度的实施不仅减轻了农村居民的医疗负担，也使农村居民从中真正得到了实惠，特别是对于低收入农户更为有利。

7.4.3.2 新型农村社会养老保险情况

新农保制度从2009年开始试点以来，在一定程度上解决了农村居民的后顾之忧，保障了农村居民的基本养老需求。实际调查结果显示，新农保参与率为88.68%，未参与率为11.32%，其中中等收入农户的参与率最高，为92.19%，其次是低收入农户，高收入农户的参与率最低。

新农保制度从2009年试点以来，十年时间里新农保的参与率逐年提高，意味着新农保在农村居民的日常生活中发挥着重要的作用。实际调查结果显示，低收入农户、中等收入农户和高收入农户对新农保政策满意度评价结果为"比较满意"的比重最高，分别达到61.06%、52.86%、50.78%，"比较满意"和"非常满意"的概率合计分别为65.38%、

54.16%、51.56%，这一比例均低于农户对新农合政策满意度的评价结果；三个收入组农户表示"非常不满意""不太满意"和"基本满意"的比例合计分别为34.62%、45.84%和48.44%。这说明随着收入水平的提高，农户对新农保政策的满意度逐渐降低。由此可见，不管是高收入农户、中等收入农户还是低收入农户均对新农保政策的满意度相对较高，超过了50%，且低收入农户对新农保政策的满意度高于高收入农户和中等收入农户对其的评价。

在新农保作用发挥上，低收入农户、中等收入农户、高收入农户认为新农保作用发挥一般的比例较高，所占比重分别为43.75%、52.86%、38.28%，认为作用很明显的比例分别为33.17%、22.40%、32.42%，由此可见，低收入农户和高收入农户认为新农保作用发挥一般的比例低于中等收入农户；低收入农户认为新农保作用发挥很明显的比例高于中等收入农户和高收入农户。

表7-5　　　　　各收入水平农户对各项农村社会保障服务的评价结果

项　　目		低收入农户		中等收入农户		高收入农户	
		频数（个）	百分比（%）	频数（个）	百分比（%）	频数（个）	百分比（%）
新农合参加情况	是	207	99.52	378	98.44	253	98.83
	否	1	0.48	6	1.56	3	1.17
新农合情况 新农合政策满意度	非常不满意	6	2.88	40	10.42	41	16.01
	不太满意	4	1.92	27	7.03	25	9.77
	基本满意	23	11.06	29	7.55	25	9.77
	比较满意	137	65.87	241	62.76	136	53.12
	非常满意	38	18.27	47	12.24	29	11.33
是否减轻医疗负担	是	201	96.63	351	91.41	219	85.55
	否	7	3.37	33	8.59	37	14.45
是否得到实惠	是	204	98.08	343	89.32	217	84.77
	否	4	1.92	41	10.68	39	15.23

续表

项　目		低收入农户		中等收入农户		高收入农户	
		频数（个）	百分比（%）	频数（个）	百分比（%）	频数（个）	百分比（%）
新农保情况	新农保参加情况 是	186	89.42	354	92.19	212	82.81
	否	22	10.58	30	7.81	44	17.19
	新农保政策满意度 非常不满意	8	3.85	63	16.41	68	26.56
	不太满意	14	6.73	24	6.25	18	7.03
	基本满意	50	24.04	89	23.18	38	14.85
	比较满意	127	61.06	203	52.86	130	50.78
	非常满意	9	4.32	5	1.30	2	0.78
	新农保作用 作用不明显	48	23.08	95	24.74	75	29.30
	作用一般	91	43.75	203	52.86	98	38.28
	作用很明显	69	33.17	86	22.40	83	32.42
	新农保缴费负担 非常轻	114	54.81	158	41.15	81	31.64
	较轻	45	21.63	81	21.09	46	17.97
	一般	31	14.90	55	14.32	43	16.80
	较重	4	1.92	25	6.51	14	5.47
	非常重	14	6.73	65	16.93	72	28.12
	新农保保障水平 非常低	47	22.60	106	27.60	104	40.63
	较低	35	16.82	76	19.79	50	19.53
	一般	75	36.06	88	22.92	34	13.28
	较高	24	11.54	40	10.42	21	8.20
	非常高	27	12.98	74	19.27	47	18.36

在新农保个人缴费负担（以下简称"新农保缴费负担"）上，低收入农户、中等收入农户、高收入农户认为个人账户缴费负担偏轻（即"非常轻"和"较轻"两者之和）的比例分别为76.44%、62.24%、49.61%，偏重（即"较重"和"非常重"两者之和）的比例分别为8.65%、23.44%、33.59%。由此可见，农户收入水平越高，农户个人缴费负担越重，这似乎与实际并不相符。低收入农户在政策方面很容易受到照顾，新农保个人缴费部分很有可能是政府买单，并且通过这个较低的缴费能够享受到或家人已经享受到了相对比较满意的养老补贴，所以低收入农户认为个人缴费负担偏轻；而中等收入农户和高收入农户很难享受到政策的照顾，同时大部分还没有享受到养老补贴，所以

认为缴费负担偏重。

在新农保基础养老金保障水平（以下简称"新农保保障水平"）上，将近一半（49.3%）的农户认为新农保保障水平偏低，以上三个收入组农户认为新农保保障水平偏低（即"非常低"和"较低"两者之和）的比重分别为39.42%、47.39%、60.16%，而认为其偏高的比重分别为24.52%、29.69%、26.56%，由此可见，低收入农户认为新农保保障水平偏低和偏高的比重均低于中等收入农户和高收入农户。

7.5 变量选取与模型构建

7.5.1 变量选取

根据前述的文献回顾及其本章的研究目的，本章选择的主要变量如下：

被解释变量。本章在分析农村社会保障供给农户满意度的基础上，主要是检验各个因素对农村社会保障供给农户满意度的影响方向和影响程度。"农村社会保障供给农户满意度"属于一个多分类有序变量，将其属性结果设定为"非常不满意=1，不太满意=2，基本满意=3，比较满意=4，非常满意=5"。

在解释变量的选取上，在综合已有相关研究成果的基础上，并鉴于农村社会保障的实施及其覆盖情况，本章研究主要选取新农合和新农保作为农村社会保障的主要研究范畴，因此本章将影响农村社会保障供给农户满意度的因素分为农户基本特征、新农合情况和新农保情况三个方面。

（1）农户基本特征。不同人口学特征的农户对社会保障供给满意度的评价会产生不同结果。王悦（2015）研究表明，农村居民的年龄越小、健康状况越差，农村居民对农村社会保障满意度越高。于长永（2013）研究结果显示，年龄、文化程度对农村社会保障满意度有显著影响。于是，根据研究目的，本章将选择农户性别、年龄、文化程度、家庭规模四个变量来反映农户基本特征。

（2）新农合情况。已有研究显示，农户参与新农合情况对农村社会保障供给满意度具有一定的影响。如果农村居民没有参加新农合，农村居民对社会保障的满意度就越高（王悦，2015）；农村居民经济负担减轻越多，享受的医疗政策优惠越多，农村居民的满意度越高（陈东，赵丽凤，2012；唐娟莉，

2016)，即补偿机制的总体合理性显著影响农村居民的满意度（于长永，2013)。因此，对于新农合情况变量，本章主要选择新农合参加情况、新农合政策满意度、是否减轻医疗负担、是否得到实惠四个变量。

（3）新农保情况。已有研究显示，农户参与新农保情况对农村社会保障供给满意度具有一定的影响。杨佳良等（2014）研究表明，自己或在世最亲近老人养老是否得到保障等对农村社会保障满意度具有显著影响。进而，王悦（2015）研究认为，新农保缴费负担越轻、基础养老保障水平越高，农村居民对社会保障的满意度越高，换句话说就是，新农保缴费给付水平对农村社会保障具有一定影响，因为这直接反映了农村居民参保的缴费档次和给付满足养老的程度（柳清瑞，闫琳琳，2012)。于是，本章研究选取新农保参加情况、新农保政策满意度、新农保作用、新农保缴费负担、新农保保障水平五个变量。以上所选择主要变量的定义及其描述性统计结果见表7-6。

表7-6　　　　　　　　　　变量定义及其描述性统计

变量分类	变量名称	变量含义与赋值	最大值	最小值	均值	标准差
被解释变量	农户满意度	农村社会保障供给农户满意度：非常不满意=1，不太满意=2，基本满意=3，比较满意=4，非常满意=5	5	1	3.278	1.202
农户基本特征	性别	被调查农户性别：男=1；女=0	1	0	0.617	0.486
	年龄	被调查农户年龄：18~25岁=1；26~40岁=2；41~50岁=3；51~60岁=4；60岁以上=5	5	1	3.196	1.022
	文化程度	被调查农户受教育程度：小学及以下=1；初中=2；高中/中专=3；大专/本科以上=4	4	1	1.840	0.745
	家庭规模	被调查农户家庭成员数：2人及以下=1；3~5人=2；6~8人=3；9人及以上=4	4	1	2.152	0.562
新农合情况	新农合参加情况	被调查农户是否参加新农合：是=1；否=0	1	0	0.988	0.108
	新农合政策满意度	被调查农户对新农合政策满意度：非常不满意=1，不太满意=2，基本满意=3，比较满意=4，非常满意=5	5	1	3.604	1.121

变量分类	变量名称	变量含义与赋值	最大值	最小值	均值	标准差
新农合情况	是否减轻医疗负担	被调查农户参与新农合后，是否减轻了医疗负担：是=1；否=0	1	0	0.909	0.287
	是否得到实惠	被调查农户参与新农合后，是否真正得到实惠：是=1；否=0	1	0	0.901	0.299
新农保情况	新农保参加情况	被调查农户家里老人是否参加新农保：是=1；否=0	1	0	0.887	0.317
	新农保政策满意度	被调查农户对新农保政策满意度：非常不满意=1，不太满意=2，基本满意=3，比较满意=4，非常满意=5	5	1	3.186	1.143
	新农保作用	新农保发挥的作用程度：作用不明显=1；作用一般=2；作用很明显=3	3	1	2.024	0.733
	新农保缴费负担	新农保个人账户缴费负担：非常轻=1；较轻=2；一般=3；较重=4；非常重=5	5	1	2.371	1.496
	新农保保障水平	新农保基础养老金保障水平：非常低=1；较低=2；一般=3；较高=4；非常高=5	5	1	2.653	1.443

7.5.2　模型构建

农村社会保障供给农户满意度有多个评价结果，本章将其设定为五个等级，即非常不满意、不太满意、基本满意、比较满意、非常满意，属于排序选择问题。同时，解释变量均以离散型数据为主，且大部分解释变量比如新农合政策满意度、新农保政策满意度、新农保作用等也属于排序问题，因此，本章研究选用多元有序 Logit 模型来估计农户对农村社会保障满意度的影响因素。本章所建立的多元有序 Logit 模型的基本形式为：

$$P_j(y \leqslant j \mid x) = P(y=1 \mid x) + \cdots + P(y=j \mid x)$$

等价于 $\text{Logit}(P_j) = \text{Ln}\left(\dfrac{P(y \leqslant j)}{1 - P(y \leqslant j)}\right) = \alpha_j + \sum_{i=1}^{n} \beta_i x_i \quad (j=1,2,3,4,5, i=1,$

$2, \cdots, n)$

将上式进行转换，转换为如下等价形式：

$$P_j = P(y \leqslant j \mid x) = \begin{cases} \dfrac{\exp(\alpha_j + \sum\limits_{i=1}^{n} \beta_i x_i)}{1 + \exp(\alpha_j + \sum\limits_{i=1}^{n} \beta_i x_i)} & (1 \leqslant j \leqslant 4) \\ 1 & (j = 5) \end{cases}$$

因此，对于 y 取某一个指标值（$y = 1, 2, 3, 4, 5$）的概率可用下式进行表示：

$$P(j) = P(y = j \mid x) = \begin{cases} P(y \leqslant 1 \mid x) & (j = 1) \\ P(y \leqslant j \mid x) - P(y \leqslant j - 1 \mid x) & (2 \leqslant j \leqslant 4) \\ 1 - P(y \leqslant 4 \mid x) & (j = 5) \end{cases}$$

其中，被解释变量用 y 代表，表示农户对农村社会保障供给的满意度（即非常不满意、不太满意、基本满意、比较满意、非常满意）；$x_i (i = 1, 2, \cdots, n)$ 表示 n 个影响农村社会保障供给农户满意度的因素，包括农户性别、年龄、文化程度、家庭规模、新农合参加情况、新农合政策满意度、是否减轻医疗负担、是否得到实惠、新农保参加情况、新农保政策满意度、新农保作用、新农保缴费负担、新农保保障水平；α_j 是截距参数；β_i 是待估系数。

7.6　模型估计与分析

在进行模型估计之前，首先对各变量进行相关系数检验，以判断其是否存在多重共线性问题。本章主要是从农户基本特征、新农合情况、新农保情况三个层面共 13 个指标来具体分析其对农村社会保障供给农户满意度的影响，即解释变量属于多变量问题，可能会存在多重共线性问题，于是，本章首先计算了各变量之间的相关系数（见表 7－7）。由表 7－7 可知，大多数指标的相关系数值均小于 0.3，说明各变量之间的相关性较弱，所以可以认为变量之间不存在较严重的多重共线性问题①。

---

① 米切尔·凯特（Mitchell H. Kate）研究显示，相关系数在 0.8~0.9 之间可能会引起问题，低于 0.8 时不大会出现问题。摘引自米切尔·凯特. 多变量分析［M］. 北京：中国科学技术出版社，2000.

表7-7　各变量之间的相关系数

序号	1	2	3	4	5	6	7	8	9	10	11	12	13
1	1.0000												
2	0.0869	1.0000											
3	0.2211	-0.4578	1.0000										
4	-0.1190	-0.1136	-0.0093	1.0000									
5	-0.0187	0.0209	-0.0529	0.0101	1.0000								
6	0.0589	-0.0548	0.0977	0.0058	0.0296	1.0000							
7	-0.0465	-0.0077	-0.0074	0.0271	-0.0345	0.4523	1.0000						
8	0.0065	0.0094	0.0187	-0.0086	0.0003	0.4393	0.2799	1.0000					
9	-0.0597	0.0029	-0.0170	0.0902	0.0299	-0.0433	0.0425	0.0435	1.0000				
10	0.0330	-0.0282	0.0920	-0.0644	-0.0013	0.7200	0.4252	0.4342	-0.0786	1.0000			
11	0.1445	0.0175	0.0696	-0.1147	0.0035	0.3517	0.2230	0.2369	-0.0698	0.3610	1.0000		
12	0.0060	0.0242	-0.0376	-0.0448	-0.0021	-0.6061	-0.4046	-0.4034	0.0415	-0.6066	-0.3383	1.0000	
13	-0.0432	0.1165	-0.1462	-0.0543	-0.0035	-0.1572	-0.0219	-0.0633	0.1051	-0.1018	-0.0324	0.1346	1.0000

7.6.1 农村社会保障供给农户整体满意度影响因素分析

在整体分析农村社会保障供给农户满意度影响因素时，为了检验模型估计结果的稳健性，也为了进一步避免解释变量较多可能导致的多重共线性问题，同时为了更加清晰地反映农户基本特征、新农合情况、新农保情况三个不同层面变量对农村社会保障供给农户满意度影响的差异性，本章采用逐步回归方法，分别分析农户基本特征（模型1）、新农合情况（模型2）、新农保情况（模型3）对农村社会保障供给农户满意度的影响（见表7-8）。由表7-8可知，三组回归模型的对数似然比统计量均小于-605，卡方统计量均大于14，在1%显著性水平上具有统计学意义，表明三组模型的整体拟合效果较为理想。

表7-8　　　农村社会保障供给农户满意度影响因素 Logit 回归结果

变量分类	变量名称	模型1		模型2		模型3	
		β	z 值	β	z 值	β	z 值
农户基本特征	性别	0.218	1.244	0.257	1.293	0.398 **	1.489
	年龄	0.049	1.050	0.061	1.063	-0.007	0.993
	文化程度	0.236 **	1.266	0.055	1.057	-0.006	0.994
	家庭规模	-0.197 *	0.821	-0.312 **	0.732	-0.156	0.856
新农合情况	新农合参加情况			-0.117	0.890	0.236	1.266
	新农合政策满意度			1.594 ***	4.923	0.802 ***	2.230
	是否减轻医疗负担			2.100 ***	8.166	1.649 ***	5.202
	是否得到实惠			2.100 ***	8.166	1.635 ***	5.129
新农保情况	新农保参加情况					-0.791 ***	0.453
	新农保政策满意度					1.352 ***	3.865
	新农保作用					0.502 ***	1.652
	新农保缴费负担					-0.605 ***	0.546
	新农保保障水平					0.234 ***	1.264
模型拟合效果	$LR\ \chi^2$	14.59		647.54		970.99	
	$Prob\ \chi^2$	0.0056		0.0000		0.0000	
	Log likelihood	-1083.511		-767.0340		-605.3089	
	Pseudo R^2	0.0067		0.2968		0.4451	

注：***、**、*分别表示1%、5%和10%的显著性水平。以下同，不再赘述。自变量对因变量的边际贡献以该变量第一次进入模型时为准。

分析结果显示，农户基本特征、新农合情况、新农保情况对农村社会保障供给农户满意度均表现出不同程度的显著影响。具体来看：

首先，农户基本特征对农村社会保障供给农户满意度的影响。在农户基本特征中，文化程度和家庭规模对农村社会保障供给农户满意度具有显著影响。其中，文化程度对农村社会保障供给农户满意度具有显著正向影响，家庭规模对农村社会保障供给农户满意度具有显著负向影响。即农户文化程度越高，农户对农村社会保障供给的满意度越高，文化程度每提升一个层次，农户对农村社会保障供给满意度较高的概率发生比将增加 26.6%。农户文化程度越高，对农村社会保障相关的新政策及其政策实施情况更容易理解和掌握，于是其满意度较高。家庭规模越大，农户对农村社会保障供给的满意度越低，家庭规模每提高一个档次，农户对农村社会保障供给满意度较低的概率发生比将增加 21.8%。性别和年龄对农村社会保障供给农户满意度的影响均未通过显著性检验，这说明，农村社会保障供给农户满意度在性别和年龄之间的差异，缺乏统计学意义。

其次，新农合情况对农村社会保障供给农户满意度的影响。新农合政策满意度、是否减轻医疗负担和是否得到实惠对农村社会保障供给农户满意度具有显著的正向影响。即农户对新农合政策越满意，农户对农村社会保障供给满意度越高，农户对新农合政策满意度每提升一个档次，农户对农村社会保障供给满意度较高的概率发生比将增加 3.9 倍。参加新农合后减轻了农户的医疗负担，使农户真正得到了实惠，农户对农村社会保障供给满意度将会越高，与未减轻医疗负担、未真正得到实惠的农户相比，减轻了医疗负担、真正得到实惠的农户，对农村社会保障满意度较高的概率发生比将增加 7.2 倍。由此可见，新农合是否减轻医疗负担、是否真正得到实惠与农村社会保障供给农户满意度之间呈正相关关系，表明新农合制度的实施，使得农村的医疗条件、医疗环境、医疗技术水平等得到了很大程度的改善，并在一定程度上缓解了农村居民"看病难、看病贵"的问题。新农合参加情况对农村社会保障供给农户满意度的影响未通过显著性检验，不具有统计学意义。这说明新农合参加情况与农村社会保障供给农户满意度之间并不具有显著相关关系。进一步解释是新农合制度从 2003 年在我国部分省市试点以来，已基本上实现了全覆盖。

最后，新农保情况对农村社会保障供给农户满意度的影响。新农保参加情况、新农保政策满意度、新农保作用、新农保缴费负担和新农保保障水平均对农村社会保障供给农户满意度具有显著影响。其中，新农保参加情况和新农保缴费负担对农村社会保障供给农户满意度有显著负向影响，新农保政策满意度、新农保作用和新农保保障水平对农村社会保障供给农户满意度有显著正向影响。与参加新农保的农户相比，没有参加新农保的农户对农村社会保障供给满意度较高的概率发生比将增加0.21倍。农户对新农保政策越满意，农户对农村社会保障供给满意度越高，农户对新农保政策满意度每提升一个档次，农户对农村社会保障供给满意度较高的概率发生比将增加2.9倍。新农保发挥的作用越大、越明显，农户对农村社会保障供给的满意度越高，新农保发挥的作用每上升一个档次，农户对农村社会保障供给满意度较高的概率发生比将增加65.2%。新农保发挥的作用越大、越明显，农户所能够得到的保障越多，越能保障农户最基本的生活需求，特别是农村老年人。新农保缴费负担越轻，农户对农村社会保障供给满意度越高，新农保缴费负担每下降一个水平，农户对农村社会保障供给满意度较高的概率发生比将增加83.2%。新农保保障水平越高，农户对农村社会保障供给满意度越高，新农保保障水平每提升一个水平，农户对农村社会保障供给满意度较高的概率发生比将增加26.4%。对于农村居民而言，收入水平相对偏低，特别是对于农村老年人来说，基本上没有什么收入来源，通过参加新农保，使自己能够老有所依，尽可能地给子女少添麻烦和负担，因此，新农保保障水平越高，农户对农村社会保障供给满意度就越高。

综合以上的计量分析结果，可以发现，在整体满意度分析中，个体特征变量中的文化程度和家庭规模，新农合情况中的新农合政策满意度、是否减轻医疗负担和是否得到实惠，新农保情况中的新农保参加情况、新农保政策满意度、新农保作用、新农保缴费负担和新农保保障水平10个因素对农村社会保障供给农户满意度具有显著影响。其中，文化程度、新农合政策满意度、是否减轻医疗负担、是否得到实惠、新农保政策满意度、新农保作用和新农保保障水平对农村社会保障供给农户满意度有显著正向影响，即农户文化程度越高，农户对农村社会保障供给的满意度越高；农户对新农合和新农保政策越满意，农户对农村社会保障供给满意度就越高；新农合减轻了农户的医疗负担，使农户真正得到了实惠，农户对农村社会保障供给满意度就越高；新农保发挥的作用越明显、保障水平越高，农户对农村社会保障供给的满意度就越高。家庭规模、新农保参加情况、新农保缴费负担对农村社会保障供给农户满意度有显著负向影响，即没有参加新农保的农户对农村社会保障供给满意度较高；家庭规模越大，农户满意度越低；新农保缴费负担越轻，农户满意度越高。此外，性别、年龄和新农合参加情况对农村社会保障供给农户满意度的影响不显著。

7.6.2 不同收入水平农户对农村社会保障供给满意度影响因素分析

在不同收入水平农户对农村社会保障供给满意度影响因素分析过程中，同样也采用逐步回归方法，但是在此并未给出逐步回归的结果，只给出了最终结果（即将所有变量引入后的回归结果），具体结果见表7-9。由表7-9可知，三组回归模型的对数似然比统计量均小于-146，卡方统计量均大于168，显著性水平均为0.0000，表明三组模型的整体拟合效果较为理想。

表7-9　不同收入水平农户对农村社会保障供给满意度影响因素 Logit 回归结果

变量分类	变量名称	低收入农户		中等收入农户		高收入农户	
		β	z 值	β	z 值	β	z 值
农户基本特征	性别	-0.036	-0.10	0.306	1.13	1.285 ***	3.45
	年龄	-0.124	-0.68	0.124	0.83	-0.321 *	-1.76
	文化程度	0.364	1.43	-0.206	-0.94	-0.259	-1.04
	家庭规模	-0.413 *	-1.71	-0.164	-0.65	-0.184	-0.53
新农合情况	新农合参加情况	-13.936	-0.01	0.457	0.50	0.389	0.23
	新农合政策满意度	0.946 ***	3.69	0.675 ***	3.70	0.806 ***	3.54
	是否减轻医疗负担	1.503	1.42	1.154 *	1.82	2.783 ***	3.62
	是否得到实惠	2.054	1.44	1.433 **	2.51	1.733 **	2.68
新农保情况	新农保参加情况	-0.597	-1.12	-0.909 *	-1.85	-1.057 **	-2.53
	新农保政策满意度	1.263 ***	5.24	1.433 ***	7.75	1.459 ***	6.44
	新农保作用	0.631 ***	2.64	0.538 ***	2.58	0.353	1.63
	新农保缴费负担	-0.764 ***	-4.49	-0.629 ***	-5.45	-0.403 ***	-2.79
	新农保保障水平	0.419 ***	3.16	0.114	1.23	0.265 **	2.31
模型拟合效果	$LR \chi^2$	168.11		417.90		347.83	
	$Prob \chi^2$	0.0000		0.0000		0.0000	
	$Log \, likelihood$	-146.5184		-257.2744		-170.2006	
	$Pseudo \, R^2$	0.3646		0.4482		0.5054	
	样本量	208		384		256	

从不同收入组农户来看，不同因素对农村社会保障供给农户满意度产生的

影响和作用程度是不同的，但是对其产生共同关键的因素有新农合政策满意度、新农保政策满意度、新农保缴费负担。具体来看：

首先，农户基本特征。从三个回归模型估计结果看，性别对高收入农户评价农村社会保障供给满意度产生了显著的正向影响，而对低收入农户和中等收入农户的影响不显著。这说明在高收入农户中男性对农村社会保障供给的满意度高于女性，其对社会保障的关注度更高一些，他们可能对社会保障政策的关注度、理解和把握更加透彻和全面。年龄在高收入农户组中通过了显著性检验，且符号为负，在低收入农户和中等收入农户组中均未通过显著性检验。说明高收入农户年龄越大，其对农村社会保障供给的满意度越低。可能的解释是高收入农户中年龄较大者对医疗卫生服务、养老服务等需求较大，同时出于对自身健康关注度和养老质量的不断提升，对医疗卫生服务、养老服务等提出了更高的要求，于是其对农村社会保障供给满意度较低。文化程度在三个收入组中均未通过显著性检验，说明文化程度对农村社会保障供给农户满意度的影响不显著。家庭规模与农村社会保障供给农户满意度之间呈现负相关关系，且在低收入农户组中通过显著性检验。这说明农户对农村社会保障供给的满意度随着家庭规模的扩大而降低，特别是低收入农户的这一现象更加明显。究其原因，家庭规模越大，需要缴纳的新农合和新农保费用总额越高，农户的可支配收入将越少；同时农户可能从新农合和新农保中的获益较少，导致农户的满意度较低。

其次，新农合情况。新农合政策满意度的系数，低收入农户、中等收入农户、高收入农户分别为 0.946、0.675、0.806。可见，新农合政策满意度是影响不同收入水平农户评价农村社会保障供给满意度的关键因素。这个结果说明了中央出台的一系列医疗惠民政策对普通大众都是有利的。从三个回归模型估计结果看，是否减轻医疗负担的系数，以上三个组别分别为 1.503、1.154、2.783；是否得到实惠的系数，以上三个组别分别为 2.054、1.433、1.733。可见，是否减轻医疗负担和是否得到实惠在以上三个组别中均与农村社会保障供给农户满意度之间呈现正相关关系，并在中等收入农户和高收入农户中通过了显著性检验。这说明是否减轻医疗负担和是否得到实惠是影响不同收入水平农户评价农村社会保障供给满意度的重要因素，对农村社会保障供给农户满意度的影响不容忽视。这表明新农合制度的实施，使得农村的医疗条件和医疗水平在很大程度上得到了较大的改善，在一定程度上缓解了农村居民"看病难、看病贵"的问题（唐娟莉，2016）。进一步解释是，相对于低收入农户而言，中等收入农户和高收入农户收入水平更高，随着医疗水平的不断提升和农户对健康状态关注度的不断升温，农户生病时不再一度的拖延，而是及时去医院救治，以获得及时的治疗和良好的医疗服务，防止小病拖成大病，造成更大的经济负担；同时，农户还可以得到一定比例的医疗报销，在一定程度上能够减轻农户的经济负担，即农户从中可以得到一定的好处或者能从医疗保障中获取一定的收益，得到真正的实惠，从而农户的满意度越高。此外，新农合参加情况在低收入农户、中等收入农户、高收入农户组中均未通过显著性检验，不具有统计学意义，这与整体研究结果一致。

最后，新农保情况。从三个回归模型估计结果看，新农保参加情况与低收入农户、中等收入农户和高收入农户对农村社会保障供给满意度之间均呈现负相关关系，且在中等收入农户和高收入农户组中通过显著性检验。这说明相对于参与新农保农户而言，未参与新农保农户的满意度随着收入水平的提升而降低。新农保政策满意度的系数，低收入农户、中等收入农户、高收入农户分别为 1.263、1.433、1.459，可见，新农保政策满意度是影响不同收入水平农户评价农村社会保障供给满意度的关键因素。这个结果说明了中央出台的一系列养老保障政策对所有农户都是极为有利的。新农保作用的系数，以上三个组别分别为 0.631、0.538、0.353。除了高收入农户对农村社会保障供给满意度的影响不显著外，其余收入组农户对农村社会保障供给满意度的影响均在 1% 的显著性水平上产生了重要的正向影响。由此可见，新农保作用是影响不同收入水平农户评价农村社会保障供给满意度的重要因素。调查结果显示，低收入农户、中等收入农户、高收入农户认为新农保作用一般和很明显的比例之和分别为 76.92%、75.26% 和 70.7%。这说明新农保在低收入农户和中等收入农户的日常生活中发挥着重要的作用。进一步解释是，贫困农户收入水平较低，养老补贴能够在一定程度上补贴农户的部分日常支出；而对于富裕农户来说，其收入水平较高，较低的养老补贴在其收入中所占比重很小，作用的发挥微弱。新农保缴费负担的系数，以上三个组别分别为 -0.764、-0.629、-0.403，说明新农保缴费负担在以上三个组别中均对农村社会保障供给农户满意度产生了显著的负向影响。可见，新农保缴费负担是影响不同收入水平农户评价农村社会保障供给满意度的关键因素。虽然新农保在农户生活中发挥着重要的作用，但是调查结果显示，农户认为新农保作用的发挥不是很明显，于是农户不愿意以较高的缴费水平来获取较低水平的养老保障，同时过高的缴费水平也会降低农户的可支配收入，进而降低农户的消费水平和生活质量。新农保保障水平在三个回归模型中的系数分别为0.419、0.114、0.265，可见，新农保保障水平是影响不同收入水平农户评价农村社会保障供给满意度的重要因素。

7.7 本章小结

本章利用来自2019年6~8月陕西、甘肃、内蒙古、贵州、四川5个省份12个县848户农户的实地调查数据，在分析农村社会保障供给农户满意度的基础上，采用多元有序Logit模型，实证分析了农村社会保障供给农户满意度的影响因素。主要得到了如下两点研究结论：

（1）农户对农村社会保障供给的满意度较高。从整体情况看，农户对农村社会保障供给满意度评价结果为"非常满意"比例为6.49%，评价结果为"比较满意"的比例为54.60%，两者合计为61.09%；从收入分组情况来看，低收入农户、中等收入农户和高收入农户表示对农村社会保障供给"比较满意"和"非常满意"的概率合计分别为75.96%、58.85%、52.34%，说明随着农户收入水平的提高，农户对农村社会保障供给的满意度逐渐降低；从不同地区来看，陕西、甘肃、内蒙古、贵州和四川5个省份农户对农村社会保障供给满意度评价结果为"比较满意"的概率最高，分别达到41.53%、56.41%、56.55%、66.91%、68.25%，评价结果为"比较满意"和"非常满意"的概率合计分别为46.84%、58.12%、57.15%、73.53%、89.68%，其中四川省农户的满意度最高，陕西省最低，说明农户对农村社会保障供给满意度表现出明显的地区差异性；从农户的个体特征来看，男性对农村社会保障供给的满意度（64.63%）高于女性（55.38%），文化程度与农村社会保障供给农户满意度之间呈现倒U形关系，而年龄与农村社会保障供给农户满意度之间的相关关系不明显。

（2）对于农村社会保障供给农户满意度的影响因素而言，从整体上看，文化程度、家庭规模、新农合政策满意度、是否减轻医疗负担、是否得到实惠、新农保参加情况、新农保政策满意度、新农保作用、新农保缴费负担和新农保保障水平 10 个因素对农村社会保障供给农户满意度具有显著影响。其中，文化程度、新农合政策满意度、是否减轻医疗负担、是否得到实惠、新农保政策满意度、新农保作用和新农保保障水平对农村社会保障供给农户满意度有显著正向影响，家庭规模、新农保参加情况、新农保缴费负担对农村社会保障供给农户满意度有显著负向影响。此外，性别、年龄和新农合参加情况对农村社会保障供给农户满意度的影响不显著。从收入分组情况来看，不同因素对农村社会保障供给农户满意度产生的影响和作用程度是不同的，但是对其产生共同关键的因素是新农合政策满意度、新农保政策满意度、新农保缴费负担。

根据以上分析和研究结论，本章主要得到以下政策启示。

第一，进一步健全农村社会保障制度。农村社会保障制度主要是为农村居民提供医疗、养老、最低生活、救济保障等，使农村居民能够得到较好的医疗服务、农村老年人老有所养、贫困人群能够得到最基本的生活保障，进而使农村居民能够提升其满足感和幸福感。

第二，进一步使农村社会保障的供给更贴合农户的实际需求。调查结果显示，不同特征的农户和不同地区的农户对农村社会保障供给满意度表现出了明显的差异性，加之随着农村居民收入水平的不断提高和贫富差距的进一步扩大化，农户对社会保障的需求逐渐呈现出差异化、高标准化、多样化的特征，因此，农村社会保障的供给，各地区应因地制宜，立足农村实际，彻底改革"一刀切"的供给模式，使农村社会保障供给更具有针对性。

第三，转变政府对新农合工作的重点，即由"重数量"的"外延式"扩张向"重质量"的"内涵式"发展转变（于长永，2013）。调查结果显示，新农合制度的实施不仅减轻了农村居民的医疗负担，也使农村居民从中真正得到了实惠，同时，新农合是否减轻医疗负担和是否得到实惠也是影响农村社会保障供给农户满意度的重要因素。虽然新农合从实施以来取得了显著的成效，但是在实际运行过程中还存在着诸多问题，比如很多药品不在报销范畴内、报销门槛高、报销手续复杂等，因此，在新农合运行过程中要重视和善于发现其可能存在的突出问题，避免"只顾大力投入，不问实际效果"现象的发生，并遏制"因病致贫、因病返贫"现象的重复发生，以期不断完善和健全新农合制度。

第四，不断提升新农保的保障力度和保障水平。研究表明，农户认为新农保保障水平偏低、新农保作用发挥不显著、新农保缴费负担偏重的比例分别为

49.3%、71.9%、22.9%，同时，新农保保障水平、新农保作用和新农保缴费负担也是影响农村社会保障供给农户满意度的重要因素。因此，国家和各地区应在"以收定支、收支平衡、适当保障"的基础上，根据实际情况，制定合理的缴费水平，加大政府财政补贴力度，不断提升新农保的保障力度和保障水平，以缩小地区差异。

第 8 章

农村社会保障供给绩效
水平低下的原因分析

从以上各章的分析可知，我国农村社会保障供给绩效水平的低下给农村社会的发展会带来诸多不利，对农村居民的切身利益造成了严重的损害，也对彻底解决"三农"问题造成了严重的困扰。那究竟是哪些原因造成了我国农村社会保障供给绩效水平的低下呢？其原因是多方面的，既有社会制度方面的因素，也有政府职能方面的因素，还有财政政策、农村居民自身、法律体系等方面的因素。对于农村社会保障供给绩效水平低下原因的探讨，才能从根本上解决农村社会保障供给问题，才能有的放矢采取措施缩小我国区域、城乡社会保障差距，不断提高我国农村社会保障供给绩效水平。

8.1 社会制度方面

在国家发展战略的影响下，我国长期存在的城乡分割局面——城乡二元经济结构，这一经济结构体制以城市和工业发展为中心，导致财政资金更多地投向了城市，而农村的财政资金特别是农村社会保障财政支出非常有限，这就限制了农村社会保障事业的发展。在城乡二元经济结构体制的影响下，我国以往所实行的"优先发展工业、优先发展城市"的倾斜型发展战略与政策，使得我国的利益分配格局和国民收入呈现出城乡不均衡状态，也导致了社会保障供给制度的城乡差异化趋势，最终所呈现的结果就是农村和城市在社会保障供给上存在较大差距，换句话说，就是城乡居民享受着不同层次不同级别的社会保障。在城市，养老保险、医疗保险、失业保险等较为完善，能够为城市居民提供较为完善的保障服务，在很大程度上能解决城市居民的后顾之忧；而在农村，养老保险运行时间较短，还很不完善，还有很多农村居民未参与农村社会养老保险服务，医疗保险运行时间相对较长，但医疗费用的昂贵和医疗服务体系的不完善，未能给农村居民提供良好的保障，失业保险等还基本处于空白状态。比如，2015 年，我国城市居民和农村居民低保月人均补助水平分别为316.6 元/人和 147.2 元/人，农村居民低保月人均补助水平仅为城市的46.5% 。由此可见，农村居民所享受的社会保障服务水平远低于城市居民，而这正是由城乡二元经济结构体制所造成的。因此在我国经济快速发展的过程中，在城镇化和工业化不断加快的进程中，如果不改变这一城乡二元经济结构体制，必然造成城乡社会保障非均衡发展趋势，农村社会保障供给严重不足，形成恶性循环，城乡差距进一步拉大，农村居民更加贫穷，农村更加落后，进而形成城乡经济发展的不协调格局。在此主要以"以农养工"政策来进行解释说明。

8.1.1　城乡资源互不转移状态下社会保障供给分析

由公共经济学的基本原理可知，社会保障的供给实质上是通过对有限资源的消耗来实现资源的最优配置。假设在城乡分割状态下，有限的资源在城乡之间不互相流动，城市和农村根据各自的经济发展情况提供社会保障，并承担相应的社会保障供给成本。一般而言，农村的经济发展水平低于城市，相应地，农村社会保障供给水平就要低于城市。在此，运用图 8 – 1 来解释说明城乡资源互不转移状态下社会保障供给情况。假设将城乡居民消费的产品分为包括社会保障在内的公共产品和私人产品两大类。如图 8 – 1 所示，横轴 X 代表私人产品的供给数量，纵轴 G 代表社会保障的供给数量，U_1 代表农村居民消费社会保障与私人产品的效用曲线，U_2 代表城市居民消费社会保障与私人产品的效用曲线，P_1 代表农村居民的生产可能性曲线，P_2 代表城市居民的生产可能性曲线。由图 8 – 1 可知，农村的生产水平明显低于城市，即 $P_1 < P_2$，相对应地，农村居民的福利水平即效用水平也明显低于城市居民，即 $U_1 < U_2$。因此，在城乡资源互不转移状态下，尽管城乡社会保障的供给具有一定的差异性，但是其供给相对还是较为合理的，原因在于不存在一部分人无偿享受或剥夺另一部分人劳动剩余的情况。

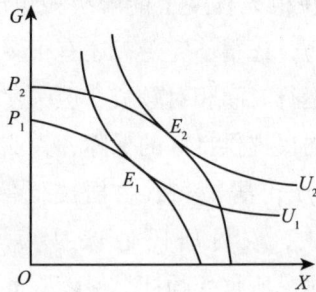

图 8 - 1　城乡资源互不转移状态下的社会保障供给

8.1.2　"以工养农"政策下城乡社会保障供给分析

根据上述分析可知，在城乡资源互不转移的情况下，城乡社会保障供给不均等现象已明显的存在，如果"以农养工"情况再发生，城乡社会保障供给不均等状况会进一步加剧。在国家发展战略的影响下，我国实行了城乡有别的发展战略，致使社会保障供给不可避免地沿用了城市偏向型的供给体制，最终造成了有限的社会保障资源的配置和社会最优生产与消费原理相偏离。在此，利用图 8 - 2 所提供的农村居民与城市居民的生产可能性曲线来进行解释说明。如图 8 - 2 所示，横轴 X 代表私人产品的供给数量，纵轴 G 代表社会保障的供给数量。在图（a）中，农村居民最佳效用点本该处于 A_1 和 A_2 点之间的生产可能性曲线上，但是在城市偏向型发展战略的影响下，政府对于农村社会保障的供给不足，致使农村居民必须出资一部分自有资源来提供社会保障，然而农村居民的自有资源既定，这意味着在一定程度上农村居民对于私人产品的消费就会减少，从而使得农村社会保障供给的最终效用点落在 A 点上，意味着农村居民的生产可能性曲线向内部移动，农村居民的效用水平降低，但 A 点并不是农村居民的最佳效用点。在图（b）中，城市居民最佳效用点本该处于 B_1 和 B_2 点之间的生产可能性曲线上，但是在城市偏向型发展战略的影响下，城市居民享受的社会保障服务本来就高于农村居民，再加之一部分本该由城市居民支付的社会保障服务资源进入了私人消费领域中，这就导致在一定程度上城市居民所享受和消费的社会保障和私人产品都会所有增加，从而城市居民社会保障供给的最终效用点落在 B 点上，意味着城市居民的生产可能性曲线向外部移动，城市居民的效用水平和福利水平提高（朱玉春等，2012）。

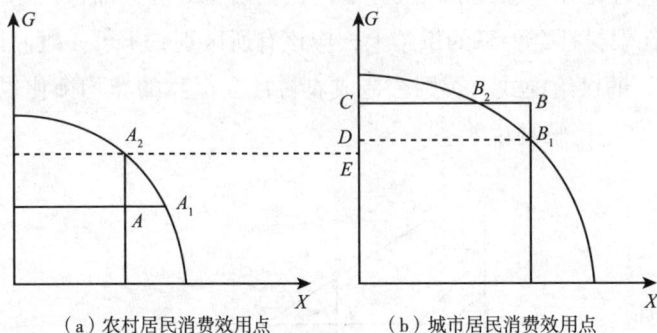

（a）农村居民消费效用点　　　（b）城市居民消费效用点

图 8 - 2　城市偏向型社会保障供给

通过上述的分析可知，目前，在公共资源的分配上，城乡之间出现了较为严重的非均等化现象，于是，在公共资源有限的情况下，应该将城乡公共资源配置的最优化作为首要任务，但要慎重考虑农村与城市之间分配的比例。

8.2　政府职能方面

8.2.1　农村社会保障供给主体责任不明，供给主体错位

农村社会保障制度属于国家的基本国策，与国家的长期发展和长治久安息息相关，加之其外部效应和溢出效应很强，应由中央政府来提供，然而在实际上，由于各级政府之间职责划分的不明确和不清晰，导致了中央政府只负担了很小的比例，基层政府承担了农村社会保障的主要供给责任，导致了农村社会保障供给主体的错位，这样就会进一步造成基层政府事务的繁多，但基层政府财政相对较为困难，即以较少的财政应对较多的政治事务，支出负担过重，债务压力过大，对农村社会保障的有效供给形成障碍，严重影响农村社会保障供给绩效水平的提升。此外，由于农村社会保障供给主体责任不明和供给主体的错位，也给村委会造成了极大的困扰，主要是因为村委会一般是作为农村社会保障的组织者和实施者，村委会可能会代表乡镇政府实施农村社会保障供给的相关事务（在乡镇政府与村委会关系模糊、职责权限划分不清的情况下），但村委会的实施方法和力度等可能会欠妥，导致农村社会保障并不能有效供给。

我国各地区在社会、经济、文化、居民消费偏好等方面存在显著差异，于是，各地区在农村社会保障的供给上，应该有所区别，不可一概而论，不可采取"一刀切"的供给模式，否则会造成农村社会保障的非均衡化供给。在此，借助图8-3来进行解释说明。

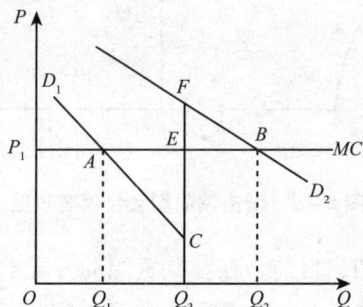

图8-3　政府统一提供农村社会保障的效率损失

在图8-3中，横轴 Q 和纵轴 P 分别代表农村社会保障的供给数量和价格，曲线 MC 代表农村社会保障的边际成本曲线。假设现有两个地区甲和乙，两个地区的农村居民对农村社会保障存在需求偏好差异，曲线 D_1 和 D_2 分别代表甲和乙两个地区的需求曲线或者社会边际收益曲线。按照边际收益和边际成本相等的原则，当甲和乙两个地区的社会边际收益曲线和边际成本曲线相交时，其交点 A 和 B 所对应的供给量 Q_1 和 Q_2 就是甲和乙两个地区农村社会保障的最优供给量。如果政府统一提供农村社会保障的数量为 Q_3，对于甲和乙两个地区而言，会出现不同的情况，即一个地区存在供给过剩问题，一个地区存在供给不足问题，均会存在一定程度的福利损失。具体而言，对于甲地区，政府提供的农村社会保障数量超过了甲地区的最优供给量，即 $Q_3 > Q_1$，存在农村社会保障的供给过剩问题，过度供给量为 $Q_3 - Q_1$，甲地区所形成的福利损失为 $S_{\triangle AEC}$，即三角形 AEC 的面积；对于乙地区，乙地区的农村社会保障的最优供给数量产过了政府提供的数量，即 $Q_2 > Q_3$，存在农村社会保障的供给不足问题，不足的数量为 $Q_2 - Q_3$，乙地区所形成的福利损失为 $S_{\triangle BEF}$，即三角形 BEF 的面积。由此可见，由政府统一来提供农村社会保障往往会造成其非均衡化供给、资源配置不合理等现象的发生，最终造成社会福利的损失，降低社会福利水平。

8.2.2　农村社会保障供给决策体制与供给结构不合理

8.2.2.1　农村社会保障供给决策体制不合理

我国以往的农村公共服务供给决策体制采取"自上而下"的行政命令式，农村社会保障作为农村公共服务的重要组成部分，其供给决策方式也不例外，但是这一供给决策体制不合理，对于农村居民的真实需求不能顺畅的表达。一方面，农村社会保障主要是由各级政府提供，加之我国所实施的"优先发展城市，优先发展工业"偏向型发展战略，导致政府对于农村居民关于社会保障的需求意愿较少考虑，忽视了农村居民的切身利益，而是将政府其自身的利益放在了首位，这必然导致农村社会保障政府供给与农村居民需求的严重脱节，造成有效财政资源的浪费，导致农村社会保障供给绩效水平的低下。另一方面，农村居民没有渠道参与农村社会保障的供给决策，其对于农村社会保障的需求意愿也没有能力和办法得到顺畅表达，其真实想法也没有渠道能够反馈给政府，即使反馈给当地政府，也未必能引起重视，得偿所愿，久而久之，就会形成不尽合理、并带有强制性的自上而下的农村社会保障供给决策体制。我国现行的农村社会保障供给决策体制势必会造成其供需的严重脱节，造成有限的财政资源和社会保障资源的严重浪费，造成农村社会保障的非均衡化供给。在此，利用图 8 – 4 对非意愿消费选择下的农村社会保障供给不足问题进行解释说明。

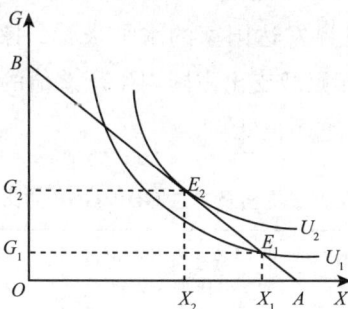

图 8 – 4　非意愿消费选择下的农村社会保障过度供给

假设将农村居民生产和消费的产品分为包括农村社会保障在内的公共产品和私人产品两大类。在图 8 – 4 中，横轴 X 代表私人产品的供给数量，纵轴 G 代表农村社会保障的供给数量，曲线 AB 代表农村居民的预算约束线，曲线 U

代表无差异曲线或效用曲线。在均衡点 E_2（即无差异曲线 U_2 与预算约束线 AB 的切点）上，农村居民的效用水平实现最大化，农村居民选择消费的私人产品和社会保障数量分别为 OX_2 和 OG_2，同时按照 X_2A/OA 的比率缴税，这时，$MRT_{gx} = MRS_{gx}$（MRT_{gx} 代表社会保障和私人产品之间生产的边际转换率，MRS_{gx} 代表农村居民消费社会保障和私人产品时所获得的福利的边际替代率），农村居民的社会福利实现了最大化。如果由政府官员代替农村居民进行选择消费社会保障和私人产品数量的决策，那么农村居民对这两类产品的消费组合就会发生改变，会导致无差异曲线向左移动，假设移至 U_1，此时，农村居民选择消费的私人产品和社会保障数量分别为 OX_1 和 OG_1，同时按照 X_1A/OA 的比率缴税，但此时农村居民选择消费的私人产品和社会保障数量并不符合帕累托最优条件，即农村居民的社会福利并不能实现最大化。于是，由于非意愿消费选择，致使农村社会保障供给不足，造成农村居民社会福利受损，效用水平出现下降，即 $U_2 > U_1$，资源配置出现非效率。

8.2.2.2 农村社会保障供给结构不合理

由农村社会保障的属性所确定，其主要是由政府来提供，理所当然，其供给资金主要来源于政府的财政支出。然而我国财政支出占国内生产总值（GDP）或国民生产总值（GNP）的比重却较低，一直处于世界的较低水平，进入 21 世纪以来有了较大增长，直到 2009 年才越过 20%，分别达到 21.89% 和 21.81%，2015 年和 2016 年越过 25%，2017 年和 2018 年转而下跌，低于 25%（见表 8-1）。从世界发达国家的水平来看，像美国、澳大利亚、俄罗斯、德国等，早在 1996 年财政支出占国内生产总值的比重就已超过 25%。由此可见，我国财政支出比重还很低。

表 8-1　　　　　　　　　我国财政支出及其占 GDP/GNP 的比重

年份	财政支出（亿元）	GNP（亿元）	财政支出占 GNP 的比重（%）	GDP（亿元）	财政支出占 GDP 的比重（%）
2000	15886.5	99066.1	16.04	100280.1	15.84
2001	18902.6	109276.2	17.30	110863.1	17.05
2002	22053.2	120480.4	18.30	121717.4	18.12
2003	24649.95	136576.3	18.05	137422	17.94

续表

年份	财政支出（亿元）	GNP（亿元）	财政支出占 GNP 的比重（%）	GDP（亿元）	财政支出占 GDP 的比重（%）
2004	28486.89	161415.4	17.65	161840.2	17.60
2005	33930.28	185998.9	18.24	187318.9	18.11
2006	40422.73	219028.5	18.46	219438.5	18.42
2007	49781.35	270704	18.39	270092.3	18.43
2008	62592.66	321229.5	19.49	319244.6	19.61
2009	76299.93	347934.9	21.93	348517.7	21.89
2010	89874.16	410354.1	21.90	412119.3	21.81
2011	109247.79	483392.8	22.60	487940.2	22.39
2012	125952.97	537329	23.44	538580	23.39
2013	140212.1	588141.2	23.84	592963.2	23.65
2014	151785.56	642097.6	23.64	641280.6	23.67
2015	175877.77	683390.5	25.74	685992.9	25.64
2016	187755.21	737074	25.47	740060.8	25.37
2017	203085.49	820099.5	24.76	820754.3	24.74
2018	220906.07	896915.6	24.63	900309.5	24.54

资料来源：国家统计局：《中国统计年鉴》（2001～2018），中国统计出版社。

（1）农村社会保障供给内部结构不合理。农村社会保障供给内部结构的不合理主要是由我国所实施的"自上而下"的供给决策体制所造成的。虽然随着国家对于农村社会保障制度的重视，国家对于农村社会保障的投入也呈现出逐年增加的趋势，但是农村社会保障供给结构存在着不合理现象，具体表现为新型农村合作医疗基金支出相对较多，农村最低生活保障资金、农村特困人员救助供养资金相对较少，同时新型农村社会养老制度还很不完善、健全。例如，2014 年，我国新型农村合作医疗当年基金支出额为 2890.4 亿元，而农村特困人员救助供养资金仅为 189.8 亿元，农村最低生活保障资金为 870.3 亿元；又如自然灾害救济费构成，2014 年生活救济费占自然灾害救济费的比例最高，为 58.41%，灾民倒房重建所占比例次之，为 20.27%，而救灾储备费所占比例最小，仅为 6.51%。

（2）农村社会保障供给外部结构不合理。农村社会保障供给与国际水平的差距、地区差异、城乡差异均是农村社会保障供给外部结构不合理的主要表现。在此，主要说明地区差异，2014 年，东、中、西部地区农村社会救济费占全国农村社会救济费的比重分别为 26.59%、30.79%、42.63%，西部地区所占比重比东、中部地区分别高 16.04 个百分点和 11.84 个百分点；2014 年，东、中、西部地区自然灾害救济费占全国自然灾害救济费的比重分别为 19.3%、20.9%、57.9%，西部地区所占比重比东、中部地区分别高 38.6 个百分点和 37 个百分点；2017 年，东、中、西部地区农村最低生活保障支出占全国农村最低生活保障支出的比重分别为 25.13%、28.84%、46.03%，东、中部地区所占比重分别比西部地区低 20.9 个百分点和 17.19 个百分点。再以东部地区的山东和西部地区的西藏为例来进行说明地区差异，如表 8-2 所示，2014 年山东农村社会救济费和自然灾害救济费分别为 62.62 亿元和 2.06 亿元，而西藏这两个指标分别为 4.28 亿元和 0.85 亿元，分别仅为山东的 6.83% 和 41.26%；2017 年山东农村最低生活保障支出为 52.1 亿元，而西藏仅为 4.7 亿元，仅为山东的 9.02%。由此可见，我国农村社会保障供给存在地区上的差异。

表 8-2　　　　　　2014 年和 2017 年我国农村社会保障供给地区差异　　　　单位：亿元

地区	2014 年		2017 年	地区	2014 年		2017 年
	农村社会救济费	自然灾害救济费	农村最低生活保障支出		农村社会救济费	自然灾害救济费	农村最低生活保障支出
北京	3.31	0.62	4	四川	76.2	15.92	72.9
天津	5.55	0.09	8	贵州	64.46	8.54	70.9
上海	1.53	0.16	2.3	云南	74.48	15.73	73.5
山东	62.62	2.06	52.1	西藏	4.28	0.85	4.7
广东	55.42	5.16	47.7	宁夏	7.85	1.95	13

资料来源：国家统计局农村社会经济调查司：《中国农村统计年鉴》（2015，2018），中国统计出版社。

8.2.3　农村社会保障监督管理体制不健全、不完善

农村社会保障供给绩效水平的提升有赖于健全和完善的农村社会保障监督管理体制。提高农村社会保障水平的前提是足额的财政投入，其顺利推行与持续发展的关键在于健全、完善的监督管理体制（刘金苹，2010）。长期以来，

我国农村社会保障管理处于相对混乱的状态，属于多头管理，且行政隶属关系模糊不清，呈现出条块化和分割状的管理格局，监管效率低下。目前，我国农村社会保障的监督管理主要是以行政监管为主，社会监管为辅，其主要工作是由民政部与人力资源和社会保障部负责，同时，还有一些其他部门参与其中，比如财政、监察、卫生、审计等。但是这种多部门分散式的管理体制呈现出诸多的弊端和缺陷，各部门在执行具体事务过程中，多是以自身利益为主，难以协调处理涉及各部门的相关事务，降低了监管效率。此外，农村社会保障的监督管理部门的监管职责是较为明确的，但是对监管部门监督效果的评价机制却是缺失的，难以对监管部门进行有效约束。

另外，农村社会保障资金的监管问题也较为突出，主要表现为监督管理机构缺乏独立性。目前，我国社会保障行政监督管理部门是财政部与人力资源和社会保障部下属的基金监管机构和社会保障业务管理机构（张宾，2007）。这种监管部门呈现的既是"运动员"又是"裁判员"的模式，他们之间缺乏有效的监督和制约机制，很容易出现问题，比如相互包庇、偏袒，挤占、挪用、截留、滞拨社会保障资金等。实际上我国挤占、挪用社会保障资金的现象层出不穷，例如，2006 年上海市社会保障基金违规挪用案件轰动全国，涉及社会保障基金高达 30 多亿元（翟继辉，2016），这些现象的屡次发生其实与社会保障监督管理机构缺乏独立性是直接相关的。

8.3 财政政策方面

8.3.1 政府财政投入不足

社会保障是政府为国民提供的基本公共服务之一，在经济社会发展中发挥着重要的作用，其政府的公共财政支出应该占有较大的比重。但是在我国长期以来实行的"城乡二元经济结构体制"以及在这种体制下实行的"以农促工、优先发展城市"的倾斜型发展战略与政策的影响下，农村社会保障的财政支出比重却很低。进入 21 世纪，国家对于"三农"问题给予了较大的关注，把"三农"问题摆在了突出位置，其中对于农村社会保障事业的发展给予了极大的重视，建立了相对较为完善的新型农村合作医疗制度、新型农村养老保险制度、社会救助体系、农村最低生活保障制度等。虽然我国财政对于社会保障的支出呈现逐年增加的趋势，但是其占财政支出或 GDP 的比重却处于较低的水平。2007～2018 年，国家财政用于社会保障支出由 5447.16 亿元增加到 27084.07 亿元，但其占国家财政支出的比重一直徘徊在 10% 左右，其中 2009 年国家财政用于社会保障支出比重为 9.97%，最低，2018 年达到历史最高水平，为 12.26%（见表 8-3）；其中，中央财政用于社会保障支出占中央财政支出的比重约为 3%，地方财政用于社会保障支出占地方财政一般预算支出比重约为 12%。国家财政用于社会保障支出占 GDP 的比重由 2007 年的 2.02% 增加到 2018 年的 3.01%（见图 8-5），这个比重是比较低的，这一比重远远低于发达国家的比重，早在 20 世纪末，美国、英国等发达国家的社会保障支出占 GDP 的比重达到 30% 左右（郝敬京等，2013）。即便如此，国家还把这极其有限的社会保障支出资金的绝大部分用于了城市社会保障建设，而农村居民所享受到的社会保障财政资金很少。由此可见，我国财政对于农村社会保障支出明显不足，无法支撑农村社会保障体系的有效运行。

表 8-3　　　　　　　　社会保障财政支出及其所占比重

年份	国家财政社会保障支出（亿元）	国家财政社会保障支出比重（%）	中央财政社会保障支出（亿元）	中央财政社会保障支出比重（%）	地方财政社会保障支出（亿元）	地方财政社会保障支出比重（%）
2007	5447.16	10.94	342.63	2.99	5104.53	13.31
2008	6804.29	10.87	344.28	2.58	6460.01	13.12
2009	7606.68	9.97	454.37	2.98	7851.85	12.86
2010	9130.62	10.16	450.3	2.82	8680.32	11.75
2011	11109.4	10.17	502.48	3.04	10606.92	11.44
2012	12585.52	9.99	585.67	3.12	11999.85	11.20
2013	14490.54	10.33	640.82	3.13	13849.72	11.57
2014	15968.9	10.52	699.91	3.10	15268.94	11.82
2015	19018.69	10.81	723.07	2.83	18295.62	12.17
2016	21591.5	11.50	890.58	3.25	20700.87	12.91
2017	24611.68	12.12	1001.11	3.35	23610.57	13.63
2018	27084.07	12.26	—	—	—	—

资料来源：国家统计局：《中国统计年鉴》（2008～2018），中国统计出版社。

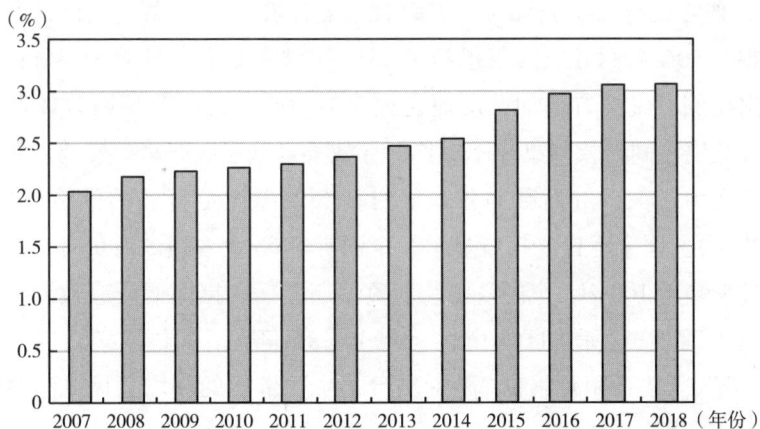

图 8 - 5　国家财政用于社会保障支出占 GDP 的比重

资料来源：国家统计局：《中国统计年鉴》（2008～2018），中国统计出版社。

8.3.2　各级政府之间财权与事权不对称，基层政府财政压力过大

我国于 1994 年开始实行分税制改革，分税制是在明确划分各级政府事权范围的基础上，主要按税收来划分各级政府的预算收入，各级预算相对独立，努力实现中央和地方财政收入的平衡（李琳，2016）。分税制在西方发达国家普遍存在，但是我国在实行分税制改革后，各级政府之间的财权与事权划分出现了明显的变化，中央政府获得了在经济权力和利益分配上的主动权，而地方政府却要承担过多的财政事务，即财权上收（财权过于集中在中央）、事权下放（预示着地方政府的事权要大于财权），意味着地方政府在财政收入减少的情况下，不仅要承担社会保障支出，还要承担各级公路、农田水利设施建设、教育等财政支出，另外还需要支付公务员和教师的工资，形成了极大的财政开支压力。对于县乡两级政府而言，财政压力更大，因为县乡两级政府需要承担更多的义务，然而其财政收入却很有限，主要是来自中央返还的 25% 的增值税与 0.3% 的消费税，及其当地的营业税、个人所得税等小额税种，税收不足且不稳定（叶凡青，2010）。分税制改革的实施，使得我国中央与地方的财政发生了较大的变化，这从事实可以看出，也可以通过财政收入和支出数据说明这一点。1978～1993 年，地方政府以 70% 的财政收入支撑着近 60% 的财政支出，而中央政府则是以近 30% 的财政收入支撑着超过 40% 的财政支出；1994～

2018 年，地方政府以少于 50% 的财政收入支撑着 77% 的财政支出，而中央政府却以超过 50% 的财政收入仅承担了 23% 的财政支出（见表 8－4）；中央的财政支出比例不仅没有增加，反而在逐年减少。这说明我国财政体制很不健全，各级政府之间财权与事权不对称，导致县乡基层政府承担着越来越多的事权，财政压力过大，进而影响各地农村社会保障充足有效的供给（白彦锋，王凯，2014）。国家审计报告显示，全国有 3465 个乡镇政府负有偿还责任债务的债务率高于 100%，全国乡镇政府负偿还责任、担保责任或救助责任的债务分别达 3070.12 亿元、116.02 亿元和 461.15 亿元。我国乡镇政府负债不仅"老债空悬"矛盾日积月累，"融资平台下乡"催生的新增负债风险也日渐凸显（中国青年报，2014）。

表 8－4　　　　　　中央与地方财政收入和支出及其占总财政的比重

年份	财政收入（亿元）		财政收入占总财政的比重（%）		财政支出（亿元）		财政支出占总财政的比重（%）	
	中央	地方	中央	地方	中央	地方	中央	地方
1978	175.77	956.49	15.5	84.5	532.12	589.97	47.4	52.6
1979	231.34	915.04	20.2	79.8	655.08	626.71	51.1	48.9
1980	284.45	875.48	24.5	75.5	666.81	562.02	54.3	45.7
1981	311.07	864.72	26.5	73.5	625.65	512.76	55	45
1982	346.84	865.49	28.6	71.4	651.81	578.17	53	47
1983	490.01	876.94	35.8	64.2	759.6	649.92	53.9	46.1
1984	665.47	977.39	40.5	59.5	893.33	807.69	52.5	47.5
1985	769.63	1235.19	38.4	61.6	795.25	1209	39.7	60.3
1986	778.42	1343.59	36.7	63.3	836.36	1368.55	37.9	62.1
1987	736.29	1463.06	33.5	66.5	845.63	1416.55	37.4	62.6
1988	774.76	1582.48	32.9	67.1	845.04	1646.17	33.9	66.1
1989	822.52	1842.38	30.9	69.1	888.77	1935.01	31.5	68.5
1990	992.42	1944.68	33.8	66.2	1004.47	2079.12	32.6	67.4
1991	938.25	2211.23	29.8	70.2	1090.81	2295.81	32.2	67.8
1992	979.51	2503.86	28.1	71.9	1170.44	2571.76	31.3	68.7
1993	957.51	3391.44	22	78	1312.06	3330.24	28.3	71.7
1994	2906.5	2311.6	55.7	44.3	1754.43	4038.19	30.3	69.7
1995	3256.62	2985.58	52.2	47.8	1995.39	4828.33	29.2	70.8

续表

年份	财政收入（亿元）		财政收入占总财政的比重（%）		财政支出（亿元）		财政支出占总财政的比重（%）	
	中央	地方	中央	地方	中央	地方	中央	地方
1996	3661.07	3746.92	49.4	50.6	2151.27	5786.28	27.1	72.9
1997	4226.92	4424.22	48.9	51.1	2532.5	6701.06	27.4	72.6
1998	4892	4983.95	49.5	50.5	3125.6	7672.58	28.9	71.1
1999	5849.21	5594.87	51.1	48.9	4152.33	9035.34	31.5	68.5
2000	6989.17	6406.06	52.2	47.8	5519.85	10366.65	34.7	65.3
2001	8582.74	7803.3	52.4	47.6	5768.02	13134.56	30.5	69.5
2002	10388.64	8515	55	45	6771.7	15281.45	30.7	69.3
2003	11865.27	9849.98	54.6	45.4	7420.1	17229.85	30.1	69.9
2004	14503.1	11893.37	54.9	45.1	7894.08	20592.81	27.7	72.3
2005	16548.53	15100.76	52.3	47.7	8775.97	25154.31	25.9	74.1
2006	20456.62	18303.58	52.8	47.2	9991.4	30431.33	24.7	75.3
2007	27749.16	23572.62	54.1	45.9	11442.06	38339.29	23	77
2008	32680.56	28649.79	53.3	46.7	13344.17	49248.49	21.3	78.7
2009	35915.71	32602.59	52.4	47.6	15255.79	61044.14	20	80
2010	42488.47	40613.04	51.1	48.9	15989.73	73884.43	17.8	82.2
2011	51327.32	52547.11	49.4	50.6	16514.11	92733.68	15.1	84.9
2012	56175.23	61078.29	47.9	52.1	18764.63	107188.34	14.9	85.1
2013	60198.48	69011.16	46.6	53.4	20471.76	119740.34	14.6	85.4
2014	64493.45	75876.58	45.9	54.1	22570.07	129215.49	14.9	85.1
2015	69267.19	83002.04	45.5	54.5	25542.15	150335.62	14.5	85.5
2016	72365.62	87239.35	45.3	54.7	27403.85	160351.36	14.6	85.4
2017	81123.36	91469.41	47	53	29857.15	173228.34	14.7	85.3
2018	85447.34	97904.5	46.6	53.4	32707.81	188198.26	14.8	85.2

资料来源：国家统计局：《中国统计年鉴》（1979～2018），中国统计出版社。

8.3.3 财政转移支付制度不健全、不规范

为了改善和缓解各级政府之间财权与事权的不对称问题，为了实现地区、城乡社会保障均等化问题，国家制定了一项财政平衡制度——财政转移支付制

度,但是,现行的财政转移支付制度还很不健全和不规范,存在着较多的问题(杨志勇,2015)。已有研究表明,财政转移支付制度对于缩小社会保障地区差异的作用很微弱,仅仅在平衡地区之间的财力上发挥着重要的作用。探寻其原因,首先,转移支付总量相对较多,但是转移支付的结构不合理,具体表现为一般性转移支付规模较小,而专项转移支付规模较大,接近一半,但专项转移支付的标准不明确、不严格,存在人为控制的空间,进而为腐败的产生孕育了土壤;其次,财政转移支付资金浪费严重,资金使用效率低下;最后,财政转移支付资金管理效率低下,容易出现资金的挤占、挪用、截留、滞拨等现象,主要是因为转移支付资金属于多头管理(中国(海南)改革发展研究院,2006)。此外,财政转移支付还存在诸如转移支付形式过多、调节功能微弱、支付力度不足、税收返还制度不利于社会保障的均等化供给等制度缺陷。另外,从财政转移支付制度的目的来看,主要是"保工资、保吃饭",对于缓解县乡政府财政困难并未起到显著效果,加之县乡政府财政压力过大。实际上,我国80%以上的乡镇都有负债,特别是中西部地区的一些农业大省负债率更高。据全国农村经济信息监测点2005年乡镇债务问题调查报告显示,调研所涉及的15个省(自治区、直辖市)28个市县的乡镇负债总规模已达到224.2亿元,人均负债额约为430元。也有研究结果显示,2005年四川省的乡镇债务规模为251.9亿元,约是财政收入的5.2倍(当年财政收入为48.6亿元),每个乡镇债务平均为535.4万元,其中7个乡镇的债务超过1亿元;河南90%以上的乡镇有负债(2100个乡镇),每个乡镇债务平均为489万元,其中179个乡镇的债务超过1000万元(宋玲妹,2008)。从以上研究结果可看出,我国乡镇债务总体规模已经相当庞大,已成为不争的事实。由此可见,财政转移支付制度的不健全、不规范,使我国大部分县乡财政吃紧、债务规模庞大,严重影响了社会保障的有效供给,因此,必须及时地完善我国的财政转移支付制度。

8.4 农村居民自身方面

8.4.1 农村居民保障意识淡薄

近些年,虽然国家加大了对农村社会保障的投入力度,但是其资金投入还是比较少的，不能完全满足农村居民的需求，加之受观念和传统习俗等的影响，农村居民依靠土地和子女养老的模式普遍存在，这也是导致农村居民参保意识淡薄的一个主要原因，特别是在经济欠发达地区农村居民参保意识更加淡薄，这也就导致了农村社会保障水平相对较低。随着我国工业化和城镇化的不断推进，农村青壮年劳动力不断流向城市，加之我国所实施的计划生育所带来的农村家庭人口结构的变化，导致土地养老和子女养老的风险越来越大，土地养老和子女养老已不再适应农村发展的新趋势，所以必须寻找新的养老模式，而参加农村社会保障服务正好可以解决这一问题。农村社会保障的主体是农村居民，所以，农村社会保障体系必须覆盖所有农村居民。由于我国农村教育体制落后，农村居民文化素质普遍偏低，大多时候考虑不到长远利益，而更看重的是眼前利益，导致部分农村居民参加新农保的意识不是很强（韩英，2010）。对于新型农村合作医疗保险，我国从 2003 年开始试点，2009 年在全国迅速推开，目前已基本实现了全覆盖，但是新农合在减轻农村居民经济负担方面所发挥的作用还是很有限的。而对于新型农村社会养老保险，2009 年开始在全国范围内开展试点，到目前覆盖率达到 80% 左右，虽然没有实现全覆盖，保障水平较低，但对于农村老年人的养老保障起了一定的积极作用。因此，需加大对农村社会保障制度的宣传，让农村居民更多地了解农村社会保障制度，体会其所带来的好处，不断增强农村居民的参保意识，实现农村社会保障的全覆盖，提高农村社会保障供给水平。

8.4.2　农村居民需求表达机制缺失

在我国农村社会保障供给体制中，由于供求信息不对称，导致了农村居民对社会保障的需求与政府对社会保障的供给之间出现严重错位，影响了农村社会保障的有效供给。在农村社会保障供给过程中，农村居民的需求表达机制是欠缺的。首先，农村居民的需求表达意识淡薄。农村居民相对于城市居民而言，具有较强的顺从性、从众性，即使有意愿，很多时候不愿将自身的真实意愿进行表达，而是采取从众心理，保持沉默，需求表达意识淡薄。此外，县乡政府作为与农村居民直接接触的基层政府，应该成为农村居民需求表达和利益诉求的转达者、反馈者，然而，在事实上，农村居民需求表达和利益诉求并没有得到县乡政府的重视，并不能及时地将其进行反馈和处理，而是相互推诿、推卸责任。长此以往，农村居民就会逐渐丧失利益诉求的意愿。其次，农村居民的需求表达渠道不畅，农村居民需求意愿的表达属于被动表达。在我国广大的农村地区，由于农村居民文化素质普遍偏低，部分农村居民思想较为封建和传统，对于社会保障服务不管其是否合理或需要，更多时候只是默默选择接受，而不是主动的表达自己的真实意愿，主动地去争取和维护自身利益。即使有一些农村居民想表达自己的真实需求意愿，然而却没有顺畅的渠道去表达其意愿。最后，农村居民的需求意愿表达不充分。大多数农村居民对于国家所实施的一系列支农惠农政策是持有感激之心的，对于政府提供的有限的社会保障服务也不例外，于是大部分农村居民一般不会提出更高的要求。同时，县乡基层政府对于农村居民需求表达和利益诉求的反馈和处理的不及时，使得农村居民不会充分地表达其需求意愿。此外，农村居民文化素质普遍偏低，造成农村居民在充分、准确表达其需求意愿上可能会存在一定的难度。由此可见，农村居民需求表达机制的缺失，会影响农村社会保障的有效供给，降低农村社会保障的供给水平。

8.5 法律体系方面

8.5.1 农村社会保障相关立法滞后

要保证农村社会保障制度的健康有序运行，必须要以健全和完善的法律作为基础，即所谓立法先行。我国社会保障法律法规体系还在逐步健全和完善过程中，而其难点和重点在于农村社会保障立法，因为在城乡二元经济结构影响下，城市居民和农村居民享受着不同级别的待遇，即农村居民无法享受到城市居民所享有的社会保障权（陈少强等，2010）。从我国农村社会保障相关立法工作进程来看，还是相对比较滞后的，对社会保障资金的筹集、监督管理等存在着弊端，甚至有些地区出现了社会保障资金的挪用、挤占、截留、违规使用等现象，使得社会保障资金未能按预期的目标使用，降低了社会保障资金的使用效率。农村社会保障供给涉及农村居民的切身利益，如果出现社会保障资金的违规使用现象，很容易造成农村居民对农村社会保障认同感的削弱，对农村社会保障制度的评价会大打折扣，进而阻碍农村社会保障的有效运行。目前，虽然我国农村社会保障法律法规体系建设正处在快速发展阶段，但农村社会保障立法相对较少，且大部分法律法规是比如"通知""意见""试行办法""暂行规定"等行政法规和部门规章，何谈体系化和层次化。法律制度的缺失，对于农村社会保障的积极推进与农村居民社会保障权利的维护是非常不利的，实践中很容易发生一些意想不到的情况。此外，我国农村社会保障法律法规更多涉及的是农村医疗卫生保险、农村社会养老保险制度，而很少涉及其他农村社会保障项目，这样在农村社会保障资金筹集与监督管理、规范农村社会保障主体权利与义务、监督审查农村社会保障管理机构设置等过程中难以顺利推进，阻碍和制约农村社会保障事业的发展。

8.5.2 农村社会保障相关立法层次较低

目前，我国农村社会保障相关立法滞后、层次较低，使得其权威性与效力均大打折扣（郭浩然，2012）。全国人大常委会应该来制定和颁布农村社会保障基本法，但实际上，从1978年改革开放至今，全国人大常委会制定颁布的一系列法律法规中涉及农村社会保障方面的还没有（庆玲，2010）。我国现有的农村社会保障相关立法相对较少，大部分法律法规以"通知""意见""试行办法""暂行规定"等条文条例的形式呈现，且行政机构、部门章程之间缺乏有效必要的衔接，这说明一个客观事实，就是我国农村社会保障相关立法层次较低。近年来，我国农村社会保障事业的发展速度还是比较快的，而其相关立法层次较低，两者之间并未形成相对应的地位，立法层次的低下未能为农村社会保障事业的发展提供有效保障，使农村社会保障事业处于有法难依、无法可依的局面。另外，农村社会保障相关立法层次的低下，会使农村社会保障的管理较难，容易出现随意性、易变性等问题，也容易出现其资金的挪用、挤占、截留等现象，不利于农村社会保障事业的发展，进一步制约农村社会保障供给绩效水平的提升。

8.6 本章小结

本章运用微观经济学相关原理和宏观统计数据，对我国农村社会保障供给绩效水平低下的原因进行了规范和实证分析。本研究认为，造成我国农村社会保障供给绩效水平低下原因既有社会制度方面的因素，也有政府职能方面的因素，还有财政政策、农村居民自身、法律体系等方面的因素。其中，社会制度方面的因素包括城乡资源互不转移状态下社会保障供给、"以工养农"政策下城乡社会保障供给；政府职能方面的因素包括农村社会保障供给主体责任不明和供给主体错位、农村社会保障供给决策体制与供给结构不合理、农村社会保障监督管理体制不健全与不完善；财政政策方面的因素有政府财政投入不足、各级政府之间财权与事权不对称、基层政府财政压力过大、财政转移支付制度不健全与不规范；农村居民自身方面的因素涵盖农村居民保障意识淡薄和农村居民需求表达机制缺失两点；法律体系方面的因素主要是农村社会保障相关立法滞后和农村社会保障相关立法层次较低。本章在农村社会保障供给绩效分析的基础上，分析了农村社会保障供给绩效水平低下的原因，引出下章农村社会保障供给绩效的优化路径和策略，具有承上启下的作用。

第9章

农村社会保障供给绩效的
优化路径和策略

农村社会保障供给绩效水平低下问题已成为制约农村居民收入水平和农村经济发展的瓶颈。而解决"三农"问题、实现城乡统筹发展和城乡社会保障均等化的前提条件就是有效供给社会保障,不断提高农村社会保障的供给水平和供给效率。因此,本章根据前述各章分析结果,提出农村社会保障供给绩效的优化路径和策略。

9.1 农村社会保障供给绩效的优化路径

建立健全以社会养老保险制度与最低生活保障制度为主要内容的社会保障体系,扩大社会保障的覆盖面,是我国提高农村社会保障供给绩效水平,实现社会保障均等化的路径选择。

9.1.1 为提升农村社会保障供给绩效水平提供财政支持

第一,国家财政和各级政府财政要加大对农村社会保障的投入力度。首先,在中央政府的带动下,广泛筹集农村社会保障资金。政府在农村社会保障供给中起着主导作用,当然政府在农村社会保障制度的运行中也起着主导作用,因此,可以通过财政的方式来筹集农村社会保障资金。其次,不断实现农村社会保障资金的投资增值。可以将农村社会保障资金投资于资本市场和一些公共基础项目来实现农村社会保障资金的保值增值。农村社会保障资金的最终承担者是各级财政，于是，应建立健全的农村社会保障资金的监督与管理机制，时刻关注农村社会保障资金的投资去向，确保农村社会保障资金的稳定性。再次，实行专门的财政预算管理制度，可以考虑设立社会保障预算，进行统一管理、统一核算，加强对农村社会保障资金的监督与管理，确保农村社会保障资金安全有效的使用。最后，不断提高农村社会保障资金的管理层次，充分发挥农村社会保障制度的功能，即保障国民共享经济发展成果与维护社会公平正义。

第二，国家财政和各级政府财政要加大对经济欠发达地区、山区和农业弱质地区农村社会保障的投入力度。首先，各级财政要为经济欠发达地区、山区和农业弱质地区的农村社会保障提供充裕的资金支持，确保农村社会保障资金的足额到位。各级财政要不断优化并及时调整财政支出结构，不断加大对农村社会保障的资金投入力度，不断提高农村社会保障资金支出在财政支出中的比重。其次，明确划分各级政府在农村社会保障中的职责范围。根据各地区的实际情况和经济发展状况，因地制宜，在经济发展程度较高、财力雄厚的农村地区，主要由省市县财政承担农村社会保障的主要职责，可随着经济发展水平的不断提高来增加对农村社会保障的投入；在经济发展程度较低、财力薄弱的农村地区，主要由国家财政承担农村社会保障供给的主要职责。

第三，通过农村集体经济筹集农村社会保障资金，这就需要政府加大对乡镇企业的支持力度，通过乡镇企业不断地发展壮大，将乡镇企业积累利润的一部分可以返还，作为农村社会保障资金（王静，2018）。

第四，通过开征社会保障税筹集农村社会保障资金。由于税收具有强制性，又具有稳定性的特征，于是政府可以通过税收的形式筹集农村社会保障资金，这个资金来源相对很可靠。我们可以借鉴大多国外发达国家和部分发展中国家的成功经验（目前全世界已有80个国家制定了社会保障税，并且是第二大税类，仅次于所得税），通过开征社会保障税筹集农村社会保障资金。政府可以制定社会保障税作为附加税，根据收入的多少来缴纳，即可考虑累进税的计征方式，高收入群体多缴纳些社会保障税，低收入者少缴纳些社会保障税。社会保障税的征集由税务机关统一征收，作为专项资金专门用于农村社会保障事业的发展。

第五，政府应适度加大对农村教育福利投入力度。国际上，教育支出占GDP的比重是衡量教育投入投入的指标。目前，世界平均水平是4.9%，发达国家为 5.1%，欠发达国家为 4.1%，但中国还不足 2%（王静，2018）。从农村教育的实际情况看，一方面农村教育呈现出师资力量严重短缺，教学硬件设施基本没有，教师水平和素质相对低下等一系列问题。随着近年来对教育重视程度的不断升温，有条件的农村子女已逐步转移到县、市上学，给城市带来了人口和教育压力。另一方面，农村的学校逐渐空心化，这样使得农村的教师没有了主心骨，已不再将教书育人作为第一要务，进一步使农村教育弱化，进一步使城乡教育差距拉大。因此，综合来看，急需改善农村教育现状，在国家加大投入的基础上，政府应适度加大对农村教育的福利投入力度。

9.1.2　健全和完善农村社会保障体系

9.1.2.1　健全和完善农村最低生活保障制度

我国为保障收入难以维持最基本生活需求的农村贫困人口所建立的农村社会救济制度是农村最低生活保障制度，农村最低生活保障制度是满足农村居民最基本需求的公共服务。

第一，根据各地区农村的实际情况，明确确定各地区农村最低生活保障制度的保障对象及其保障标准。农村最低生活保障制度的保障对象农村中的特困居民，即收入水平暂时或者永久的低于国家公布的最低收入水平或者基本生活需求难以维系的农村居民。农村居民只要符合最低生活保障的条件就可自己提出申请，但是各级政府必须对提出申请的贫困人群进行摸底和排查，确保最低生活保障对象是农村中实际贫困户或贫困人群，并确保农村最低生活保障资金实际足额到达每一位贫困农村居民的手中。农村最低生活保障制度的保障标准是在某一个时期内，根据地区的经济发展水平，由政府制定的用于维持农村居民基本生活所需的支出。农村最低生活保障标准的制定一方面要保障农村贫困人群的基本生活所需，另一方面要克服农村贫困人群的依赖性。农村最低生活保障制度的保障对象可以简称为农村低保对象，和社会成员一样，也有权享受经济社会发展的成果，农村最低生活保障标准要根据各地区经济的实际发展水平和物价水平的变化适当地进行调整。

第二，健全和完善农村最低生活保障制度的资金来源机制。一般来说，农村最低生活保障资金是由各级财政共同来承担的。由于各地区经济发展水平的差异性，申请享受农村最低生活保障的人数差距也较大。具体来讲，经济发展水平越低的地区，符合享受最低生活保障的人数较多，而农村最低生活保障资金却明显不足；经济发展水平较高的地区，符合享受农村最低生活保障的人数相对较少，农村最低生活保障资金相对较为充裕。于是，中央财政需通过转移支付的手段转移部分财政资金给经济发展水平较低的地区，以保障农村最低生活保障制度的实施。我国地大物博、幅员辽阔、地形地貌复杂、人口众多，贫困地区、山区的农村贫困人口较多。虽然近年来，国家加大了扶贫力度，使我国众多人口摘掉了多年的贫困帽子，但是我国并没有完全脱贫，脱贫任务还任到重远。要保障农村贫困人群的基本生活需求，单纯地依靠财政的力量难以满足农村最低生活保障资金的需求，因此，需要健全和完善农村最低生活保障制度的资金筹集机制，即以政府为主导、集体为辅、社会互助的多渠道多层次的筹资机制。

9.1.2.2 健全和完善农村社会养老保险制度

实现农村居民"老有所养，老有所依"的社会保障制度是农村社会养老保险制度。我国从 1992 年开始试行农村社会养老保险制度，多数县乡建立了"以个人交费为主、集体补助为辅、国家政策扶持"的农村养老保险制度，但是，这项制度并未能取得预期的成效，存在着诸如覆盖面较低、支出水平低等问题，并且一直处于一种低水平运转的状态。通过实地调查发现，城市居民养老忧虑低于农村居民，发达地区低于欠发达地区。对于未来的养老金来源而言，城市居民未来养老金的主要来源是退休金和社会基本养老保险金；而农村居民未来养老金主要来源于子女和自己的积蓄，这种状况主要是由社会保障体系未能全面覆盖农村地区所导致的。随着我国经济的迅猛发展，工业化和城镇化进程的不断加快，农村人口结构不断变化，以往农村的家庭养老保障与土地养老保障功能在不断地减弱，而社会养老保险功能在不断增强，因此，需尽快健全和完善农村社会养老保险制度。建立农村社会养老保险制度，仅仅依靠农村居民自己的力量来筹集资金是比较困难的，并且保障水平低，反过来又会影响农村居民参保的积极性，因此，健全和完善农村社会养老保险制度的重点在于增强政府的职责。

9.1.2.3 健全和完善农村医疗保险制度

农村合作医疗是由我国农村居民自己创造的互助共济的医疗保障制度，在保障农村居民获得基本卫生服务、缓解农村居民因病致贫和因病返贫方面发挥了重要的作用。我国从 2003 年开始实施新型农村合作医疗保险试点工作开始，农村居民自愿参加，建立了个人缴费、集体扶持和政府资助三方位的筹集资金的新型农村合作医疗保险制度，但是新型农村合作医疗保险制度的实施，并未能达到预期目的，还存在着诸如社会满意度低、保障水平低、新型农村合作医疗的宣传不到位、新型农村合作医疗制度的程序过于烦琐等问题，在一定程度上使得农村居民并未从中得到真正的实惠。同时，在医患信息严重不对称的情况下，新型农村合作医疗制度并未能真正地发挥作用，反而在一定程度上增加了农村居民的负担，进一步加剧了农村的贫富差距。此外，农村落后的条件也给新型农村合作医疗制度的有效运行造成了一定的阻碍。随着农村经济的迅速发展和农村居民收入水平的不断提高，农村居民对于健康问题的关注度持续升温，因此，需进一步加大财政的投入力度，不断健全和完善新型合作医疗制度，并逐步完善新型农村合作医疗监督管理机制，适时地调整农村居民医疗费用补偿方案，以此不断推动新型农村合作医疗上新台阶，取得更显著的效果，以使农村居民得到真正的实惠，真正缓解农村居民"看病难、看病贵"的问题，以期避免农村居民"因病返贫、因病致贫"现象的再发生。

9.1.2.4　健全和完善低收入家庭大学生资助制度

在我国的教育体制中，小学和初中属于九年义务教育，而除了九年义务教育，农村青少年还面临着大学教育，大学教育费用对于农村低收入家庭或贫困家庭来说，无疑增添了他们的经济负担，他们可能会由于家庭经济困难承担不起大学昂贵的教育费用，而致使他们可能不得不放弃接受大学教育的机会，同时，由于高等学校教育体制的改革，大学教育带给农村居民教育支出的不确定性大大增强。因此，政府应兼顾"公平和效率"原则，加大对农村大学生的资助力度，以防止农村大学生因家庭经济困难而无法享受高等教育的机会，缓解农村低收入家庭或贫困家庭的经济负担，实现城乡大学生教育机会的平等性，以为国家储备更多的高素质人才。

9.2　农村社会保障供给绩效的优化策略

农村社会保障供给绩效水平低下问题已成为制约农村经济发展的"瓶

颈"。而解决"三农"问题、实现城乡统筹发展、缓解农村贫困、促进农村居民增收等的前提条件就是有效提供农村居民所需的社会保障，不断健全和完善农村社会保障制度、提高农村社会保障的供给水平和绩效水平。在此，根据前述各章的分析结果，提出优化农村社会保障供给绩效的政策策略。

9.2.1　进一步提升农村社会保障水平，充分发挥各保障主体的作用

9.2.1.1　充分发挥政府的主导作用，特别是突出县乡两级政府的主体作用

从我国农村社会保障供给情况看，区域之间和城乡之间均存在着较大的差距，这就主要是由我国经济社会发展中的结构性和体质性障碍所导致的。就现阶段而言，提高农村社会保障的供给水平，需要充分发挥政府的主导作用，特别是突出县乡两级政府在农村社会保障供给中的主体作用，要将政府工作重心转移到最落后地区、最贫困人群上来。近年来，我国虽然在攻坚脱贫上取得了显著的成效，但是到 2018 年末，我国农村仍有 1.7% 的贫困发生率，1660 万贫困人口，那么如何保证这 1660 万贫困人口的基本生活，尽快地使他们脱离贫困边沿，应该是当前农村社会保障体系建设的一项重要任务。因此，就需要充分发挥政府的主导作用，特别是突出县乡两级政府在农村社会保障供给中的主体作用，不断扩大农村社会保障覆盖面、提高保障水平，确保农村贫困人群的基本生活。近年来，我国为了缩小区域差异和城乡差异，中央政府通过转移支付的方式加大了对经济落后地区的财政支持力度，特别是对社会保障的支持力度。从我国各地区农村社会保障的实际发展状况看，各地区要根据各地区的实际情况，因地制宜，在农村社会保障项目和内容选择上，要有先后顺序、循序渐进，逐步提高农村社会保障供给水平。另外，提高农村社会保障供给水平，需要重点突出县乡两级政府在农村社会保障供给中的主体作用，主要是因为县、乡两级政府承担了具体的公共管理与公共服务职责，但是县、乡两级政府经济发展普遍偏低，财政收入低下，还需完成上级政府下达的过多的政治事务，造成县、乡两级政府财政困难，弱化了县、乡两级政府提供农村社会保障的能力和水平。因此，需要对农村公共管理体制的进行深化改革，逐渐增强县、乡政府的社会保障的职能作用，重点突出县、乡两级政府在农村社会保障供给中的主导地位和主体作用，提高农村社会保障供给绩效水平。

9.2.1.2　最大限度发挥家庭的基础性保障作用

中华民族五千年的历史文明，孕育了我国优秀的传统美德，比如尊老爱幼。我国属于人口大国，农村人口占了多大半，农村居民家庭的养老模式主要是家庭养老，即主要靠土地和子女养老，这是由历史传承下来的，有着深厚的文化底蕴和历史渊源，具有一定的特殊意义。当前，家庭养老在农村社会保障体系中仍具有基础地位和主体作用，毕竟赡养和孝敬父母是中华民族优秀传统文化之一。一方面，我国的传统决定了子女对于父母具有赡养义务，这个优秀文化传统一直延续至今，影响着后人；另一方面，家庭养老可以满足老年人的精神需求，是老年人养老的自然选择。无论是年轻人还是老年人，在任何时候都需要家人的关心和爱护，特别是老年人在感情上更倾向于与子女交流，在精神上更倾向于得到子女的慰藉；在我国农村，由于经济发展水平较低，大多数父母年轻时，在满足基本的生活需求后，尽可能地为子女积攒财富，在年老时，子女理所当然地承担起赡养父母的义务。虽然家庭养老属于传统的养老模式，但是具有其特殊意义，因此，应对于家庭养老的主体效应给予重视、支持和保护，最大限度地发挥家庭的基础性保障作用。

9.2.1.3　激活市场的农村社会保障功能

在我国，农村社会保障主要是由政府提供，但是现代市场经济的发展及其完善，政府并不是其唯一的供给主体，可以在市场经济条件下，激活并充分发挥市场的引导作用，鼓励和引导社会力量参与农村社会保障事业的发展中来，这不仅有利了提高农村社会保障供给水平、完善农村社会保障制度，还有利于缓解农村社会保障供给不足与农村居民日益增长的需求之间的矛盾。一方面，需大力培育社会力量，并积极鼓励社会力量参与农村社会保障供给。比如，随着我国人口老龄化趋势越来越严重，农村居民的养老可谓是一个难题，政府可以支持和鼓励各种社会力量组建家政服务企业或养老机构，政府为这些家政服务企业或养老机构在政策上给予优惠和倾斜，这不仅可以解决老年人的养老问题、降低养老成本，还能够在一定程度上解决一部分农村剩余劳动力的就业问题，可谓是一举多得。另一方面，完善农村基本公共服务市场化供给的激励机制。各级政府可以根据农村基本公共服务供给过程，制定其市场化供给激励政策。农村基本公共服务的市场化供给，需要确保其供给主体获得部分外溢效益补贴（外溢效益补贴主要通过财政补贴、税收等优惠策略来实现）。在此将通过图9-1对农村基本公共服务市场化供给的政府激励机制加以解释。在图9-1中，在农村基本公共服务供给者得到政府提供的补贴（或税收优惠）之前，E_0为供需均衡点，此时均衡供给量为Q_0，均衡价格为P_0；在农村基本公共服务供给者得到政府提供的补贴（或税收优惠）之后，农村基本公共服务供给者的私人边际成本降低，供给曲线下移，降到S_1，相应地，新的供需均衡点变为E_1，农村基本公共服务市场供给水平也由原来的Q_0提高到Q_1，均衡价格也由原来的P_0降低到P_1。这时政府就成为农村基本公共服务市场供给的隐性合作伙伴，将会对农村基本公共服务供给的部分成本和投资风险进行分担（江明融，2007）。

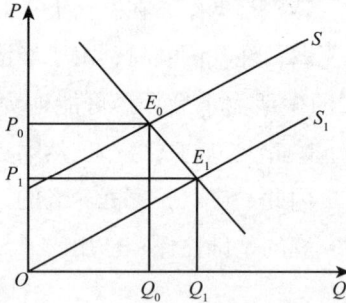

图9-1 公共服务市场化与政府激励政策

9.2.2 健全和完善农村社会保障监督管理体制

农村社会保障供给绩效水平的提升有赖于健全和完善的农村社会保障监督管理体制。这就需要明确各管理机构的分工和职责，协调各机构之间的业务往来，提高其工作效率；还需建立以农村居民需求为导向的农村社会保障供给决策参与机制。

9.2.2.1 建立健全的农村社会保障供给绩效评价机制

一方面，由于我国政府以往职能主要是"重经济建设，轻服务供给"，也由于制度设计和安排上的缺陷与漏洞，在我国，地方政府主要是对上级负责，其工作任务及其完成情况也都是由上级政府来安排和监督、考核，这就使得地方政府尽其所能追求提高当地 GDP 增长率。同时，地方政府官员为了追求自身利益的最大化，往往倾向于投资基础设施建设，以直接推动经济增长。然而事与愿违，在经济快速增长的同时，却忽视了社会保障等民生工程建设，不利于社会的稳定和发展，也不利于公平目标的实现。

另一方面，开展农村社会保障供给绩效评价是中央及各级政府加强宏观管理，提高农村社会保障供给资金使用效率，增加中央及各级政府公共财政支出效果的有效手段；也是衡量各级政府官员政绩的重要标准，促进社会经济发展的一条重要途径。因此，建立健全的农村社会保障供给绩效评价机制，有利于提高农村社会保障供给效率，有助于激励各级政府官员更加关注民生，采取各项积极措施解决农村社会保障供给过程中的薄弱环节和突出问题。在我国现有的财政体制下，农村社会保障供给绩效评价应围绕政府财政职能的范围展开，建立科学、合理、规范的绩效评价方法及其评价指标体系，对农村社会保障供给情况进行客观公正的评价，揭示农村社会保障供给过程中存在的主要问题和次要问题，深层次剖析供给管理体制中存在的缺陷。加之社会保障供给的重点难点在农村，城乡社会保障均等化实现的关键也在农村，因此，强化基层政府官员的激励约束机制就显得非常重要。这就需要加快转变政府的政治职能，实现经济职能的主体地位，并且要将经济指标向农村社会保障供给指标上转移，制定一套全面的、科学的农村社会保障供给绩效考评体系，逐步实现从"以发展经济建设"为重点向"以公共服务业绩"为导向的转变。此外，建立健全的农村社会保障供给效果跟踪反馈制度，通过利用反馈信息对农村社会保障财政资金进行科学管理，合理确定不同区域之间农村社会保障财政资金的比重，实现农村社会保障财政资源的优化配置。

9.2.2.2 建立专门的农村社会保障管理机构

从我国农村社会保障管理体制来看，存在着农村社会保障多头管理、杂乱无章、漫无头绪、管理效率低下等诸多问题，社会保障相关部门各自分管、职能不清、集约化管理程度较低等诸多问题，这给农村社会保障事业的发展造成了极大的障碍，不利于农村社会保障资源的统筹管理，对农村社会保障的有效运转造成了较大的影响。同时，新型农村合作医疗保险、新型农村养老保险、农村最低生活保障等都是农村社会保障体系的重要组成部分，这些组成部分之间存在着一定的关联，并不是彼此割裂的，于是，综合来看，最合适的方式就是建立专门的机构进行管理和监督（赵辉，2015），以期提高农村社会保障的管理水平和供给绩效水平。因此，在综合考虑我国基本国情和政策方针的基础上，积极吸收和借鉴西方发达国家的先进管理模式和理念，建立一个真正意义上符合中国国情的专门的农村社会保障管理机构。由此我国的农村社会保障事业可以借助于所建立的专门的农村社会保障管理机构来进行统筹管理，并负责协调各级农村社会保障管理部门之间的关系。其中，新型农村合作医疗保险、新型农村养老保险等农村社会保障项目所涉及的参保农村居民人数较多，基金数额较大，参保周期也较长，需建立健全和完善的与政府之间的沟通机制和信息反馈机制（王琦，2016），实现农村社会保障各管理机构之间的相互有效监督，但是政府不能对农村社会保障管理机构进行过多的干预，更多地需要依靠农村社会保障管理机构自身的调整和治理，以实现我国农村社会保障管理的科学性和独立性，不断提升农村社会保障管理水平。

9.2.2.3 建立以农村居民需求为导向的农村社会保障供给决策参与机制

我国以往的农村公共服务供给决策方式是自上而下的行政命令式，农村社会保障作为农村公共服务重要的组成部分，其供给方式也不例外，那么农村居民对政府提供的社会保障是否满意、满意程度如何，政府无从知道，同时，农村居民对社会保障需求意愿的表达不顺畅，缺乏一种有效反馈农村居民需求意愿的表达机制，从而导致了农村居民的真实需求意愿与政府的供给出现错位，制约了农村社会保障的有效供给。因此，眼下最重要的就是如何保证农村居民最需要的社会保障实现有效供给，这就需要对现有的农村社会保障供决策程序进行改革，实现农村社会保障供给决策程序由"自上而下"转向"自下而上"，建立顺畅的农村居民需求表达机制，逐步实现农村社会保障供求之间的有效衔接，提高农村居民参与决策的积极性和有效性。农村居民的参与决策实际上可以使其真实需求意愿得以真正表达，以使农村社会保障的供给符合农村居民的需求。因此，所建立的以农村居民需求为导向的农村社会保障供给决策参与机制应是由需求决定供给、充分尊重农村居民意愿、充分发挥农村居民在参与农村社会保障供给决策中的积极性和主体地位、以切实解决"三农"问题等为出发点的，并使农村居民在关系切身利益的社会保障上拥有更大的发言权，以实现农村社会保障的有效供给，不断提升农村社会保障供给绩效水平。

9.2.3　全面深化公共财政管理体制改革

9.2.3.1　明确政府的主体责任和供给职责

近年来，虽然国家对于农村社会保障事业给予了极大的关注，但是我国农村社会保障制度相对还比较落后，不能满足农村居民日益增长的需求，并且两者之间的矛盾逐渐尖锐化。由于我国农村社会保障制度缺乏相应的法律体系作为保障，加之国家给予的重视程度还不够，导致我国农村社会保障发展相对还比较滞后，因此，要推进农村社会保障事业的快速发展，必须明确政府的主体责任和供给职责。一方面，要明确政府的主体责任。我国政府在农村社会保障资金的投入上相对是比较少的，其作用无法得到充分发挥，不能满足农村居民对其的基本需求，致使部分农村居民仍然采用土地养老和子女养老等模式。农村社会保障事业发展滞后最根本的原因就是城乡二元经济结构体制，国家实行"优先发展工业、优先发展城市"的倾斜型发展战略与政策，最终造成了农村社会保障供给制度的城乡差异化，这是由特定历史时期的国情所决定的。那么，当前我国处于城镇化和工业化不断推进的历史阶段，各级政府逐渐将更多的社会资源向农村地区倾斜，因此，必须明确政府在农村社会保障中的主体责任，以期解除农村居民的后顾之忧。另一方面，农村社会保障供给要明确政府的职责。明确各级政府的职责，就是要明确政府的职能范围。结合我国社会发展的要求和经济发展水平，突出重点，根据有所为、有所不为的原则，由政府来进行投资和提供社会保障，这也是政府的职责。农村社会保障作为涉及基本人权、可持续发展的基本公共服务，应由政府作为其供给主体进行提供。由于农村社会保障供给涉及不同的利益主体，供给面广，由政府供给具有规模经济效益，可以大大降低成本，使农村参保人员可以以较低的代价享受到社会保障。另外，农村社会保障供给涉及不同利益主体之间利益的分割，于是需要通过法律法规来明确不同利益主体的权利和义务，同时，也不可能按照农村居民自身的利益选择或者市场定价来实施，于是，必须由政府强制组织实施。

9.2.3.2　建立法制化的政府间财权事权关系

由于农村处于我国行政区划的底层，特别是边远山区、落后地区因受到自然条件、传统观念、资源禀赋等条件的限制，决定了农村社会保障供给没有规模效应，且总体质量不高，供求结构不合理，层次和优化度低，制约了农村经济的进一步发展。另外，农村社会保障供给机制的不健全和不完善，严重影响了农村社会保障的有效供给，严重忽视了农村居民的真实需求意愿，造成了城乡之间、发达地区与落后地区之间社会保障供给的不平衡和农村居民需求意愿的歪曲，更使得对农村社会保障的管理和监督较难，在一定程度上阻碍了农村社会保障发挥更大的效益，造成了农村社会保障供给水平和供给效率低的现实。因此，要提升我国农村社会保障的供给绩效水平，首先最为重要的是要求各级政府提供的社会保障尽可能多地向农村倾斜，使公共财政尽可能多的覆盖农村。所以，根据我国经济社会发展的状况，依照国家安全、行政管辖与收益的相关原则和要求，各级政府必须合理界定并划分其相应的事权和财权，尽量避免事权与财权的错位，使事权与财权达到协调统一状态，中央及各级地方政府供给农村社会保障的范围及其应承担的相应责任应根据财权与事权范围进行合理明确的界定。

9.2.3.3 合理调整和优化农村社会保障财政支出结构

在我国财政实力有限的情况下，加之以往国家对于农村社会保障的忽视，国家财政对于农村社会保障的支出不足，且比例较低，我国农村社会保障财政支出结构存在着不合理现象，主要表现为新型农村合作医疗基金支出较多，而农村最低生活保障资金、农村特困人员救助供养资金较少。比如，2014 年，我国新型农村合作医疗当年基金支出额为 2890.4 亿元，而农村特困人员救助供养资金仅为 189.8 亿元，农村最低生活保障资金为 870.3 亿元（见图 9 - 2）。在此，再以 2014 年自然灾害救济费构成情况来进行说明。如图 9 - 3 所示，自然灾害救济费构成中主要是以生活救济费为主，其额度为72.68 亿元，其占自然灾害救济费的比例最高，为 58.41%，而救灾储备费和灾民抢救转移安置费却较少，其额度分别为 8.1 亿元和 8.24 亿元，其占比分别为 6.51%和 6.62%。此外，农村社会保障财政支出的地区差异较为明显，比如，2014 年东部地区农村社会救济费占全国农村社会救济费的比重为26.59%，西部地区为 42.63%，东部地区比西部地区低 16.04 个百分点；城乡社会保障财政支出差异也较为显著，比如，2017 年城市和农村最低生活保障比重分别为 37.85%和 62.15%，农村比城市高 24.3 个百分点。虽然农村最低生活保障支出高于城市，但是城市的贫困人口要远少于农村，于是，从人均最低生活保障支出来看，农村要远低于城市；另外，从城乡最低生活保障平均标准也可以看出，农村最低生活保障水平低于城市（2017年城市和农村低保月平均标准分别为540.6元/人和358.4元/人）。因此，应不断加大农村最低生活保障的财政支出水平，不断调整并优化农村社会保障财政支出结构。

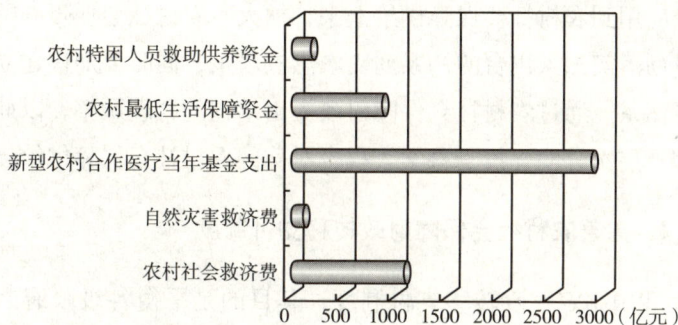

图9-2　2014年农村社会保障财政支出结构

资料来源：①国家统计局：《中国统计年鉴》（2005~2018），中国统计出版社。
②国家统计局农村社会经济调查司：《中国农村统计年鉴》（2015），中国统计出版社。

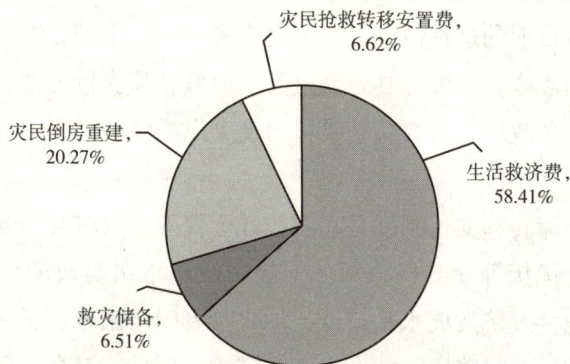

图9-3　2014年自然灾害救济费构成比例

注：图中数据按照《中国农村统计年鉴》中公布数据核算，四项之和为91.81%，除了这四项之外应有一部分未统计在内。

资料来源：国家统计局农村社会经济调查司：《中国农村统计年鉴》（2015），中国统计出版社。

优化农村社会保障财政支出结构，就必须在两个方面实现农村社会保障财政支出结构的转变。第一，由城市转向农村，重点投资建设与农村居民生活密切相关的农村社会保障服务；第二，重点支持中西部地区，特别是欠发达地区、贫困地区农村社会保障事业的发展，推动农村社会经济全面健康持续发展。

从我国农村社会保障财政支出情况来看，要加快全面深化公共财政管理体制改革的步伐，就必须合理地调整农村社会保障财政支出结构，逐步提高农村社会保障支出在公共财政支出中所占的比重，促使农村社会保障有效供给。在政府职能和财权范围内，合理调整农村社会保障财政支出结构，必须要将更多的财政资金应用到农村社会保障供给上来，加大对农村社会保障的财政投入力度，认真贯彻落实国家出台的一系列支农惠农政策；同时要加快建立和完善农村社会保障体系。通过农村社会保障财政支出结构的合理调整，以此建立健全的结构合理、层次分明、投资科学、权责对称的农村社会保障供给体制。

9.2.3.4 完善农村社会保障财政转移支付制度

1994 年我国制定财政转移支付制度，其目的是平衡各级政府之间财政能力差异。这种财政转移支付制度虽然在缩小地区和城乡差距与平衡各级政府之间的财权方面发挥了举足轻重的作用，但是目前实行的这种财政转移支付制度基本还是以补贴方式运转，还很不健全、不规范，现行的财政转移支付制度对于中央及省两级财政的关注更多，而对于市及县两级财政却没有统一的管理方案，因此，针对目前的这种情况，必须对中央、省、市与县级的财政转移支付制度进行合理的规范，加大对县、乡政府的财政转移支付力度，特别是加大对欠发达地区县、乡政府的财政转移支付力度，以增强其可用财力，解决县、乡财政困难问题。

农村社会保障转移支付制度是在农村社会保险、农村社会救助、农村社会福利、农村社会优抚等社会保障领域上级财政对下级财政的纵向财政补助支出。我国农村地区经济发展水平较低，加之县乡财政困难，于是，县乡政府财政无力承担农村社会保障所需的庞大资金需求，因此，对社会保障转移支付尤其是中央财政转移支付的依赖性较强，特别是西部地区对中央转移支付的依赖性更强。

近年来，中央政府均通过税收返还和转移支付等方式对于地方政府财政不足问题给予了补充，特别是对于社会保障资金的不足。2018 年，中央政府对于地方政府的转移支付额度为 61649.15 亿元，其中，一般转移支付 38722.06 亿元，专项转移支付 22927.09 亿元；从地区分布看，四川省获得中央政府的转移支付最多，达到 4325.79 亿元，河南和湖南均超过了 3000 亿元，分别为 3881.66 亿元和 3192.5 亿元，上海最少，仅为 237.16 亿元（见图 9-4）。从中央政府对各地区地方政府的转移支付可看出，中央转移支付主要是转向了中西部地区的人口大省和经济欠发达省份，进而可以提高这些省份农村居民的社会保障水平。由此可见，中央转移支付对于缩小社会保障地区差异具有重要作用。

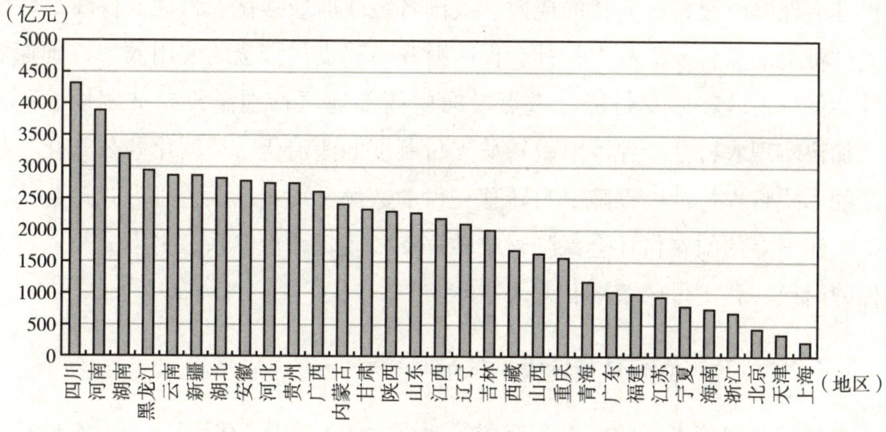

（亿元）

图 9－4　2018 年中央对各地区的转移支付额

资料来源：财政部发布的 2018 年全国财政决算。

　　从上述分析可以看出，农村社会保障转移支付制度具有重要的地位，因此，需加快完善农村社会保障财政转移支付制度。首先，在地区分布上，合理增加东部沿海地区向中央政府上缴的比重，增强中央的财政实力，以期加大对中西部地区的财政转移支付力度，特别是要加大对西部贫困地区县、乡的财政转移支付力度，增强县、乡政府供给农村社会保障的能力，同时，重点是要将有限的财政转移支付资金更好地用于农村社会保障供给，逐步缩小东中西部进一步拉大的差距，为实现城乡统筹协调发展和社会主义新农村建设打好基础。其次，合理确定县乡农村社会保障财政转移支付额度。这需要根据各地区县乡经济发展水平、县乡财政收支能力、各农村地区自然资源禀赋、各级地方政府所要承担的农村社会保障支出水平以及全国农村社会保障支出的平均水平，划分出相近地区经济增长和财政收支考核体系，根据科学方法确定的评价标准，科学合理地确定各地区财政应负担的农村社会保障供给水平，对中央财政的转移支付额度作出规定，以期使我国各地区获得均等的农村社会保障服务，不断提升农村社会保障的供给绩效水平。再次，合理分配农村社会保障财政转移支付的使用方向。按照财权和事权的对应关系，优化农村社会保障财政转移支付资金的结构，尽可能地节省资金并将节省的资金用于县乡的农村社会养老、新型农村合作医疗、农村最低生活保障等方面,以加大对县乡政府的农村社会保障财政转移支付及其财政投入力度,缩小区域、城乡之间的差距。最后,建立健全的、科学的、严密的农村社会保障财政转移支付监督评价体系,重点提高农村社会保障财政转移支付的成效。我国各级政府应强化农村社会保障财政转移支付资金的监管,提高农村社会保障财政转移支付资金的使用效率,确保农村社会保障财政转移支付资金重点投向中西部地区特别是投向贫困地区。此外,加快实现农村社会保障财政转移支付制度的法治化、透明化和公式化,用法律的形式将农村社会保障财政转移支付的数额、形式以及监管方式进行明文规定,建立专门的农村社会保障财政转移支付监督评价体系,努力提高农村社会保障财政转移支付的效率和效果。

9.2.3.5 拓宽农村社会保障资金来源渠道

农村社会保障事业的发展和完善需要强大的资金作为保障,否则农村社会保障事业就不会得到应有的发展,农村居民也无法获取基本的社会保障服务。因此,需要广开渠道,多途径筹集农村社会保障建设资金。根据我国经济发展状况,结合农村社会保障发展情况,应加快调整并优化财政支出结构,不断加大对农村社会保障建设资金的投入力度。但是在国家财力有限的情况下,要增加农村社会保障建设资金,就需要通过大力发展农村经济,逐步拓宽农村社会保障资金的来源渠道。比如,在乡镇企业较为发达或有集体经济实体的农村地区,可以考虑加大对农村社会保障建设资金的投入力度;积极支持发展现代农业,创新农业生产经营模式,推动农村经济快速发展(郭莉达,2018),不断提高农村居民收入水平,逐步扩宽农村社会保障资金来源渠道,不断提高农村社会保障的筹资水平,进而不断提升农村社会保障供给水平。

9.2.4 健全农村社会保障资金监督机制

农村社会保障制度在经济社会发展中起着"稳定器"和"调节器"的作用,因此,农村社会保障供给水平的高低可以作为衡量农村经济社会发展与城乡协调发展程度的重要标准,而对于农村社会保障供给水平高低的衡量就看其资金的使用效率和效益。为了稳定农村发展、缓解农村贫困,提高农村社会保障供给水平,确保农村社会保障资金使用的安全性、规范化和有效性,并为了缩小与世界发达国家在其资金监督管理方面的差距，建立健全的农村社会保障资金检查监督机制势在必行。

9.2.4.1　建立完备的预算机制，严格执行预算

首先，建立完备的农村社会保障资金预算机制，以确保资金效益实现最大化，防止农村社会保障资金出现被挪用、占用等现象，提高农村社会保障资金的使用效率。其次，认真落实农村社会保障资金的预算，同时要严格执行预算，不能以任何形式弄虚作假，因为农村社会保障涉及不同利益主体之间利益的分割。但是如果在执行预算过程中发生了不可避免的问题，必须及时采取妥当措施，同时要保证顺利解决，为农村社会保障资金的合理使用提供保障。

9.2.4.2　建立健全的农村社会保障财政资金激励和约束机制

要提高农村社会保障资金的使用效益，需要建立健全的农村社会保障财政资金的激励和约束机制，以有效的控制农村社会保障供给的成本预算，以使农村社会保障资金发挥最大的效用。而对于农村社会保障供给的成本，需要引入全面科学的核算方法，比如成本效益分析法、最小费用选择法等，彻底改革原有的成本预算方法，制订成本节约、提高效益等方案，并大力在农村社会保障管理机构及相关部门推行与实施这些方案，以提高农村社会保障资金的使用效率，提高农村社会保障供给水平。

9.2.4.3　严格执行农村社会保障资金管理制度

从我国农村社会保障资金的使用情况来看，由于县乡财政经费的不足，导致我国农村社会保障资金管理存在诸如专项资金被挤占、挪用等现象，甚至还出现了严重的截留、滞拨等现象。因此，为了避免此类现象的再次发生，提高农村社会保障供给水平，保证农村社会保障资金使用的安全性、规范化和有效性，必须严格执行农村社会保障资金管理制度。首先，中央财政管理部门应进一步深化改革农村社会保障资金管理制度，安排专人负责农村社会保障专项资金，并明确其相应的管理责任，提高农村社会保障资金的使用效率；其次，健全和完善农村社会保障资金的使用和管理制度，对农村社会保障资金的使用情况进行全过程监督和管理，增强农村社会保障资金使用的透明度、合理性，提高农村社会保障资金的使用效率；再次，充分发挥各级人民代表大会、财政部

门、审计等部门的检查和监督作用,以确保合理有效的利用农村社会保障资金,不断提高农村社会保障资金的使用效率;再其次,如果出现违规、违纪现象,将给予严肃处理,并追究其相应的法律责任;最后,进一步强化财政部门、财政资金转移支付部门、会计、审计等部门的整合,对农村社会保障公共财政资源进行合理配置,并加强农村社会保障财政资金预算监管,推动农村社会保障资金使用的科学化和规范化。

9.2.4.4 建立健全的农村社会保障资金绩效考评评价机制

近年来,随着工业化和城镇化进程的不断加快,国家对于"三农"问题给予了极大的重视,尤其是农村社会保障事业的发展,建立了比如新型农村合作医疗、新型农村养老保险、农村最低生活保障等较为完善的农村社会保障体系。但是从农村社会保障制度的实际运行情况来看,实际运行情况并不理想,其财政资金也并未取得其预期的效果,究其原因,主要是因为农村社会保障资金使用效率低下,各级政府更多关注的不是效果,而是资金的多少,最终致使农村社会保障资源和资金的大量浪费,降低了农村社会保障供给绩效水平。因此,各级政府要积极稳妥地、逐步建立健全的农村社会保障资金绩效考核评价机制,全面经常性地对农村社会保障的供给效果进行考核评估(主要包括经济、效率、效能和公平四个方面),积极努力地把农村社会保障资金的使用效益提高到一个新的水平上。首先,建立和完善农村社会保障供给效益评价方法和机制,并将其评价结果作为考核地方政府及其相关部门政绩的重要依据;其次,建立健全的农村社会保障资金绩效评估指标体系和考核机制,充分发挥会计、内部审计的职能作用,实行重点抽查、财务自查与财政、审计检查相结合,在实施过程中还要积极引入社会监督机制,努力提高农村社会保障资金的使用效率;再次,在考核的过程中,必须充分考虑农村居民的需求意愿,将农村居民满意度作为考核政府服务绩效的一个重要标准;最后,农村社会保障资金的绩效考评方法要务实、简便。

9.2.5 建立健全的农村社会保障供给后评价制度

农村社会保障供给后评价是指在政府已经提供农村社会保障一段时间之后,对政府所提供的农村社会保障的社会经济效益、社会影响、农村居民反映等进行客观的、系统性的分析与评价的一种经济活动。开展农村社会保障供给后评价，是加强政府供给监管和提高政府供给决策水平的重要方式，也是激励和约束农村社会保障供给决策者与执行者的重要手段。因此，加快建立农村社会保障供给后评价制度，对于政府部门合理有效地配置农村社会保障公共资源，调整并优化农村社会保障财政支出结构，推动和促进政府部门更好地从农村居民的需求角度有效地提供农村社会保障服务，最大限度地满足农村居民之所需，实现城乡社会保障均等化，具有重要的战略意义和现实意义。

9.2.5.1　加强对农村社会保障供给后评价成果的应用

加强对农村社会保障供给后评价成果的应用，不仅可以提高政府的供给决策水平，还可以为社会保障部门制定完善的农村社会保障供给策略和相关的政策提供理论支撑和现实依据，不断提高和改进农村社会保障供给绩效水平。本章在此主要提出第 5 章 5.5.1 节关于农村社会保障供给绩效 DEA 结果的应用。

农村社会保障供给技术效率水平不仅和各要素的投入水平有关，而且还与国家政策有关。从我国各地区农村社会保障的实际运行情况看，农村社会保障支出比例较小、覆盖面窄、受益率低、地区差异显著等问题，严重影响了农村社会保障的供给效率，并造成了地区、城乡之间的非均衡化发展，并已成为目前一个突出的社会问题。三阶段 DEA 模型能够为政府制定宏观经济政策提供理论支撑和参考依据。政府在制定农村社会保障发展政策时，可以根据三阶段 DEA 模型的分析结果——各地区农村社会保障供给的有效性及其发展速度的相对快慢程度，得出各地区在效率方面存在的显著差距，明确各地区农村社会保障供给现状及其发展障碍，弄清楚各地区农村社会保障供给模式的有效性和适应性，明确各地区的改进方向和发展重点。因此，在政策层面上，政府可以以农村社会保障各投入要素的改善状况为切入点，调整并优化农村社会保障财政支出结构、规模及其绩效，推动农村社会保障事业的发展，维护农村稳定发展，缓解农村贫困问题，提高农村社会保障资源配置效率和资金使用效率，提高农村居民的社会保障水平。对于处于规模收益递增的省份，需进一步加大对其财政投入力度，合理安排资源和资金的投向及其分配比例，以获取更高收益；对于处于规模收益递减的省份，要进一步提高农村社会保障资源的有效充分利用，减少资源浪费。另外，对于农村社会保障供给效率呈现"高投入低效率"集聚的区域，应适当控制社会保障财政投入规模，合理配置社会保障资源，优化并调整公共资源和公共服务结构，严格管理社会保障财政资金的使用，提高公共资源和社会保障财政资金的利用效率，逐步提升其效率水平；对于农村社会保障供给效率呈现"低投入低效率"集聚的区域，应适当加大其社会保障投入力度，同时，应将其有限的社会保障资源重新合理配置并优化，不断提升其供给效率水平；对于农村社会保障供给效率呈现"低投入高效率"集聚的区域，应加大其农村社会保障投入力度，使其效率优势得以充分发挥，带动经济的同步增长，与此同时，应积极引导其充分发挥辐射带动效应，即在自身效率得以提升的同时，能带动周边地区农村社会保障供给效率的提升。此外，运用 DEA 方法不仅可以对农村社会保障供给绩效进行横向比较，也可以进行纵向比较，得出各地区之间农村社会保障供给的差异性，反映农村社会保障供给的动态变化情况，以为政府有效提供农村社会保障服务提供参考依据；也可以通过效率变异系数的计算，反映农村社会保障供给的动态变化和区域之间的差异程度，进而为各级政府及其各社会保障相关部门提供改进农村社会保障服务的理论依据和实际参考。

9.2.5.2 建立健全的农村社会保障供给后评价成果的反馈和扩散机制

农村社会保障供给后评价机制中的一个决定性的重要环节是后评价成果的反馈机制，而决定后评价能否达到其最终目的的关键就是后评价成果的反馈机制是否健全（任旭，刘延平，2010）。农村社会保障供给后评价成果的反馈机制的重点是建立一种健全的能使后评价成果进入后续供给过程，并加以利用、完善和改进的机制，以不断提高政府供给农村社会保障的决策能力和决策水平。此外，还必须认真对待后评价成果，将农村社会保障供给后评价成果的相关信息通过多种形式和途径大范围扩散和宣传出去，直接为相关利益主体服务（张飞涟，崔浩，2006），以此来加强农村社会保障供给后评价结果的反馈和扩散机制。

9.2.5.3 建立健全的农村社会保障供给后评价监督机制

一方面，为了提高和改进农村社会保障供给绩效水平，明确政府的主体责任和供给职责，杜绝贪污腐败、盲目供给等现象的发生，提高农村社会保障供给的有效性，很有必要组建农村社会保障供给后评价管理机构，主要负责监督、管理和评价农村社会保障供给的全过程，以使农村社会保障服务得到有效提供，满足农村居民的需求。另一方面，在社会主义市场经济中，农村社会保障存在着供求关系，具有存在价值和利益驱动，那么，农村社会保障供给就会在一定程度上受到市场供求规律、价值规律、驱动规律的影响，因此，需要建立农村社会保障供给调节机制，以使政府供给行为合理化，杜绝贪污腐败，减少盲目供给，促进社会保障均等化目标的实现。

9.2.6 健全和完善农村社会保障法律法规体系

从世界范围来看，大多数国家对于社会保障的改革均通过立法进行推进，因为社会保障是政府为保障自己国民的基本生活而制定的，必须通过法律法规强制执行。美国等世界上的一些发达国家的社会保障制度比较成熟和完善，究其原因，一方面，是因为政府投入力度比较大，有强大的经济实力作为保障；另一方面，社会保障规律法规较为完善，因为社会保障不具有盈利性，需要国家借助于法律法规强制执行（王静，2018）。农村社会保障建设是一项复杂的系统工程，涉及不同利益主体之间利益的分割，于是需要通过法律法规来明确不同利益主体的权利和义务，及其农村社会保障的内容与操作流程。因此，政府应通过相关法律法规加大其强制性和执行力度。从我国农村社会保障的实际情况来看，没有相应的法律法规体系，其主要依靠国家的相关政策来推动执行，于是，在社会保障执行过程中，资金来源不稳定，挪用和占用社会保障资金的现象较为普遍，没有专门的社会保障资金账户等。因此，为了避免这些问题的再次出现，保证社会保障制度的有效运行，保障其实施效果，政府应根据中国的国情制定相应的农村社会保障法律法规体系，通过法律形式来明确农村社会保障性质和组织结构；保障农村社会保障资金的足额到位与有效运行；明确农村社会保障相关责任人和不同利益主体的权利和义务等。健全和完善农村社会保障法律法规体系，可以从以下三个方面来进行。

9.2.6.1 健全和完善农村社会保障法律法规应遵循的原则

健全和完善农村社会保障法律法规体系，对于有效弥补原有农村社会保障法律法规缺陷和体现农村社会保障发展变化特征具有重要意义。以人为出发点是健全和完善农村社会保障法律法规首先应遵循的原则。从我国农村社会保障的供给情况及其实际运行情况来看，应建立健全的、完善的农村社会保障法律法规体系来明确其各利益主体的权益和义务，以保障农村居民的切身利益，不断提高农村社会保障供给绩效水平。其次，要以宪法为准则来健全和完善农村社会保障法律法规体系，但是对于地方性的法律法规不仅要与全国人大常委会制定的法律法规相适应，而且要与农村社会保障的各种条例相适应，同时要具有针对性、灵活性和可操作性。再次，注重长远发展也是健全和完善农村社会保障法律法规体系应遵循的原则。健全和完善农村社会保障法律法规体系，要注重法律法规体系对于农村社会保障发展的长远导向性，反映其本身的客观规律。最后，健全和完善农村社会保障法律法规体系，还应遵循有效性和连续性特征，满足农村居民基本生活需求（王琦，2016）。

9.2.6.2 积极助推农村社会保障立法工作

当前，虽然我国农村社会保障法律法规体系建设正处在快速发展阶段，但农村社会保障立法相对较少，且存在总体立法层次较低、相对的稳定性、权威性及其强制性较为缺乏等诸多问题，而大部分法律法规是比如"通知""意见""试行办法""暂行规定"等行政法规和部门规章，这种状态对于农村社会保障的积极推进与农村居民社会保障权利的维护是非常不利的，因此，我国急需一部专门的社会保障基本法，即《社会保障法》。其中，《中华人民共和国社会保险法》于2010年出台，实际上就是社会保障法的重大进步，对于健全和完善我国农村社会保障法律法规体系发挥了积极地推动作用。积极助推农村社会保障立法工作还需从以下方面展开和增强（陈亮，2014）。

第一，制定综合性的《中华人民共和国社会保障法》。任何一项立法的出台，都应有其立法依据，即有法可依，然而农村社会保障立法工作的展开却无相关立法可依，那么，农村社会保障立法建立的法理性和科学性将会受到一定程度的影响。既然我国还没有相关的社会保障法，那么各级政府和有关部门所出台的行政法规和部门规章的依据是什么、从何而来？显然存在着其不合理性。这很容易会造成法理上的不协调和不统一。我国各级政府和相关部门所出台的行政法规和部门规章由于缺乏立法依据，一般都是以各级政府和相关部门自身利益出发的，反映了其各自的利益需求偏好和利益追求，对于社会保障制度的公平性和合理性很难体现，这就给农村居民社会保障的合法权益埋下了诸多隐患。这样的例子比比皆是，在此以上海市和深圳市的养老保险立法为例来进行说明，上海市用人单位缴纳养老保险的比例为在职职工每月工资总额的

25.5%，深圳市其缴纳比例为 19%，作为两个一线城市，如此大的差异在很大程度上对于社会保障立法的科学性和统一性具有一定程度的削弱作用，对广大职工的合法权益造成了一定的损害（翟继辉，2016）。于是，我国应根据中国国情及其社会保障制度的实际情况，并考虑地区差异和地方特色，尽快制定一部综合性的《中华人民共和国社会保障法》。由于我国的国情过于复杂，制定一部综合性的保障法的难度太大，缺乏其现实性和可能性，所以部分政府官员和学者并不支持和赞同制定一部综合性的社会保障法。但是我国如果没有一部综合性的《社会保障法》，社会保障制度的运行就缺少相关法律的依据，无法可依，对于社会保障制度的公平性难以体现，也无法保障农村居民的社会保障合法权益。因此，我国应借鉴发达国家在社会保障法立法方面的成功经验和教训（发达国家的历史经验已经证明了社会保障法具有非常重要的作用和不可替代性），逐步克服各种困难，逐步制定符合我国国情和社会发展水平的社会保障法。

第二，积极制定农村社会保障的单项法和专项法，比如农村社会保险法、农村社会救助法等。目前，虽然我国单项法和专项法还不是很多，但作为我国社会保障制度的重要组成部分，也应该积极制定和完善。农村社会保障单项法和专项法应借鉴和吸收发达国家的成功经验和做法，结合中国的基本国情，按计划分步骤地制订，同时需在所制定的农村社会保障单项法和专项法中明确规定农村居民享有社会保障的权利，并且要与城市居民享有的权利对等。

（1）积极制定农村社会保障的单项法，例如农村社会保险法、农村社会救助法、农村社会福利法、农村社会优抚法等。其中，农村社会保险主要包括农村养老、医疗、失业、工伤和计划生育等许多方面，是农村社会保障法律体系最重要的组成部分；农村社会救助法的重点是对需要救济的农村居民进行针对性的救济与保护，主要包括农村社会互助和农村社会救济两个方面，其中，农村社会救济的对象主要是农村"五保户"、农村贫困户、农村残疾人以及农村其他困难群众；农村社会福利法体系主要包括各级政府、村集体以及社会在农村兴建的养老机构、福利企业、养老院及其提供的农村社区服务等（王琦，2016）；农村社会优抚法体系主要包括国家抚恤和群众优待等。《社会保险法》于 2010 年颁布实施，这对于农村社会保险法、农村社会救助法、农村社会福利法、农村社会优抚法等单项法的制定提供了有益的参考价值和借鉴意义。

（2）制定有关农村社会保障组织、基金运行和管理、立法程序等专项法。

农村社会保障组织、基金运行和管理、立法程序等专项法的制定要以社会保障法为依据，结合中国国情，并积极借鉴和吸收发达国家的成功经验和做法，制定健全完善的、适合中国国情的专项法。农村社会保障组织、基金运行和管理、立法程序等专项法是农村社会保障制度尤其是农村社会保障基金安全运行的合法保障和坚实基础。农村社会保障组织法体系主要包括农村社会保障行政部门组织法、农村社会保障事业单位组织法、农村社会保障监督机构组织法；农村社会保障基金运行和管理法体系主要包括农村社会保障基金筹集管理法、农村社会保障基金使用管理法、农村社会保障基金运行管理法，这是农村社会保障工作的重心，必须依靠法律来保障农村社会保障基金的安全和有效；农村社会保障程序法主要包括农村社会保障争议处理法、农村社会保障行政争议处理法、农村社会保障责任事故查处法（翟继辉，2016），这实际上主要是针对农村社会保障领域出现的有关争议与责任处理问题而制定的相关法律。

（3）修改和完善其他法律中所涉及农村社会保障内容的农村居民工就业法、农村居民工劳动合同法等相关规章，这对于适应农村社会保障新形势，不断满足农村居民更高的社会保障需求，最大限度地维护农村居民的合法权益，最大限度地体现农村社会保障的公平性与普遍性具有重要作用和战略意义。

第三，鼓励和支持地方政府建立与本地区实际情况相适应的社会保障法律法规体系。从我国各地区农村社会保障制度的实际运行情况来看，大多地区实行的多是农村新型农村合作医疗保险制度和农村社会养老保险制度，而其他的农村社会保障类别很少涉及。加之，我国各地区经济发展水平、政府财政实力、风俗习惯、思想观念等差异明显，避免采用"一刀切"的模式制定统一的农村社会保障制度，否则必然导致农村社会保障制度运行绩效的低下，所以，各地区应根据各地区的实际情况，在国家社会保障法的基础上，制定与本地区实际情况相符、适合本地区具体情况的农村社会保障制度，切实保障农村居民的合法权益。

在我国公平正义的社会主义核心价值观理念下，构建农村社会保障法律法规体系，是农村社会保障工作顺利推进的根本保障。公平正义的社会主义核心价值观理念也是农村社会保障工作科学化与规范化的基础，最终目的主要是为了保证农村居民基本的生活需求，提高农村居民的生活水平和生活质量，保障农村居民人人享有最基本的社会保障公共服务，这也是构建社会主义和谐社会的基本要求。

9.2.6.3　严格执行农村社会保障法律法规

建立了健全和完善的农村社会保障法律法规体系是远远不够的，这只是前提条件，要保证农村社会保障制度的有效运行及其实施效果，还必须严格执法，否则法律法规的作用将无法体现。从我国农村社会保障工作的实际情况看，不仅缺乏法律依据，而且执法力度也非常的欠缺和不到位，也就是说，我国农村社会保障制度存在着较为严重的有法不依、执法不严等问题，因此，要保证农村社会保障制度的有效运行及其实施效果，必须严格执法，这也是我国农村社会保障法律法规体系建设的重要环节，否则农村社会保障法律法规体系将成为一纸空文，毫无用处。在此从农村社会保障法律法规的执法主体、执法程序和执法内容三个方面进行说明，严格执法需要从这三个方面做到有法必依、执法必严、违法必究。

第一，农村社会保障法律法规的执行者称为执法主体，而执法主体只能官方机构承担。在我国农村社会保障的执法主体可以是国务院、直属机构、各级人民政府、派出机关等，比较多，但是这么多的执法主体在执法过程中要注意不应发生冲突，这就需要各执法主体必须在法律允许范围内行使职权（翟继辉，2016），并且相关执法主体之间在执法前需相互沟通，以确保执法工作的顺利开展，进而保证农村社会保障制度的有效运行。

第二，执法程序主要是实行农村社会保障法律法规体系的一系列过程，是政府执法合法性评判的重要衡量杠杆。执法程序合法一方面指执法必须符合法定步骤，这主要是从程序正义角度来保障农村居民社会保障的合法权益；另一方面指符合法定时限，这主要是从时间角度来保证农村社会保障制度按时顺利实施。具体来讲，符合法定步骤主要是农村社会保障工作的开展必须根据中国社会保障法的规定步骤进行，避免无缘无故停止或改变，更要防止农村社会保障基金的挪用、占用等现象的发生；符合法定时限主要是农村社会保障工作的开展必须按照中国社会保障法的规定时限来进行，避免任何拖延现象及其怠慢甚至不作为现象的发生（翟继辉，2016），因此，需从法定步骤和法定时限两个方面保障农村社会保障执法程序的合法性和严格性。

第三，执法内容是农村社会保障法律法规的执法主体严格执法的内容。执法内容以法律为准绳，也就是说，一切执法内容不得违反法律规定，这样才能保障农村弱势群体真正享受到社会保障服务；另外，各执法主体应该根据法律规定按照执法内容去执行或禁止执行相关的工作。此外，农村社会保障工作的开展，还需考虑各地区的农村经济发展和自然环境状况，更要考虑农村弱势群体的综合情况，以确保为农村居民提供更好的社会保障服务（翟继辉，2016），使农村居民真正享受到社会保障服务。

参考文献

[1] [美] 埃莉诺·奥斯特罗姆，拉里·施罗德，苏珊温译，制度激励与可持续发展 [M]. 上海：上海三联书店，2000：204.

[2] 白彦锋，王凯. 中国分税制改革20周年：回顾与展望 [J]. 新疆财经，2014 (1)：5-13.

[3] 白重恩，李宏彬，吴斌珍. 医疗保险与消费：来自新型农村合作医疗的证据 [J]. 经济研究，2012 (2)：41-53.

[4] 庇古著. 福利经济学 [M]. 朱映等译，北京：商务印书馆，2006：98，108.

[5] [英] 布莱克维尔. 政治学百科全书 [M]. 北京：中国政法大学出版社，1992：613.

[6] 陈赤平，丰倩. 动态视角下我国农村社会保障制度变革对农村居民消费的影响 [J]. 消费经济，2014，30 (6)：7-13.

[7] 陈东，赵丽凤. 新型农村合作医疗的农户满意度调查与检验 [J]. 农业技术经济，2012 (10)：104-111.

[8] 陈佳贵，王延中. 中国社会保障发展报告 (2010) [M]. 北京：社会科学文献出版社，2010：105.

[9] 陈亮. 中国社会保障法律体系的价值意蕴及其实践路径 [J]. 平顶山学院学报，2014 (8)：40-44.

[10] 陈秋红. 乡村振兴背景下农村基本公共服务的改善：基于农村居民需求的视角 [J]. 改革，2019 (6)：92-101.

[11] 陈少强，薛泽海，王永挺. 中国农村社会保障立法的价值分析 [J]. 中共中央党校学报，2010 (6)：60-62.

[12] 仇晓洁，李聪，温振华. 中国农村社会保障支出均等化水平实证研

究——基于公共财政视角 [J]. 江西财经大学学报, 2013 (3): 70-76.

[13] 仇晓洁, 李玥. 农村社会保障支出缩小了农村居民收入差距吗? [J]. 金融与经济, 2019 (1): 47-53.

[14] 仇晓洁, 温振华. 中国农村社会保障财政支出效率分析 [J]. 经济问题, 2012 (3): 74-78.

[15] 仇雨临, 梅丽萍. 加大财政性社会保障投入以拉动内需的对策思考 [J]. 中国卫生经济, 2009 (6): 5-7.

[16] 楚永生. 农村公共物品供给与农村居民收入增长相关性分析 [J]. 太原理工大学学报 (社会科学版), 2004 (3): 17-21.

[17] 崔香芬, 李放, 赵光. 农村社区居家养老服务需求影响因素实证研究——基于江苏省的调研分析 [J]. 江苏大学学报 (社会科学版), 2019, 21 (3): 86-92.

[18] 戴建兵. 我国农村最低生活保障力度及其横向公平性分析 [J]. 人口与经济, 2012 (5): 72-79.

[19] 邓大松, 肖山. 土地综合整治背景下的农村养老保险水平影响因素分析——以成都市温江区幸福村为例 [J]. 农村经济, 2017 (4): 63-67.

[20] 丁煜, 柏雪. 我国城市最低生活保障水平的综合评估 [J]. 东南学术, 2012 (4): 36-44.

[21] 段景辉, 黄丙志. 我国社会保障支出对居民消费需求的影响研究 [J]. 财经论丛, 2011 (3): 44-49.

[22] 樊丽明, 骆永民. 农村居民对农村基础设施满意度的影响因素分析——基于670份调查问卷的结构方程模型分析 [J]. 农业经济问题, 2009 (9): 51-59.

[23] 范成杰. 代际关系的下位运行及其对农村家庭养老影响 [J]. 华中农业大学学报 (社会科学版), 2013 (1): 90-95.

[24] 高文书. 新型农村社会养老保险参保影响因素分析——对成都市的实地调查研究 [J]. 华中师范大学学报 (人文社会科学版), 2012, 51 (4): 55-61.

[25] 郭光芝, 杨翠迎. 地方社会保障的财政责任与经济发展关系的研究——基于我国31个省 (市、自治区) 面板数据分析 [J]. 西北人口, 2010, 31 (6): 1-4, 9.

［26］郭浩然．我国社会法律构建之若干问题研究［J］．社科纵横（新理论版），2012（1）：81-82.

［27］郭莉达．农村社会保障问题研究——从盂县农村社会保障现状得到的启示［D］．山西农业大学学位论文，2018.

［28］韩英．农村居民参与农村社会养老保障的行为研究——基于计划行为理论研究［J］．山西农业大学学报（社会科学版），2010（5）：531-535.

［29］郝敬京，梁斌，耿平．借鉴国外经验发展中国农村社会保障法律制度［J］．世界农业，2013（1）：39-43.

［30］郝亚亚，毕红霞．山东省农村老人社区互助养老意愿及影响因素分析［J］．西北人口，2018（2）：96-104.

［31］何晖，邓大松．中国农村最低生活保障制度运行绩效评价——基于中国31个省区的AHP法研究［J］．江西社会科学，2010（11）：212-218.

［32］何精华，岳海鹰，杨瑞梅等．农村公共服务满意度及其差距的实证分析——以长江三角洲为案例［J］．中国行政管理，2006（5）：91-95.

［33］何植民，熊小刚．农村最低生活保障政策实施绩效的综合评价——基于我国东中西部地区20个县的调查数据分析［J］．中国行政管理，2015（12）：97-102.

［34］洪海红．农村老年人机构养老意愿影响因素探究——以HB省CD市为例［J］．湖北农业科学，2019，58（7）：157-160.

［35］洪灏琪，马源聪，宁满秀．捆绑还是松绑：农村居民社会养老保险参与激励与政策取向研究［J］．农业经济问题，2019（4）：99-107.

［36］胡宏伟，栾文敬，杨睿，祝明银．挤入还是挤出：社会保障对子女经济供养老人的影响——关于医疗保障与家庭经济供养行为［J］．人口研究，2012，36（2）：82-96.

［37］黄俊辉，李放，赵光．农村社会养老服务需求评估——基于江苏1051名农村老人的问卷调查［J］．中国农村观察，2014（4）：29-41，51.

［38］黄俊辉，李放，赵光．农村社会养老服务需求意愿及其影响因素分析：江苏的数据［J］．中国农业大学学报（社会科学版），2015，32（2）：118-126.

［39］黄万庭．新疆农村社会保障反贫困效应分析［J］．新疆大学学报（哲学·人文社会科学版），2015，43（3）：42-47.

[40] 黄秀女，徐鹏. 社会保障与流动人口二孩生育意愿——来自基本医疗保险的经验证据 [J]. 中央财经大学学报，2019（4）：104-117.

[41] 黄祖辉，王敏，万广华. 我国居民收入不平等问题：基于转移性收入角度的分析 [J]. 管理世界，2003（3）：70-75.

[42] 纪江明. 中国农村社会保障对居民消费影响的地区差异研究 [J]. 统计与信息论坛，2012，27（4）：50-59.

[43] 贾俊雪，李紫霄，秦聪. 社会保障与经济增长：基于拟自然实验的分析 [J]. 中国工业经济，2018（11）：42-60.

[44] 姜百臣，马少华，孙明华. 社会保障对农村居民消费行为的影响机制分析 [J]. 中国农村经济，2010（11）：32-39.

[45] 蒋军成，高电玻，吴丽丽. 农村社会养老保险制度保障效果及其城乡统筹 [J]. 现代经济探讨，2017（4）：26-31.

[46] 蒋南平，王向楠，朱琛. 中国社会保障与居民消费相关性的动态研究——基于地级市城市数据的实证 [J]. 消费经济，2012（4）：40-43.

[47] 景天魁. 社会公正理论与政策 [M]. 北京：社会科学文献出版社，2004.

[48] 李和森. 中国农村医疗保障研究 [M]. 北京：经济科学出版社，2005：30-31.

[49] 李琳. 现行分税制财政体制存在问题及改革新思路 [J]. 财税金融，2016（4）：84-85.

[50] 李强，罗仁福，刘承芳等. 新农村建设中农村居民最需要什么样的公共服务——农村居民对农村公共物品投资的意愿分析 [J]. 农业经济问题，2006（10）：15-20.

[51] 李实，朱梦冰，詹鹏. 中国社会保障制度的收入再分配效应 [J]. 社会保障评论，2017，1（4）：3-20.

[52] 李雪萍，刘志昌. 基本公共均等化的区域对比与城乡比较——以社会保障为例 [J]. 华中师范大学学报（人文社会科学版），2008（3）：18-25.

[53] 李亚青. 城镇职工基本医疗保险的"逆向再分配"问题研究——基于广东两市大样本数据的分析 [J]. 广东财经大学学报，2014（5）：59-67.

[54] 李燕凌，曾福生. 农村公共品供给农村居民满意度及其影响因素分

析 [J]. 数量经济技术经济研究, 2008 (8): 3 - 18.

[55] 李珍. 社会保障论 [M]. 北京: 中国劳动社会保障出版社, 2001: 74 - 77.

[56] 梁雅莉, 张开云. 我国农村最低生活保障制度实施效果评价——基于 31 个省域的宏观数据研究 [J]. 西部学刊, 2014 (2): 14 - 17.

[57] 刘长庚, 张松彪. 我国基本养老保障对城镇居民消费支出的影响——基于 31 个省 (市) 的数据分析 [J]. 消费经济, 2012 (6): 28 - 31.

[58] 刘金苹. 中央政府在新型农村社会养老保险制度中的财政责任分析 [D]. 吉林大学学位论文, 2010.

[59] 刘苏荣. 论人口较少民族对农村社会救助的现实需求——基于对 8 个人口较少民族 245 户家庭的入户调查 [J]. 湖北民族学院学报 (哲学社会科学版), 2016, 34 (3): 41 - 46.

[60] 刘新, 刘伟, 胡宝娣. 社会保障支出、不确定性与居民消费效应 [J]. 江西财经大学学报, 2010 (4): 49 - 55.

[61] 柳清瑞, 闫琳琳. 新农保的政策满意度及其影响因素分析——基于 20 省市农户的问卷调查 [J]. 辽宁大学学报 (哲学社会科学版), 2012 (3): 66 - 73.

[62] 龙腾鑫. 农户视角下农村社会养老保障制度的影响因素分析——以四川省富顺县农户问卷调查为例 [J]. 农村经济, 2014 (3): 93 - 97.

[63] 龙玉其. 民族地区社会保障的发展及其反贫困作用 [J]. 云南民族大学学报 (哲学社会科学版), 2015, 32 (6): 61 - 68.

[64] 吕承超, 邸长花. 农村社会保障发挥了收入再分配效应吗——来自 CHIP 数据的经验分析 [J]. 华中科技大学学报 (社会科学版), 2019, 33 (4): 47 - 57.

[65] 吕守军, 代政, 孙健. 社会养老、代际支持与土地流转——基于 CHARLS 数据的实证分析 [J]. 经济经纬, 2019, 36 (6): 25 - 31.

[66] 吕学静, 李佳. 流动人口养老保险参与意愿及其影响因素的实证研究——基于 "有限理性" 学说 [J]. 人口学刊, 2012 (4): 14 - 23.

[67] 吕雪枫, 于长永, 游欣蓓. 农村老年人的机构养老意愿及其影响因素分析——基于全国 12 个省份 36 个县 1218 位农村老年人的调查数据 [J]. 中国农村观察, 2018 (4): 102 - 116.

[68] 罗光强. 农村公共物品供给的双效应分析 [J]. 数量经济技术经济研究, 2002 (8): 102 - 104.

[69] 马凤领, 邹华. 我国地区养老模式分类研究 [J]. 中国科技信息, 2013 (3): 126 - 128.

[70] 马双, 臧文斌, 甘犁. 新型农村合作医疗保险对农村居民食物消费的影响分析 [J]. 经济学季刊, 2010, 10 (1): 249 - 270.

[71] [美] 戴维·奥斯本, 特德·盖布勒. 改革政府: 企业精神如何改革着公营部门 [M]. 上海: 上海译文出版社, 1996: 21.

[72] [美] 罗伯特·B·登哈特, 珍妮特·V·登哈特. 新公共服务: 服务而不是掌舵 [M]. 北京: 中国人民大学出版社, 2004.

[73] 民政部. 国务院关于印发"十三五"国家老龄事业发展和养老体系建设规划的通知, 2017 - 03 - 08, http: //sgs. mca. gov. cn/article/gk/ghjh/201804/20180400008485. shtml.

[74] 穆怀中. 社会保障适度水平研究 [J]. 经济研究, 1997 (2): 56 - 63.

[75] 穆怀中, 沈毅, 樊林昕, 施阳. 农村养老保险适度水平及对提高社会保障水平分层贡献研究 [J]. 人口研究, 2013, 37 (3): 56 - 70.

[76] 穆也. 农村社会保障对改善民生的作用研究——基于沈阳市沈北新区尹家乡问卷调查 [J]. 社会保障研究, 2013 (5): 3 - 8.

[77] 宁亚芳. 滇西边境农村社会救助减贫成效及其制约因素——以澜沧县为例 [J]. 云南民族大学学报 (哲学社会科学版), 2016, 33 (4): 111 - 117.

[78] 彭国甫, 鄢洪涛. 地方政府农村公共事业管理制度的变迁及绩效分析 [J]. 湖南社会科学, 2008 (1): 56 - 67.

[79] 庆玲. 浅谈我国社会保障制度的模式选择与法制建设 [J]. 四川行政学院学报, 2010 (6): 67 - 70.

[80] 邱航帆, 卢海阳. 公共服务评价对居民幸福感的影响及其差异性研究——基于CGSS2013数据的实证 [J]. 内蒙古农业大学学报 (社会科学版), 2017, 19 (3): 34 - 41.

[81] 曲绍旭. 城乡社会保障统筹制度的实证研究——基于农村社会保险的多元 logistic 回归分析 [J]. 中国经济问题, 2013 (6): 13 - 19.

[82] 全国老龄委. 中国人口老龄化发展趋势预测研究报告 [J]. 中国妇运, 2007 (2): 15-18.

[83] 任立兵. 大连城市公共服务问题及对策研究 [D]. 大连: 东北财经大学学位论文, 2006.

[84] 任旭, 刘延平. 构建政府投资建设项目后评价机制研究 [J]. 中国行政管理, 2010 (3): 67-69.

[85] 阮荣平, 郑风田, 刘力. 宗教信仰对农村社会养老保险参与行为的影响分析 [J]. 中国农村观察, 2015 (1): 71-83.

[86] 司俊霄. 湛江农村基本公共服务均等化的经验研究 [J]. 内蒙古农业大学学报 (社会科学版), 2016, 18 (3): 2-28.

[87] 宋玲妹. 乡镇政府债务问题的成因及化解对策 [J]. 中国市场, 2008 (1): 16-17.

[88] 孙建娥, 周媛也. 流动人口社会保障同城待遇的现状调查与思考 [J]. 广西社会科学, 2017 (10): 182-188.

[89] 孙敬水, 吴娉娉. 再分配公平满意度研究——基于税负公平、社会保障公平和转移支付公平的微观证据 [J]. 财经论丛, 2019 (7): 102-112.

[90] 索志林, 盖华卿. 农村社会保障对中国居民消费需求的影响分析 [J]. 学习与探索, 2015 (2): 116-118.

[91] 谭静, 江涛. 农村社会养老保险心理因素实证研究——以南充市230户低收入农户为例 [J]. 人口与经济, 2007 (2): 72-76.

[92] 唐娟莉. 农村公共服务投资技术效率测算及其影响因素分析 [J]. 统计与信息论坛, 2014, 29 (2): 45-51.

[93] 唐娟莉. 农村公共品供给的消费效应——来自于三大经济地区的解析 [J]. 统计与信息论坛, 2015, 30 (10): 44-50.

[94] 唐娟莉. 农村居民对农村医疗卫生服务满意度及其影响因素——基于375户农村居民的问卷调查数据 [J]. 湖南农业大学学报 (社会科学版), 2016, 17 (6): 42-48, 63.

[95] 唐娟莉. 农村社会保障供给状况与需求满意度实证研究 [J]. 农村经济, 2014 (8): 90-94.

[96] 唐娟莉, 朱玉春, 刘春梅. 农村公共服务满意度及其影响因素分析——基于陕西省32个乡镇67个自然村的调研数据 [J]. 当代经济科学,

2010 (1)：110－116.

[97] 唐利平，风笑天. 第一代农村独生子女父母养老意愿实证分析 [J]. 人口学刊，2010 (1)：34－40.

[98] 陶涛，丛聪. 老年人养老方式选择的影响因素分析——以北京市西城区为例 [J]. 人口与经济，2014 (3)：15－22.

[99] 涂玉华. 农村社会保障支出对促进农村居民消费需求的影响研究 [J]. 经济经纬，2012 (4)：36－40.

[100] 王锋，何粉霞，杜军. 民族地区农村社会保障和民生改善调查研究——以宁夏平罗、贺兰、华西村民意调查为个案 [J]. 宁夏大学学报（人文社会科学版），2014，36 (3)：143－151.

[101] 王嘉鑫. 农村老年人养老服务购买意愿及影响因素分析——以 S 县 W 村为例 [J]. 湖北农业科学，2019，58 (6)：156－160.

[102] 王静. 不确定性、社会保障对农村居民消费的影响研究 [J]. 农村经济，2018 (7)：83－88.

[103] 王茂福，谢勇才. 关于我国社会保障对收入分配存在逆向调节的研究 [J]. 毛泽东邓小平理论研究，2012 (6)：46－50.

[104] 王宁，姜凡. 各地区城市最低生活保障制度运行有效性分析 [J]. 统计与决策，2007 (3)：83－85.

[105] 王琦. 黑龙江省农村社会保障水平评价与提高对策研究 [D]. 哈尔滨：东北农业大学学位论文，2016.

[106] 王颂吉. 中国城乡双重二元结构研究 [D]. 西安：西北大学学位论文，2014.

[107] 王天宇，彭晓博. 社会保障对生育意愿的影响：来自新型农村合作医疗的证据 [J]. 经济研究，2015，50 (2)：103－117.

[108] 王延中，江翠萍. 农村居民医疗服务满意度影响因素分析 [J]. 中国农村经济，2010 (8)：80－87.

[109] 王延中，龙玉其，江翠萍，徐强. 中国社会保障收入再分配效应研究——以社会保险为例 [J]. 经济研究，2016，51 (2)：4－15，41.

[110] 王悦. 农村社会保障满意度及其影响因素分析——基于辽宁省沈阳市沈北新区 306 户农村居民家庭的调查 [J]. 社会保障研究，2015 (2)：28－33.

[111] 王越. 中国农村社会保障制度建设研究 [D]. 重庆: 西南农业大学学位论文, 2005.

[112] 王增文, 邓大松. 农村低保及配套政策发展水平的地区性差异——基于 29 省市相关数据 [J]. 中国地质大学学报 (社会科学版), 2012, 12 (1): 94-98.

[113] 王振军. 农村社会养老服务需求意愿的实证分析——基于甘肃 563 位老人问卷调查 [J]. 西北人口, 2016, 37 (1): 117-122.

[114] 吴玉韶. 中国人口四大危机: 老龄化、失能化、空巢化、少子化 [N]. 广州日报, 2015-11-8.

[115] 《乡镇政府不能总当"老赖"》, 中国青年报, http://zqb.cyol. com/html/2014-08/20/nw. D110000zgqnb_20140820_7-02. htm, 2014-8-20.

[116] 肖攀, 李连友, 苏静. 农村社会保障对农村居民消费影响的门槛效应与区域异质性 [J]. 软科学, 2015, 29 (6): 15-18, 41.

[117] 肖云, 随淑敏. 我国失能老人机构养老意愿分析: 基于新福利经济学视角 [J]. 人口与发展, 2017 (2): 92-99, 91.

[118] 谢勇才, 杨斌. 社会保障拉大了农村居民收入分配差距吗——来自广东省的经验证据 (2002-2012) [J]. 广东财经大学学报, 2015 (2): 85-94.

[119] 熊波, 石人炳. 中国家庭代际关系对代际支持的影响机制——基于老年父母视角的考察 [J]. 人口学刊, 2016 (5): 102-111.

[120] 徐隽倬, 韩振燕, 梁誉. 支付意愿视角下老年人选择社会养老服务影响因素分析 [J]. 华东经济管理, 2019 (8): 167-173.

[121] 徐俊. 农村第一代已婚独生子女父母养老意愿实证研究 [J]. 人口与发展, 2016 (2): 98-107.

[122] 徐晓莉, 马晓琴, 张玲. 新疆社会保障支出与农村居民收入增长的互动关系分析 [J]. 特区经济, 2012 (3): 184-186.

[123] 薛景怡, 班晓娜. 农村老年居民机构养老意愿、影响因素及对策 [J]. 党政干部学刊, 2017 (8): 37-41.

[124] 杨斌, 徐敬凯. 1978 年以来中国农村社会保障制度的发展及评价——基于"三体系"的分析框架 [J]. 山东社会科学, 2014 (4): 82-87.

[125] 杨翠迎, 何文炯. 社会保障水平与经济发展的适应性关系研究

[J]. 公共管理学报, 2004, 1 (1): 79 - 85.

[126] 杨佳良, 李录堂, 汪红梅. 陕西关中地区失地农村居民社会保障满意度的影响因素分析 [J]. 贵州农业科学, 2014 (4): 229 - 234.

[127] 杨丽, 王明钢. 影响新型农村社会养老保险参保的主要因素研究——基于昆明农村的调查与分析 [J]. 经济问题, 2012 (6): 25 - 28.

[128] 杨孟禹, 李循, 魏勇. 农村社会保障制度对农村居民消费行为影响的实证研究 [J]. 西南农业大学学报 (社会科学版), 2012 (6): 17 - 21.

[129] 杨善华, 贺常梅. 责任伦理与城市居民的家庭养老——以"北京市老年人需求调查"为例 [J]. 北京大学学报 (哲学社会科学版), 2004, 41 (1): 71 - 84.

[130] 杨园争. 病有所医, 老有所养——中国农村医疗和养老保障制度七十年改革回溯与展望 [J]. 社会发展研究, 2019, 6 (1): 185 - 203, 245 - 246.

[131] 杨志勇. 分税制改革中的中央和地方事权划分研究 [J]. 经济社会体制比较, 2015 (2): 21 - 31.

[132] 叶凡青. 基本公共服务均等化进程中的财政政策 [J]. 会计之友, 2010 (11): 37 - 38.

[133] 叶金国, 仇晓洁. 中国农村社会保障财政资源配置问题及对策研究 [J]. 河北学刊, 2015, 35 (4): 127 - 131.

[134] 于长永, 代志明, 马瑞丽. 现实与预期: 农村家庭养老弱化的实证分析 [J]. 中国农村观察, 2017 (2): 54 - 67.

[135] 于长永. 个体特征、补偿机制与农村居民对新农合的满意度 [J]. 人口与经济, 2013 (6): 101 - 110.

[136] 于长永. 农村老年人的互助养老意愿及其实现方式研究 [J]. 华中科技大学学报 (社会科学版), 2019, 33 (2): 116 - 123.

[137] 于凌云, 廖楚晖. 养老金待遇差别与机构养老意愿研究——基于城乡调查样本的实证分析 [J]. 财贸经济, 2015 (6): 151 - 161.

[138] 于树一. 公共服务均等化的理论基础探析 [J]. 财政研究, 2007 (7): 27 - 29.

[139] 袁建华, 赵伟, 郑德亮. 农村公共投资满意度情况调查及其敏感度分析 [J]. 中国软科学, 2010 (3): 58 - 65.

[140] 袁立. 基础设施对农村经济增长作用的分析 [J]. 四川行政学院学报, 2006 (3): 88-90.

[141] 翟继辉. 中国城乡社会保障均等化问题研究 [D]. 哈尔滨: 东北农业大学学位论文, 2016.

[142] 张邦辉, 杨乐. 贵州省劳动力流出地农村老年人养老服务供需现状研究——基于毕节市农村老年人的问卷调查 [J]. 贵州社会科学, 2017 (2): 97-103.

[143] 张宾. 论政府在社保基金监管中的角色和责任 [D]. 北京: 中国人民大学学位论文, 2007.

[144] 张飞涟, 崔浩. 城镇市政设施投资项目后评价机制研究 [J]. 改革与战略, 2006 (9): 8-10.

[145] 张红梅, 马强. 新型农村社会养老保险制度试点推行的影响因素研究——基于湖北省新农保的调查 [J]. 华中农业大学学报 (社会科学版), 2012 (3): 54-59.

[146] 张红梅, 杨明媚, 马强. 现阶段阻碍农村社会养老保险制度发展的影响因素——基于农户参保意愿的实证分析 [J]. 华南农业大学学报 (社会科学版), 2009, 8 (3): 10-17, 31.

[147] 张文娟, 魏蒙. 城市老年人的机构养老意愿及影响因素研究 [J]. 人口与经济, 2014 (6): 22-34.

[148] 张秀生, 马晓鸣. 农村社会保障与农村居民收入增长的相互作用分析 [J]. 武汉大学学报 (哲学社会科学版), 2009 (2): 255-260.

[149] 张尧. 农业生产方式变迁视域下农村社会保障体系的完善 [J]. 探索, 2015 (6): 138-142.

[150] 张祖平, 马碧莹. 新型农村社会养老保险适度保障水平研究 [J]. 江苏大学学报 (社会科学版), 2014, 16 (1): 58-62.

[151] 赵峰. 不同子女数量农户的生计资本对养老意愿的影响 [J]. 西北民族大学学报 (哲学社会科学版), 2015 (3): 99-106.

[152] 赵光, 李放. 农村社会保障发展水平指标体系构建与评价——以江苏省为例 [J]. 江西财经大学学报, 2013 (5): 71-78.

[153] 赵辉. 吉林省现代农业水平评价与生产效率研究 [D]. 沈阳: 沈阳农业大学学位论文, 2015.

[154] 赵思诚, 杨青, 许庆. 社会保障、信贷获得与农业生产——来自新型农村合作医疗制度的证据 [J]. 财经研究, 2019, 45 (11): 45 - 56, 125.

[155] 中国 (海南) 改革发展研究院. 聚焦中国公共服务体制 [M]. 北京: 中国经济出版社, 2006.

[156] 周宏斌. 农村社会养老保险适度保障水平的实证分析 [J]. 湖南商学院学报, 2014, 21 (5): 48 - 54.

[157] 周绍杰, 王洪川, 苏杨. 中国人如何能有更高水平的幸福感——基于中国民生指数调查 [J]. 管理世界, 2015 (6): 8 - 21.

[158] 朱孔来, 张晓, 李励, 姜文华. 基于面板数据模型的社会保障与经济发展关系分析究 [J]. 统计与信息论坛, 2015, 30 (12): 62 - 67.

[159] 朱延松. 农村公共产品供给与农村居民增收 [J]. 商业研究, 2005 (8): 153 - 155.

[160] 朱玉春, 唐娟莉, 郑英宁, 霍学喜. 基于模糊评判法的陕西农村公共物品供给模式选择分析 [J]. 中国人口·资源与环境, 2012 (2): 31 - 38.

[161] 左停, 赵梦媛, 金菁. 路径、机理与创新: 社会保障促进精准扶贫的政策分析 [J]. 华中农业大学学报 (社会科学版), 2018 (1): 1 - 13.

[162] Anne-Marie Baronet, Gary J. Gerber. Client Satisfaction in a Community Crisis Center [J]. Evaluation and Program Planning, 1997, 20 (4): 443 - 453.

[163] Cagan, Phillip. The effect of pension plans on oggregate saving: evidence from a sample survey [M]. New York: Columbia University Press, 1965.

[164] Cardozo R. N. An experimental study of customer effort, expectation, and satisfaction [J]. Journal of Marketing Research, 1965, 2 (3): 244 - 249.

[165] Chou, R. J. A. Willingness to live in eldercare institutions among older adults in urban and rural China: nationwide study [J]. Ageingand Society, 2010, 30 (4): 583 - 608.

[166] Ciriacy-Wantrup S V. Capital Returns from Soil Conservation Practices [J]. Journal of Farm Economics, 1947, 29 (4): 1181 - 1196.

[167] Ellis, F. Peasant economics: farm households in agrarian [M]. New York: Cambridge University Press, 1988.

[168] Engelhardt. , G. V. , J. Gruber, C. D. Perry. Social security and elderly living arrangements: evidence from the social security Notch [J]. Journal of Human Resources, 2005, 40 (2): 354 – 372.

[169] Engen, Eric M. , Gruber, J.. Unemployment insurance and precautionary saving [R]. NBER Working Paper, 1995, (NO. 5252): 1 – 50.

[170] Feldstein M. Social security, induced retirement, and aggregate capital accumulation [J]. Journal of Political Economy, 1974, 82 (51): 905 – 926.

[171] Fornell D, Larcker F. Evaluating structural equation models with unobservable variables and measurement error [J]. Journal of Marketing Research, 1983 (18): 39 – 50.

[172] Fried H. O. Lovell C. A. K. , Schmidt S. S. , Yaisawarng, S. Accounting for environmental effects and statistical noise in data envelopment analysis [J]. Journal of Productivity Analysis, 2002 (17): 157 – 174.

[173] Heying J, Zhan, Guangya, Liu, Xinping, Guan, Hong-guang, Bai. Recent developments in institutional elder care in China: changing concepts and attitudes [J]. Journal of Aging & Social Policy, 2006, 18 (2): 85 – 108.

[174] Hong-yu LIU, Jian LI, Yun-xian GE. Design of Customer Satisfaction Measurement Index System of EMS Service [J]. Journal of China Universities of Posts and Telecommunications, 2006, 13 (1): 109 – 113.

[175] Hubbard, Skinner, Zeldes. Precautionary saving and social insurance [J]. Journal of Political Economy, 1995, 103 (2): 360 – 399.

[176] Ida Torunn Bjøık, Gro Beate Samdal, Britt Sætre Hansen, etc. Job satisfaction in a Norwegian population of nurses: A questionnaire survey [J]. International Journal of Nursing Studies, 2007, 44: 747 – 757.

[177] Jianjun, J. , K. Amy. Socioeconomic-demographic characteristics and supporting resources of the Chinese elderly [J]. Canadian Social Science, 2014, 10 (5): 153 – 167.

[178] Johnson M, Fornell C. A frame work for comparing customer satisfaction across individuals and product categories [J]. Journal of Economic Psychology, 1991, 12 (5): 267 – 286.

[179] Jondrow, J. , I. Materov, C. A. K. Lovell and P. Schmidt. On the

estimation of technical inefficiency in the stochastic frontier production model [J]. Journal of Econometrics, 1982 (19): 233 – 238.

[180] Kenworthy L, Pontusson J. Rising inequality and the politics of redistribution in Affluent Countries [R]. LIS Working Paper Series, 2005.

[181] Korpi W, Palme J. The paradox of re distribution and strategies of equality: welfare state institutions, inequality and poverty in the western countries' [J]. American Sociological Review, 1998 (63): 661 – 687.

[182] Kotlikoff S. Social security and household saving in an international cross section [J]. American Economic Review, 1979, 73 (1): 212 – 217.

[183] Leimer D, Lesony D. Social Security and private saving: new time series evidence [J]. Journal of Political Economy, 1982, 90 (3): 606 – 629.

[184] Melanie, S. Living arrangements of older adults in China: The interplay among preferences, realities, and health [J]. Researchon Aging, 2011, 33 (2): 172 – 204.

[185] Meng, Dijuan., Guihua Xu., Ling He, Min Zhang and Dan Lin. What determines the preference for future living arrangements of middle-aged and older people in urban China? [J]. Public Library of Science journal, 2017, 12 (7): 18 – 36.

[186] Oliver R L. Dissatisfaction and complaining behavior [J]. Journal of Consumer Satisfaction, 1982 (2): 1 – 6.

[187] Sarma, S., W. Simpson. A panel multinomial logit analysis of elderly living arrangements: Evidence from aging in Manitoba longitudinal data, Canada [J]. Social Science & Medicine, 2007, 65 (12): 2539 – 2552.

[188] S. -H. Hsu. Developing an index for online customer satisfaction: Adaptation of American Customer Satisfaction Index [J]. Journal of Expert Systems with Applications, 2008, 34 (3): 3033 – 3042.

[189] Smeeding Timothym. Twenty years of research on income inequality, poverty and redistribution in the developed world: introduction and overview [J]. Socio-Economic Review, 2004 (2): 149 – 163.